講談社選書メチエ

668

「東洋」哲学の根本問題

あるいは井筒俊彦

斎藤慶典

MÉTIER

目次

はじめに 7

凡例 14

序章 井筒「東洋」哲学 15

「東洋」哲学／井筒「東洋」哲学は何を目指しているのか

第Ⅰ章 表層／深層 31

a) 表層から深層へ 32

コトバ／深層における分節化／分節化されたものから分節以前のものへ／事事無礙

b) 深層から表層へ 56

理事無礙／分節（Ⅰ）—「無」—分節（Ⅱ）／挙体性起／存在の階層性／基付け関係／有力・無力

c) 大地と理性——ロシア的人間 87

ロシアの十九世紀／原始的自然／『コサック』／ドストエフスキー

第Ⅱ章　空／無　105
a）「空」の徹底　106
理理無礙／神の彼方／〈無分節な「ある」〉への反転／「存在」の破れ
b）空と無　125
『大乗起信論』におけるアラヤ識／ユダヤ教カッバーラー／バスターミー
の「欺瞞」論／思考の無能力
c）砂漠と死――ジャック・デリダ　152
ユダヤとギリシアの狭間で／砂漠における彷徨／墓場、あるいは死

第Ⅲ章　〈いま・ここで＝現に〉　165
a）「本質（マーヒーヤ）」と「存在（フウィーヤ）」　166
「存在は本質の偶有である」／有「本質」か、無「本質」か／フウィーヤ・
マーヒーヤ・タビーア／有「本質」論の三つの型／イスラーム「原子論」
／無「本質」的存在分節／元型とイマージュ／意識と存在の構造モデル／
「概念実在論」
b）〈いま・ここで＝現に〉　218
「存在」の「独一性」／創造不断／吾有時／「純粋な可能性」としての「無」

／証言
c)「入鄽垂手《にってんすいしゅ》」 247
聖諦と俗諦／俗、あるいは町という共同体／「無」の共同体
註 264
『井筒俊彦全集』一覧 272
あとがき 273

はじめに

本書は、イスラーム哲学研究の世界的権威として知られた井筒俊彦の哲学的営為との対話を通して彼の言う「東洋哲学」が孕む根本問題を提示し、この問題に本書なりの仕方で取り組むことで、彼が目指していたものを僅かなりとも更に一歩先へと進めようとする試みである。

序章　井筒「東洋」哲学　は、井筒の言う「東洋」が何を意味しているかを解明することから始まる。それは、決して地理的な限定を意味するものではない。そうであるにも拘わらず、それがあくまで「東洋」とされるのはなぜなのか。この問いに一定の回答を与えると共に、そこに伏在する問題が示唆される。続いて、その「東洋哲学」の研究を通じて彼が最終的に目指していたものは何なのかを明らかにする。それは、世界的な視野を具えた新たな哲学の創設だった。

第Ⅰ章　表層／深層　は、井筒「東洋」哲学の基本的な骨格を提示すると共に、その哲学の中核を成す「存在」――端的な「ある」――の井筒における原初的イメージを彼の初期に展開された一連のロシア文学論の内に探る。私たちの現実は、さまざまな事物がそれぞれそのようなものとして互いに他から区別されて存立することで成り立っている。事物を相互に区別することで存立へともたらすこの働きが、「分節化」と言われる。井筒はこの分節化機能を担うものを「コトバ」と術語化し、その根を仏教哲学が意識の最深層に位置付ける「アラヤ識」の内に見届ける。このことは同時に、この「アラヤ識」の内にもはや一切の分節化に先立つ無分節態への通路が伏在していることを示唆する。

分節化機能を遡ってこの無分節態へと至る道程が、「東洋」哲学の第一の階梯を成す（以上、**a節　表層から深層へ**）。

ここで「東洋」哲学は思考の方向を反転させ、無分節態が分節化されてさまざまな存在者として姿を現わす過程の解明である第二の階梯へと進む。世界の根底に見いだされた無分節態においては、それがいかなる輪郭ももたないが故にいまだ何ものの姿もない。すなわち、「無」ないし「空」である。だが、それは単に何もないのではない。それは「存在」への動向に充ち溢れ、今にもおのれを突破して「存在」へと立ちいでんとする「力＝エネルギー」の塊なのだ。したがって、この「力」が限定＝分節化されて何ものかが何ものかとして存在するに至ったとき、その何ものかの内にはその存立を支える「力」が蔵されている。その仕方を仏教哲学の精華の一つ華厳は、万物を相互に関係付ける「縁起」によって全てが一挙に存在するに至る「挙体性起《きょたいしょうき》」として捉える。古代ギリシア末期の新プラトン主義の流れを汲むイスラーム哲学は、このようにして存在するに至った全ての間に固有の階層性が成り立つと考えるのだが、この階層性の内実を本書はE・フッサールに端を発する現象学派の中で存在論的関係概念にまで精錬された「基付け」関係によって明確化する（以上、**b節　深層から表層へ**）。

上で明らかなように、「東洋」哲学の中核には、そこを要として第一の階梯と第二の階梯が繫がる「存在へと向かう止むことのない動向」が存している。**c節　大地と理性――ロシア的人間**は、井筒がこの動向にすでに初期のロシア文学論において出会っており、この動向の観点からロシア文学の普遍性を論じていたことに注目する。近代も後半になって避け難く押し寄せた西欧化の波の中にあって、それまでおのれがその内でまどろんでいた凶暴なまでの原始的自然にどのように向かい合えばよいかという課題にロシアは直面し、西欧的理性（コスモス）とロシア的大地（カオス）の間の鋭い緊張関係の内で引き裂かれる。この緊張の一方の極を成す原始的自然という大地こそ先の「止むことのない動向」のロシア的形態なのであり、このときロシアはおのれを育んできたそれを「発見」すると共に、それと鋭く対立する理性との葛藤に苦しむことになる。この葛藤を身を以って生きたのがトルストイであり、そこから思考が歩むべき未踏の途を切り拓きつつあったのがドストエフスキーなのだ。

第Ⅱ章　空／無　は、井筒「東洋」哲学の中でその区別が曖昧なままにとどまっているように見える「空」と「無」のそれぞれがいったいいかなる事態なのかを、立ち入って検討する。**a節**　は、井筒の下で行なわれた「東洋」哲学における「**空**」論**の徹底**の過程を追うことで、問題の所在を明らかにする。彼がイスラームに固有の哲学として高く評価するイブン・アラビー並びにその後継者たちの「存在一性論」は、先の「存在へと向かう止むことのない動向」以外の何ものでもない「神」の究極にしてその最奥に、神がそこから姿を現わしたところの「もはや神ですらないもの」「神の彼方」を看て取り、それを「玄虚」にして「無」と表現する。そこには「神すらいない」のだから、もはやいかなる意味でも何もない、すなわち〈端的な「無」〉がそこに看て取られた可能性がある。そのような次元に私たちの思考が触れたとき、それは思考にどのような応答を迫るのか。だが、この問いを面前にして、彼らの思考がそれに応じた形跡は見当たらない。彼らの思考はその地点から踵を返すようにして、ひたすら先の「存在へと向かう止むことのない動向」に身を投ずるのだ。しかし、この〈端的な「無」〉の問題に応ずることなしには、なぜ私たちの現実は絶えず何かが存在するものとして姿を現わして止むことがないのかを思考することは叶わない。なぜ「存在」であって「無」ではないのかを、曲がりなりにも思考の事柄とすることができない。
b節　空と無　は、この問題の前で立ち止まった可能性のあるもう一人のイスラーム、九世紀の神秘家バスターミーの議論を検討する。彼は、この世界に存在する一人物としてのおのれに属するさまざまな性質の根底に〈唯《た》だ「ある」〉としか言いようのない事態を見いだし、それを「独在性《タウヒード》」——「ある」と言いうる唯だ一つのもの——と呼ぶのだが、それは突き詰めてみれば「欺瞞」だと云う。「ある」が「欺瞞」であるとは、何を言わんとしているのか。本書は次のように解する。なぜか世界は「ある」が、そのことにもはや何の根拠も見いだすことはできず、そうであれば「ある」はいつ「ない」に転じてもおかしくない。おかしくないと云うにとどまらず、現にそのつど「ある」は瞬時に「ない」に転じて止むことがない。なぜかそれに引き続くかのようにして、次の瞬間に「ある」が再び姿を現わすにしても、これもたちどころに「ない」に転ずる。そうであれば、「ある」と思われたのは一瞬の錯覚——「欺瞞」——にも似た事態であり、実は何も「ない」のではないか。「ある」の直下には、「ない」の深淵がぱっくり口を開けているのだ。思考はこの「ない」について、何かを知ることは出来ない。思考が捉えうる何ものも、そこには「ない」からだ。だが思考のこの無能力は、この「ない」におのれがどのように応ずればよいか、応じざるをえないかを思考することを妨げない。それどころか、この思考を通じて、「理解」とは別の仕方で「ない」に関わることになるのだ。

だが、井筒は、「東洋」哲学は、こうした方向に思考を差し向けることはなかった。思考が〈端的な「無」〉に向かうことは、なかった。このことが、井筒が親しく議論を交わしもしたフランス現代の哲学者ジャック・デリダとの関係に影を落としている。井筒はデリダ哲学の真面目を、「沙漠における彷徨」に見る。デリダはかつてフランス領だった北アフリカ・アルジェ出身のユダヤ系哲学者だが、彼の中では哲学の中核を成すギリシアの理性的思考と理解を超絶した神に服する『旧約』的思考がせめぎ合いつつ、そのいずれにも身を落ち着けることがない。そのような彼が既成の分節化された意味に絶えず抗い、それを解体し、思ってもみなかった新たな・ときに奇矯な意味を見いだしては再びそれを破壊する作業を倦まずたゆまず続けるのは、ギリシアでもユダヤでもなくその「彼方」に茫漠と広がる「沙漠」の地においてだと、井筒は言うのだ。井筒にとって「沙漠」は、淡い分節線がうっすら浮かび上がっては強風に掻き消されて跡形もなくなるあの無分節者の一つの形象である。その無分節者の上にいっとき分節線が浮かび上がることで、世界は始まる。その世界創成の現場に絶えず立ち戻らんとして彷徨を続ける哲学者が、デリダなのだ。だが、彼をその彷徨へと駆り立てて止まないものは何なのか。井筒がこの問いを問うことはなかった。この問いは次の問いに等しい。世界創成の現場で砂漠にいっとき浮かび上がる分節線は——充満する「空」に走る亀裂の痕は——、いったいどこからやって来るのか。ユダヤ的思考にも身を落ち着けることのないデリダに、「神から」という答えはない。答えがないという、根拠の（を求める）思考の脱落の向こうで彼が直面していたのは、理解を絶した「ない」ということそのこと、理解をこととする思考の「他者」ではなかったか（以上、**c節　砂漠と死——ジャック・デリダ**）。

第Ⅲ章　〈いま・ここで＝現に〉は、井筒「東洋」哲学の最終的な到達地点を確定し、同時にそれが孕む問題を明示する。具体的には、その到達地点において見据えられていた問題をあらためて定式化し直し、その問題に応ずるために進むべき、ないし進みうる途筋を呈示する。**a節　「本質（マーヒーヤ）」と「存在（フウィーヤ）」**は、西洋中世スコラを騒がせた「存在の偶有性」テーゼがその提唱者である十一世紀イスラームのイブン・シーナにおいて正確には何を問題としていたのかを、井筒に従って解明することから論を起こす。そして、その問題が井筒においても正面から取り組まれないままに終わっていることが、「本質」と「存在」の実在性をめぐって展開する主著『意識と本質』において、両者の関係に対する井筒自身の立場を確立するにあたっての障害となっているさまを明らかにする。同書は、深層に実在する「元型」という形を取る「本質」がさまざまな時と場所において変幻自在に存在者を現出へともたらす過程を古今東西の哲学・思想を縦横に駆使して分析する「アラヤ識」の言語哲学と、「本質」がもたらす分節線の背後に「透けて」見える「一」なる無分節態としての「空」ないし「無」の内に充溢する力動性を凝視する存在の哲学に引き裂かれたままなのである。

b節　〈いま・ここで＝現に〉 は、なぜか全てが何か（存在者）として「ある（存在）」――「である」ところのもの「がある」――ことが私たちの現実のもはやそれ以上遡れない端緒を成していることを再度確認することから出発する。これは、井筒の凝視する（無分節の）「ある＝存在」が（分節化された）「存在者」**の**「存在」以外ではないことを意味する。それはあくまで、分節線を「透かして」看て取られるものなのだ。したがって、分節化を以って「存在者」を成立させる「本質」は、「存在」の内に初めから織り込まれていることになる。これは、何かが何かとして姿を現わすこと、すなわち「現象」がこの現実の根本であることに等しい。そして「現象」は、そのつど何かが姿を現わしては失われていくこと、すなわち「時間」以外ではない。同時に、「現象」が「現象」たりうるためには、それを見る「私」がそこに居合わせていなければならない。斯《か》くして、この現実の根本を成している「存在」と「現象」と「私」は同一の事態であることが明らかになる（道元はこれを「吾有時《こうじ》」と表現した）。それのみが全ての源泉であり、それのみが言葉の強い意味で「ある」と言ってよい唯一のものなのだ。これを本書はあらためて〈いま・ここで＝現に〉と定式化し直す。〈「存在者」（名詞＝実詞）が「存在する」（動詞）〉という事態はその存立の「場所」を必要とするのであり、そこにその場所として常に寄り添っているのがこの〈いま・ここで＝現に〉（副詞）なのである。

　私たちの現実の根底を成す〈いま・ここで＝現に〉がその内に「本質」によって規定された「存在者」を不可欠の契機として含んでいるのは、それなしでは私たちが生きていけないからだ。この「存在者」の中には、当然他人たちも含まれる。他人たちを含む多種多様な「存在者」から成る世界、それが私たちの生きてゆく「俗」界としての「町＝鄽《てん》」である。禅は、（無分節な）「ある」を存在者の背後に「透かし」見つつその「町」で生きることを最終的な境地とする。今見たように、「町」が「町」であるのは何よりもそこに他人たちが居るからだ。すなわち、それは共同体である。だが、それはどのような共同体なのか。その固有の論理の追究なしには、なぜそこに還って行かなければならないのか、どうしてそこに生きることが最終的な境地なのか、明らかにならない。だが、井筒「東洋」哲学がこの論理を追究した痕跡はない。そこに欠けているように思われるこの論理を、〈いま・ここで＝現に〉姿を現わした世界の全てを担って証言する「私」の要請として辿ることで、本書は閉じられる（以上、**c節**　「**入鄽垂手**《にってんすいしゅ》」）。

凡　例

・井筒からの引用は、原則として全て慶應義塾大学出版会から刊行された全集（以下、慶應版全集）から行なう。本書巻末に、同全集の一覧を掲げた。
・引用に当たっては、前記慶應版全集の巻号（ローマ数字、別巻は「別」）と該当頁（アラビア数字）を表示する。例えば、XI－394は全集十一巻の394頁を、別－11は別巻の11頁を指す。
・上記以外からの引用や参照指示は、（井筒以外のものも含めて）原則としてそのつど註記する。
・引用文中の強調は、断わりのないかぎり引用者に依るものである。
・引用文中の〔　〕で囲んだ部分は引用者による補足を表わし、〔…〕は中略したことを表わす。
・人名の表記は、原則として井筒に従う。

序章

井筒「東洋」哲学

本論に入るに先立って、二つの点に触れておきたい。一つは、井筒自身もしばしば用いる「東洋哲学」という表現に関わる。ここで「東洋」とは、そもそも何を意味するのか。一見すると、それは地理的・地域的限定を意味しているように見える。だが、はたしてそうなのだろうか。もう一つは、当の「東洋哲学」の研究を通していったい井筒は何を目指していたのかという問題である。従来の東洋哲学研究が、「インド哲学」や「中国哲学」といった個別の研究にとどまって東洋を全体として視野に収めるものが殆んどなかった、その欠落を埋めるためなのだろうか。順に考えていこう。

「東洋」哲学

井筒が考える東洋哲学とは、地域的にはどのような拡がりをもったものなのか。彼は自らの哲学的目論見について、或るところで次のように宣言している。従来、「東洋哲学」というと、ともすれば「インド、中国、日本に限定」される傾向が強かったが、自分は、そのような「限定された〔…〕枠づけを越えて」「いわゆる中近東（イスラーム・ユダヤ教の世界）と東南アジアとをあわせ含む全東洋的な思想地平を拓こうとする」（X－4）のだ、と。例えば前者の中近東について、井筒は次のように述べている。

> 〔…〕同じ東洋でもイスラーム思想とタルムード期以後のユダヤ思想だけは、奇妙なことに完全に取り残されて、今までのところわれわれ〔日本〕の思想文化の構造のなかには入ってこなかった〔…〕。（V－393）

実際、井筒の業績の中でも「イスラーム思想」の研究と「タルムード期以後のユダヤ思想」の研究――とりわけ、ユダヤ神秘主義カッバーラーについての立ち入った考察――が、我が国の東洋思想研究にとって重要な貢献となったことは間違いない。したがって、先の宣言を素直に読むと、彼の言う東洋とは「インド、中国、日本」に「中近東と東南アジア」を加えたものということになる。だが、実際には、彼の東洋哲学はこの範囲に収まるものではなかった。

プラトン（前四二七―前三四七）とアリストテレス（前三八四―前三二二）に源泉を汲む古代末期のプロティノス（二〇五―二七〇）を代表とする新プラトン主義を経由して全ギリシア哲学がイスラームには流入しているからであり（井筒によれば、「イスラーム世界におけるギリシア哲学の［アラビア語への］翻訳は、九世紀に絶頂に達した」X-10）、かつ、イスラーム研究に集中する以前に井筒自身がソクラテス以前の最初期の古代ギリシア哲学――いわゆる「イオニア自然哲学」――を含む（そればかりか、ホメロスやヘシオドスの叙事詩、それに続く抒情詩、更にはギリシアにとってもともと異教だったディオニュソス信仰も含む）全ギリシア哲学について独自の立場からすでに一書をものする――初期の大作『神秘哲学　ギリシアの部』（一九四九年）である[1]――ほどの学識を有し、加えて十九世紀ロシア文学に強い関心を寄せてもいたからである（井筒は、終戦直後に慶應義塾大学文学部に設置された「ロシア文学」の講座を担当している）。

言うまでもなく、ロシアはアジア（東洋）とヨーロッパ（西洋）の間の広大な地域に跨っており、両者のいずれにも通ずる要素と、そのいずれでもない独自の要素を併せもっている。この方面に関しても井筒は『露西亜文学』（一九五一年）と『ロシア的人間』（一九五三年）の二著を上梓しており（いずれも、先の「ロシア文学」の講義草案に端を発したものである）[2]、とりわけ後者が若き日の江藤淳を感激させた事実は記憶されてよい（江藤は慶應義塾大学文学部で、井筒の講筵に連なってもいる）。『ロシア的人間』の新版が一九七八年に出されるに際して、同書の帯に江藤は「『ロシア的人間』の衝撃」と題して次のような文章を寄せている。

> 井筒俊彦氏の『ロシア的人間』にはじめて接したときの衝撃を、何に譬えたらよいのか私は知らない。慶応義塾文学部で私が親しく教えを受けたこの世界的言語学者は、言語と文学への深い理解を通じてロシア的混沌の奥底を探り、前人未踏の鋭い洞察力でロシア的人間の謎を解き明かしてくれたからである。（III－572～573　同書巻末の木下雄介氏による「解題」より引用）

そして井筒自身も、この新版の「後記」に「この本を書くことによって私は、十九世紀ロシア文学の発展史を通じて、ロシア的実存の秘密を探りながら、同時に、より一般的に、**哲学的人間学そのもの**の一つの特異な系譜を辿ってみようとした」（V－164）と書き、そして「十九世紀ロシア文学の諸作品はどんな専門的哲学書にもできないような形で、私に生きた哲学を、というより哲学を生きるということはどんなことかということを教えた」（V－166、傍点強調井筒。Cf. III－572）と述べている。つまり、ロシア文学に取り組む井筒の視線は、当初より哲学的なもの――「東洋」哲学的でもなければ「ロシア」哲学的でもなく、「哲学的人間学そのもの」――だったわけである。本書も次章（I章－c節）で、井筒哲学の原点の一つとして彼のロシア文学論を取り上げることになる。

それればかりではない。井筒は戦後間もなくのこの時期、西洋中世キリスト教の修道士にして神秘家・聖ベルナール（一〇九〇―一一五三）――フランス・クレルヴォーに修道院を起こし、修道院改革にも大きな足跡を残した――、を論ずるべく「神秘主義のエロス的形態――聖ベルナール論」（一九五一年）にも取り組んでいる（尤も、この論考は聖ベルナールの神秘思想を検討する本論部分に入る前の、いわば序論に当たる箇所で終わっている）。これは、この時期に出版された先の『神秘哲学』が最初期のイオニア自然哲学からプラトン、アリストテレスを経て古代末期のプロティノスに至るまでの全古代ギリシア哲学において神秘主義が演じた決定的な役割を論ずるものだったのを承けて、続く西洋中世のキリスト教世界において同じく神秘主義が果たした重大な貢献を論ずる同書の続編――言わば『神秘哲学　**西洋中世の部**』――を彼が構想していたことを示している。[3] 実際、その後に井筒が書くものの中に西洋中世のスコラ哲学への言及が少なからず見いだされることも、その傍証となるだろう。

もう一点、触れておかなければならないことがある。すでに、井筒の哲学を捉える視野が地理的にも（東洋のみならずロシア、ギリシア、西ヨーロッパを含んで）ほぼ世界的規模に亘り、時代も古代から中世にまで及ぶものであることを示したが、**現代の哲学や文学**もまた彼の関心の主要な一角を占めていたのである。まず、これまで見てきた戦後間もない時期に、同時代の二人のフランス知識人に関する言及がある。一人は実存主義の哲学を標榜して戦後いち早く華々しい活躍を始めたジャン＝ポール・サルトル（一九〇五―一九八〇）であり、もう一人は詩人・劇作家にして外交官でもあったポール・クローデル（一八六八―一九五五）である。

後者を主題的に論じた二つの論考「詩と宗教的実存――クロオデル論」（一九四九年）、「クローデルの詩的存在論」（一九五三年）がこの時期に書かれているし、前者に関しては『露西亜文学』、『ロシア的人間』のいずれにおいても言及が為されている。あらためて論ずるが、両者いずれにおいても後の井筒哲学の根幹を成す「無限定なもの」ないし「無分節者」の先駆形態と看做《みな》しうるもの——サルトルにおいては『嘔吐』の主人公ロカンタンがマロニエの木の根元に看て取った「ぶよぶよした、奇怪な、無秩序の塊り〔…〕怖ろしい淫らな（存在の）裸身《はだかみ》」（Ⅵ‐9〜10）、クローデルにおいては「原始の密林の奥深く、堅固不動の根を拡げ、群葉を四方に張って嵐にざわめくひと本の大樹」（Ⅱ‐4）——に彼の視線は注がれているのである。

この時代の論考には、同じく同時代のドイツの哲学者マルティン・ハイデガー（一八八九—一九七六）への言及が散見されるし、彼の師匠でもあった現象学の始祖エトムント・フッサール（一八五九—一九三八）への関心は後年の井筒の主著『意識と本質』（一九八三年）でも表明されている。前者に関しては、例えば「クローデルの詩的存在論」でハイデガーの「存在は自らを我々に贈り来る」という言葉を引いて次のように論じている。「形而上学を存在忘却から救い出し、真にその名に価する存在論としてそれを建て直すためには哲学者は詩人の言葉に聴かなければならない。詩人こそ存在の牧者《ヒルト》であり、彼等にあっては詩作することが即ち存在を根源的に思惟することなのである」（Ⅲ‐548）。『意識と本質』では、フッサールの超越論的現象学における「現象学的〔＝超越論的〕還元」と「形相的還元」の関係をめぐる議論を引きつつ、それを同書での「本質」の実在性をめぐる自身の考察と突き合わせている（Ⅵ‐43 ff.）。

このハイデガーとフッサールに大きな影響を受け、彼らについての重要な考察を幾つも書いているこれまた同時代のフランスの哲学者であり、故人となった今日なおフランス現代哲学の最先端の一人と言ってよいジャック・デリダ（一九三〇—二〇〇四）に関しては、井筒は単に幾つかの論考——「デリダ現象」（一九八三年）、「デリダのなかの「ユダヤ人」」（一九八三年）、「「書く」——デリダのエクリチュール論に因んで」（一九八四年）など――を書いているのみならず、直接本人とパリで会って議論をしているし、その後デリダから井筒に宛てた哲学書簡が送られ、それが『思想』誌に――これも同時代の我が国の言語哲学者・丸山圭三郎の訳で――掲載されもしている（「〈解体構築〉DÉCONSTRUCTIONとは何か」、『思想』一九八四年四月号）。

井筒の専門中の専門であるイスラーム哲学に戻れば、そもそも彼がこの途に進んだのは、先の『神秘哲学　**ギリシアの部**』と書かれずに終わった『神秘哲学　**西洋中世の部**』の間にあって、それなくしては古代ギリシアと西洋中世が繋がることすらなかったにも拘わらず、我が国のみならず西洋の学界においても十分な研究がなお欠落していた分野がイスラームだったからなのである。今ではよく知られているように、井筒の『神秘哲学　ギリシアの部』がそこで終わっている古代末期のプロティノス（三世紀）を経由して全ギリシア哲学が九世紀頃集中的にアラビア語に翻訳され、イスラームに咀嚼・吸収されてアラビア・アリストテリズムという形で独自の完成の域に達したのが十一世紀から十二世紀にかけてであり――その主な立役者がイブン・シーナ（九八〇―一〇三七、ラテン名アヴィセンナ）とイブン・ルシド（一一二六―一一九八、ラテン名アヴェロイス）である――、その十二世紀にそれらがラテン語に翻訳されることでギリシア哲学が中世の西ヨーロッパに伝えられたのである。井筒自身の言葉で言えば、次のようになる。

西アジアにおけるイスラーム哲学は完全に新プラトン主義の生み出したもの〔である〕。しかもギリシア哲学の遺産が、このように一度イスラーム化された上で、はじめて西洋思想の本流に摂取されていくのだ。東西をつなぐプロティノスの、そして新プラトン主義のこの開放性〔…〕

（IX－285）

見られるように、井筒の東洋哲学研究にとって、プロティノスの占める位置は極めて大きい。その理由の一つは、ここでも明言されているように、プロティノスが東洋と西洋を繋ぐ要の位置にいるからなのである。彼を通じて哲学は一旦西のギリシア・ローマ世界からイスラームに移され、そのイスラームを経由して再び哲学は西洋中世に受け継がれてゆく。他方でイスラーム哲学は、先のイブン・ルシド（のアリストテリズム）を批判する形で登場したイブン・アラビー（一一六五―一二四〇）によってイスラーム独自の展開に先鞭が着けられることになる。このアラビーもまた、井筒にとって極めて重要な哲学者となる。この間の経緯を、現代日本のイスラーム学者・池内恵は次のように的確に指摘している。

> プロティノスのさらにその先を求めて井筒はイスラーム思想史に分け入った〔…その際井筒は、〕ネオ・プラトニズム〔プロティノスを始祖とする〕の流れを吸収し、神秘主義と合理主義の強い緊張の下で、神秘主義の優位のもとに展開していくイスラーム世界の独自の宗教哲学の系譜にもっぱら重点を置くこと[5]〔になる。〕

こうして見てくると、井筒の東洋哲学研究はその背後にほぼ全世界的かつ全時代的規模の哲学・思想を従えているのであり、そこで精錬されて取り出された哲学的思惟の構造は、人類が数千年の長きに亘って思考してきたことの一つの基本形を示していると言っても過言ではない。つまり、それを敢えて「東洋」と限定する必要はもはやないのであり、それは端的に「哲学」なのだ。それでもなお「東洋」と形容するのは、従来の哲学が「西洋」に偏していたその偏りを正す意味でしかない。本書は井筒の「東洋哲学」を、このように解する。あるいは、次のように言ってもよい。従来、とりわけ我が国では端的に「哲学」と言えばそれは西洋のそれを指していたが――そうでない場合には、わざわざ「インド哲学」とか「中国哲学」といった限定を付す必要があった――、その限定を取り払ったまでのことなのだ。限定を取り払ったことを示すために（のみ）、敢えて「東洋」を冠するのである。そこで本書はこうした事情を示すために「東洋」哲学と括弧付きで表記し、この「東洋」が地域的限定を意味しないことの標《しる》しとする（本書の表題に「東洋」哲学とあるのは、このためである）。

井筒「東洋」哲学は何を目指しているのか

右に見てきたように、井筒の「東洋」哲学研究が従来のそれの欠落を埋めるものとなったことは紛れもない事実である。しかし、彼が目指していたのは、単にそうした欠落を埋めることではなかった。欠落を埋めることを通して、更に目指すところがあったのである。それは、「東洋」哲学を「哲学的思惟の創造的原点」（VI－306～307）とすることだった。つまり、「新しい「東洋」哲学をつくる」（Cf. V－16～17）ことを井筒は目指していたのである。彼はあくまで「東洋哲学」と言い続けたが、その内実が端的に「哲学」そのものにほかならないことをすでに見た。したがって、事実上彼が目指していたのは、これまでの人類の知的営為を踏まえた上での「新たな哲学の創造」だったと言ってよい。

聞きようによってはあまりに遠大な目標だが、彼のように古今東西の哲学に通暁した碩学が実際に残した仕事を目の当たりにしたとき、これは決して単なる大言壮語ではないと本書は考える。古今東西の膨大な文献を原語で読み解く地道で根気のいる作業なしには彼の残した業績が達成されることは不可能だが、その（三十数ヵ国語を能《よ》くしたという語学の天才にとっても）地道で根気のいる作業に専念する井筒を支えていたのが、この「新たな哲学の創造」という遠大な目標だった。そして、そのための準備として彼が創案し、実際にその成果が私たちの前に呈示されているところのものが、「共時的構造化」という操作である。この操作について、彼は次のように語っている。

〔…〕「東洋哲学」〔を、…〕哲学的思惟の創造的原点となり得るような形に展開させるために〔…〕西洋哲学の場合には必要のない、人為的、理論的操作を加えること〔…〕そのような理論的、知的操作の、少くとも一つの可能な形態として、私は**共時的構造化**ということを考えてみた。この操作は、ごく簡単に言えば、東洋の主要な哲学的諸伝統を、現在の時点で、一つの理念的平面に移し、空間的に配置しなおすことから始まる。つまり、東洋哲学の諸伝統を、時間軸からはずし、それらを範型論的《パラディグマティク》に組み変えることによって、それらすべてを構造的に包みこむ一つの思想連関的空間を、人為的に創り出そうとするのだ。（VI－306～307）

ごく簡単に言い直せば、「東洋」哲学をその時代的・地域的制約から解放し、その論理展開の骨格を類型化して一つの構造体として提示するということだろう。次の文は、この構造体をより平易な表現で述べ直している。「〔…〕中近東・インド・中国のすべてを含めた広い意味での「東洋」哲学のなかに、到るところ、さまざまに違った形で繰り返し現われてくる東洋的思惟の**根源的パタン**〔…〕」

（V－392）。共時的構造化の操作を、「哲学素（フィロゾフェーム）とでもいったものを取り出す」と説明している場合もある（Cf. V－17）。「哲学素」とは当該の哲学を構成している基本的要素・成素といった意味であり、時代と地域の制約の中でさまざまに異なった装いの下に姿を現わしているものをその基本的な論理に還元して取り出すのである。このようにして取り出されたそれは、「多極的統一性において構想された一種の東洋的メタ・フィロソフィー」（別－129）とも呼ばれる。

一例を挙げよう。先に、井筒にとって古代末期のプロティノスが極めて重要な哲学者であること、そしてその理由の一つとして、彼が東西の哲学を橋渡しする地点に立っていたことに触れた。だが、井筒にとってプロティノスが重要なのは、それだけの理由によるのではない。彼が先の『神秘哲学』において取り組んだのは、古代ギリシア哲学の全体を通じて、彼が「神秘体験」と呼ぶ一種の「世界の実相についての直観」がその哲学にとって欠くことのできない核を成していることの論証だった。この「直観」を、井筒は例えば次のように説明する。

〔…〕観想によって開けてくる意識の形而上学的次元において、存在を窮極的一者として捉えた上で、経験的世界のあらゆる存在者を一者の自己限定として確立する〔…〕。（V－391）

詳しくはあらためて本論で検討するので、ここでは簡潔に言い直しておく。世界の実相についてひたすら目を凝らすこと（観想）を通じて、日常の意識ではこれまで見えなかった新たな・別の次元が開けてくる。それが形而上学的次元と呼ばれているのだが、そこにおいてはさまざまな形で存在する全てが「ある＝存在」という一点に収斂する。どんなものも、それが何らかの仕方で「ある」ことにおいて同一なのだ。この「ある＝存在」がさまざまな仕方でおのれを限定する、すなわち「〜として」（水として、火として、机として、書物として…）規定されることで私たちが日々経験する世界は成り立っているのである。

そして井筒の見るところ、この「直観」を古代ギリシア世界において可能なかぎりぎりのところまで論理化したのが、プロティノスなのである。すなわち、古代ギリシア哲学はプロティノスに至ってその完成の域に達する。「古代ギリシアの観照精神はプロティノスに於いて最終にして最大な結実に達した」（別－107）。プラトンとアリストテレスを以って古代ギリシア哲学の頂点とし、それ以後プロティノスを代表者とする新プラトン主義に至るまでの歩みはせいぜいそこからの派生ないし頽落形態に過ぎないとする一般的な古代ギリシア哲学史観からすれば、井筒のこの見方が異色であることは言うまでもない。この見方は、古代ギリシア哲学だけを見ていてもなかなか見えてこない。それを地域的・時代的制約から解き放って、インドや中国やイスラームのそれと並び立つ次元に置いたとき初めて、一つの可能な見方として姿を現わすのである。

したがって、プロティノスの哲学を根本において支えているこの「直観」は、彼のみに固有なものではない。構造的に共時化された観点からすれば、それがインドにも中国にも…あっておかしくない。井筒は、それをイスラームの内にも見出す。或る対談の中で、十二世紀イスラームの哲学者スフラワルディー（一一五五頃―一一九一）が「東洋」を「精神の黎明の場所」と論じたことを引き合いに出して、先の「直観」と自らにとっての「東洋」を井筒は次のように語っている。

ここで精神とは、宗教的「愛」の情熱と、論理的思惟と、神秘主義的実在直観〔先の「直観」である」と、詩的形象的想像力とが複雑に交錯しつつ、しかもそれらが渾然たる一体として働く創造的主体性を意味する。(V‐3〜4)〔…〕意識を鍛錬して、常識的な、日常的な、経験的な、生まれたままの状態においておかないで、徹底的に訓練して、それで意識の深層を開いて、そういう開かれた深い意識の層〔すなわち「形而上学的次元」〕の鏡に映ってくるような実在の形態、そのあり方を探求していく〔これが「観想」ないし「観照」である〕。〔…〕主体的にそれのなかへとけ込んで、それのなかで生きていく、〔…〕それがぼくにとっての「東洋」〔…〕そうなると結局、西はスペインのグラナダまで行ってしまう〔…〕それどころかグラナダから、悪くすればジブラルタル海峡をこえてもっと向う〔アフリカ〕へもいきかねない。それからいわゆるアラブ国家、アラブ文化圏とインド、トルコ、ユダヤ、それからペルシャ、そして中国、チベット、日本などが全部一つになって、それが精神の黎明の場所みたいな感じにぼくの心には映ってくる〔…〕。(V‐16)

このように語った後で、今自分がやっている仕事を次のように規定する。「そういう地域に広がっている哲学の、〔…〕哲学素〔フィロゾフェーム〕〔…〕を取り出して、それを身近な日本語に移す努力をする」(V‐17)。「哲学素」については、先に触れた。「それを身近な日本語に移す努力」、これが革命の勃発したテヘランでの王立哲学アカデミーの教授職を捨てて久しぶりに活動の拠点を日本に移した後の井筒がさしあたり取り組んだ仕事だった。一九七九年、井筒六五歳のときであり、翌年には早くも、井筒の主著となる『意識と本質』のもととなった論考の雑誌連載が始まっている。だが、この仕事を通して更に先を彼が見据えていたことは、すでに触れた。現に、「それを身近な日本語に移す努力をする」と語った直後に、彼は次のように述べるのである。「そしてそこから新しい東洋的な哲学というものをつくってみたい」(ibid.)

同じことを、井筒は自らに与えられた課題として次のようにも表現している。

> 次に〔「それを身近な日本語に移す努力」をした後に、すなわち「共時的構造化」を行なったのちに〕、この方法論的操作の第二段として、こうして取り出された東洋哲学の根源的パターンのシステムを、一度そっくり己れの身に引き受けて主体化し、その基盤の上に、自分の東洋哲学的視座とでもいうべきものを打ち立てていくこと。(VI－307)

彼が「新たな哲学の創造」を目指していることは、今や明らかだろう。しかもこの課題は、それを「身近な**日本語**に移す」ことを前段として有している以上、単に井筒個人に限定されたものではなく、現時点における日本文化に課せられた一種の世界的使命と考えられている点を見逃してはならない。事実、彼は次のようにも述べている。

> 〔…〕東洋哲学全体の新しい構造化、解釈学的再構成への準備〔を経て〕〔…〕東洋哲学の諸伝統は、**われわれ日本人によって**、未来に向って新しく解釈学的に把握しなおされなければならない〔…〕。(V－392)

言うまでもなく、これは偏狭なナショナリズムとは全く関係がない。そうではなくこれは、例えばかつてイスラームが哲学を古代ギリシアから受け継ぎ、それを再び中世の西洋に受け渡し、かつ独自の哲学をも生み出すことで哲学そのもの――井筒の言う「東洋」哲学とは、この「哲学そのもの」にほかならなかった――の展開に多大な貢献をしたのと同様、現代の日本が明治期以降の積極的な「西洋」の摂取・吸収・咀嚼と、遥かそれ以前からの主として中国を経由した「東洋」の受容、ならびに古代以来の日本固有の思考の醸成を通じて、洋の東西に跨る哲学そのものへの貢献を為しうる格好の位置に立っていることへの自覚――それは、井筒の長い海外での活動を通しての実感でもあっただろう――と、この位置故に日本に課された言わば世界史的課題へ向けての決意の表明なのである。「「東洋」哲学の根本問題」と題してその井筒との対話を試みる本書もこの課題と自覚を彼と共有するものであることを、ここに表明しておきたい。本序章を、この自覚に関わる彼の言葉を引いて閉じることにしよう。

〔…〕東洋思想の諸伝統を我々自身の意識に内面化し、そこにおのずから成立する東洋哲学の磁場のなかから、新しい哲学を世界的コンテクストにおいて生み出していく努力をし始めなければならない時期に、今、我々は来ているのではないか、と私は思う。[8]（VI－308）

第I章

表層／深層

a) 表層から深層へ

コトバ

井筒哲学の鍵語の一つに、カタカナ書きされた「コトバ」がある。世界を有意味な単位に「分節化」する機能のことである。この「分節化」も井筒において頻出する鍵概念の一つだが、これについて彼は、例えば次のように説明している。

> 分節とは何か。分節とは文字どおり、区別し、分別し、分割し、分離させること。元来、分割線が全然引かれていないカオス状の事態に、あるいは分割線は引かれてはいても、それが漠然として浮遊的であるような事態の表面に、比較的明確な線を引いて区劃し固定する。意味というものには、形象的に、そのような本源的機能がある。（X-414、傍点強調井筒）

つまり「コトバ」は、世界をそれぞれの「意味」ごとに区切ることによって、そこで区切られたものを明確な輪郭の下に浮かび上がらせる機能なのである。この機能の及ぶ範囲を明確にしておく必要があるだろう。ふつう、「コトバ」と言えば言語のことを、それも私たち人間が日々用いる自然言語（その具体的な在り方は、日本語、英語、フランス語…といったそれぞれの国語である）のことを指すが、世界を有意味な単位に分節化する機能を担っているのはこれら人間的言語だけではないだろうからだ。井筒自身がこの分節化機能の及ぶ範囲をどのように捉えているか、見ておこう。

まず、この機能がいわゆる人間的言語の範囲に限定されるものでないことは、彼の次の発言から看て取ることができる。「存在の意味分節〔…〕〔すなわち〕現実的、かつ**可能的**に言語に結びつく意味単位の網目構造による存在カオスの分節〔…〕」（Ⅷ－153）。分節機能の内に「可能的に言語に結びつく」部分を含めていることから明らかなように、いまだ言語に結び付かない状態での分節がすでに存在するのである。例えば、言語をもたない動物たちの間にも、この分節機能はすでに存在する。

〔…〕動物もまた、種ごとに、その生物学的基本要求と、感覚器官の形態学的構造の特殊性とに条件づけられながら、それぞれ違った形で存在を秩序づけている。つまり、生物は、動物的次元において、既に存在を「分節」している〔…〕。（Ⅷ－154）

動物たちも、生きていく上で糧となるものを捕獲し・摂取し、不用となったものを排泄し、危険なものや敵を回避しなければならない。子孫を残すために、パートナーも見付けなければならない。そのためには、糧が糧**として**、敵が敵**として**、パートナーがパートナー**として**、分節されて彼らに対して姿を現わさなければ、彼らとしても行動しようがない。したがって、本書としても、いまだ言語をもたない動物たち（はたして人間以外のすべての動物が言語をもたないかには疑義がありうるが、今はそう考えておく）にも分節化機能を認める井筒のこの見解に賛同できる。

尤も、次のような発言も存在する。「「分節する」とは、本源的に、言語意味的事態である。〔…〕無量無数の言語的分節単位それぞれの底に潜在する意味カルマの現象化志向性（すなわち、……自己顕現的志向性）〔…〕」（Ⅹ－597、傍点強調井筒）。ここでは、「分節」に先立って「潜在する意味カルマ」

がおのれを「顕現＝現象化」するにあたって、「言語」が分節化機能として働く、という構図になっているように見える。あるいは、次のようにも言われる。「「分節」（articulation）とは、人が実在の世界にたいしてとる特殊の視点の先端に生起する事態であって、**言語的**——すなわち歴史的、文化パターン的——**に規定されている**」（XI－15）。ここでも、「分節」が「言語」と直接に結び付けられているように見える。しかし、井筒が空海（七七四—八三五）の次の文を引きつつ、そこで語られている「文字」を「言語」と看做すときの「言語」は世界の**知覚**的分節化に関わるものであり、ふつうの意味での言語以前の次元ですでに機能している（例えば、いまだ言語を身に付けていない赤子でも、すでに世界を知覚的に捉えているはずである。そうでなければ、母親の乳房に吸い付くこともできなくなってしまう）。

「五大（地、水、火、風、空）、みな響あり。十界、言語を具す。六塵（色、声、香、味、触、法）はことごとく文字。法身は是れ実相」（空海『声字実相義』、VI－222）。

空海はここで、「言語」「文字」を「六塵（色、声、香、味、触、法）」という知覚のレヴェルで機能するものとして捉えている。「文字」とは「意味」を喚起するものにほかならないが、ここで喚起される「意味」は知覚的意味なのである。

このように、井筒における「分節化」と「言語」との関係は必ずしも明確ではないが、それは彼が分節化を「潜在」的で無意識的なレヴェルと「顕在」的で意識的なレヴェルの二つの次元に亘って捉えていることに起因すると言ってよいだろう。いわゆる自然「言語」は顕在的なレヴェル（表層）での分節化を担うのに対して、彼の言う「コトバ」は潜在的なレヴェル（深層）でのそれを含んでいる。したがって、前者の「分節化」は狭義の・限定的な用法であり、後者のそれが井筒の「分節化」概念の一般的・基本的な用法と解しておく。すなわち、顕在的に言語と結び付く以前の次元において、すでに分節化は機能している。[1] このかぎりで、動物たちにも分節化を認めることができる。

先の引用で井筒は「**生物**は、動物的次元において、既に」と述べていた。では、生物のもう一つ重要な形態である植物に関しては、どうだろうか。更には、生物のより原初的な形態である単細胞生物（例えばアメーバ）などに関しては、どうか。管見のかぎり、植物についての言及は井筒に見当たらない。「アミーバ」に対する言及は存在するが、それは、いまだ明確な意味単位となっていない「意味可能体」（これを、ソシュール言語学の術語を使って「単なる能記《シニフィアン》」と表現する場合もある）が意識の深層下でおのれの結び付く意味（「所記《シニフィエ》」）を求めて蠢いている様子を比喩的に表現するものだ。したがって、これらの生物に井筒が分節機能を認めているか否かは不明である。この点に関する本書の見解にはすぐ後で触れるので、ここでは井筒の見解が不明であることのみを確認して、もう少し先を考えてみよう。

生物以外の存在者次元において、例えば路傍の石ころや小川を流れる水などのいわゆる無機物において、事情はどうなっているだろうか。井筒は或る所で、インドのヴェーダーンタの考えを紹介している。それによれば、全存在世界の根源的リアリティとされる「ブラフマン」は一切の限定に先立つ〈端的な「ある」〉（「〜として」という限定なしに、ただ「ある」）にほかならないが、意識がそれに近付こうとすると**それ自体の側で**（つまり、意識がそれを知覚するに先立って）すでに分節される。こうした「物それ自体」の側で分節されたものは「有属性ブラフマン」と呼ばれ（これに対して、先の絶対無分節の〈端的な「ある」〉は「無属性ブラフマン」とされる）、（物の）「基体」となる。この基体と意識の相互作用の結果、物の知覚が成立するというのである。

〔ヴェーダーンタは〕「基体」（有属性ブラフマン）そのものが、ある意味では、前知覚的にすでに分節されていると考える〔…〕。すなわち、対象（ブラフマン）の側の前知覚的変様と、それに合わせてこころ〔意識〕の側の主体的変様との相互的働きかけ、合同作業、の結果としてのみ知覚的段階における分節は生起する〔…〕。（X-412、傍点強調井筒）

この場合、物（石や水のような無機物）のレヴェルで分節が認められているようにも見えるが、その分節は「〔…〕**意識が志向的にそれに近づこうとすれば**、それだけで〔…〕たちどころに」（X-410）為されると言われており、そのかぎりで「意識」の関与なしには生起しないことになる。ここでの井筒はヴェーダーンタの考えを紹介するにとどめており、自身の立場を明らかにしていない。これが、同じく井筒がしばしば言及・参照する仏教の唯識派になると、分節化はすべて「識」（広義の——つまり、いわゆる「無意識・下意識」を含めた——意識）に由来するものとされる。だが、その唯識においても、「識」と生物（ないし生命）や物質との関係がどのように捉えられているかは、さまざまな解釈が可能だろう。そもそもこの問題を正確に考えるためには、「生命」とは何かを明らかにするという大問題が横たわっているのだから、事はそう簡単に決着しない。また、この大問題を井筒が正面から取り上げた形跡もない。

したがって、ここでは本書の立場から、この問題に簡単な整理を与えておくにとどめる。本書の考えでは、生命という存在秩序は物質交替（新陳代謝）による個体の「自己維持」（子孫を残すことも含める）と、その維持のための「認知」という二つの柱から成り立つ。[2] つまり、自己維持のために必要なものと不用ないし有害なものを何らかの仕方で「見分けること」、すなわち（対象の）「認知」が、生命という存在秩序の存立にとって不可欠の契機としてその内に織り込まれていると考える。この考え方からすれば、井筒の言う「コトバ」すなわち「分節化機能」は生命という存在秩序に由来することになる。逆から言えば、生命以前には分節という事態は存在しない。何かが何かとして姿を現わす（立ち現われる）のは、「存在」が生命という仕方で組織化（有機化）されることによってなのだ。そのとき、世界が開＝披かれるのである。したがって、動物においてはもとより、植物においても単細胞生物においても、もちろん「アミーバ」においても、それらが生命という存在秩序に属すかぎりで、「コトバ」＝分節化は存在する。

井筒にも、次のような発言がある。

我々人間が、人間特有の感覚器官の構造と、コトバの文化的制約性とに束縛されながら行う存在分節は、**無限に可能な分節様式の中の一つであるにすぎない**。（Ⅵ－170～171）

では、私たち人間がもつ言語は、「無限に可能な分節様式の中」でどのような位置を占めているのだろうか。それは、「無限に可能な分節様式の中の」**単なる**一つではない。世界の分節化は（そもそも世界とは分節化されて初めて開＝披かれるものなのだから、世界と分節化は同義なのだが）、言語の成立と共に**新たな段階**を迎える。これを井筒は、次のように捉える。

〔…〕人間はこの生物学的、第一次的存在分節〔これが言語に先立って機能していることを、今確認した〕の上に、もう一つの、まったく異質の存在分節を付け加えた。それが「文化」と呼ばれるもの〔だ。〕〔…〕〔それは〕第二次的、非自然的、「文化」的存在分節〔である。〕〔…〕第一次的存在分節から第二次的存在分節への転移は、まさに言語を仲介として生起する〔…〕。（Ⅷ－154）

ここで井筒は、「人間」**が**「言語」という「まったく異質の存在分節を付け加えた」という言い方をしているが、或る種の動物が言語という、従来の存在分節とは全く異質の分節機能を身に付けたとき、それは人間**と成った**と言った方が正確かもしれない。更に言えば、そのとき、動物とは「まったく異質の」存在者が世界に出現した、と言うべきかもしれない。これは何を以って人間を定義するかに関わる事柄だから、今は深入りしない。また、ここで井筒が用いている「まったく異質」という表現にも注意が必要だ。のちに論ずるように、或る新たな存在秩序の成立（それは今や、新たな分節化機能の獲得に等しい）は、それ以前の存在秩序との間に独特の関係を形成するのであって、その関係を「まったく異質」と言ってしまうことは事実誤認に繋がる怖れがあるからだ。同じことは、言語という新たな存在分節化機能が「付け加わる」という表現にも当て嵌まる。それは、単に「付け加わる」ということ以上の事態を含んでいる可能性があるからだ。この点に関して、彼の次の発言は注目に値する。

〔…〕動物次元での生物学的第一次分節が、完全に**組みなおされ**、**変貌して**、言語的第二次分節

のシステムのなかに**取り込まれている**〔…〕。（Ⅷ－156）

あらためて論ずるが、新たな分節機能の成立は、以前のそれの「組み換え」であり（「組みなおされ、変貌して」）、以前のそれを「取り込」むという仕方で、以前のそれとの関係性を保持してもいるのである。つまりここに、単に「まったく異質」でもなければ、単に「付け加わる」のでもない、ある独自の関係が看て取られなければならない。この「独自の関係」については本章の次節で取り上げるので、ここでは言語以前の次元——言語がはっきり意識の表層において姿を現わしているのに対して、言語以前はふつう明確にそれとして意識されることがないので深層と呼ぶことができる——における分節化を井筒がどのようなものとして捉えているかを見ておこう。

深層における分節化

この次元における分節化の在り方を理論化したものとして彼が注目するものの一つに、唯識哲学における「阿頼耶識《あらやしき》」論がある。先の「コトバ」の座はこの阿頼耶識の内にあるとして、「言語アラヤ識」という表現が井筒哲学の術語として用いられたりもする。この阿頼耶識（以下、井筒に従い原則として「アラヤ識」と表記する）を彼がどのようなものとして捉えているか、まず見てみよう。

アラヤ識を井筒は、唯識哲学が呈示する「三層の意識構造モデル」に纏めた上で、その最深層に位置付ける。その「三層」とは、以下のようなものだ。

(一)　感覚知覚と思惟・想像・感情・意欲などの場所としての**表層**（前五識および第六意識）

(二) 一切の経験の実存的中心点としての自我意識からなる**中間層**(第七末那識)
(三) 近代心理学が無意識とか下意識とか呼ぶものに該当する**深層**〔アラヤ識〕(Ⅷ-175)

その第一層は意識の表層部分を成し、ここには通常私たちが言語と呼んでいるものばかりでなく(ふつうの意味での思惟=思考は言語なしには不可能だろう)、知覚・想像・感情・意欲なども位置付けられる。それらが(更に細分化された)六つの層(識)を成して重なり合うのが、この表層である。唯識では、その第六番目の層(識)が「**意識**」と呼ばれる。

続く第二層は中間層とされ、さまざまな対象をさまざまなレヴェル(層)で意識しているのが(ほかの誰でもなく)自分であることを知っている意識、すなわち自己意識の層である。私たちがさまざまな対象を意識するとき、意識はその対象の方に向かっていて(対象が顕在的に意識され)、その対象を意識しているのが私であることをいちいち意識していないのがふつうだろう。とはいえ、私たちはそのことを知らないわけではない。あまりに自明過ぎて、かえって意識しないだけのことだ(すなわち、潜在的には意識している)。この意味で、対象意識の下層に(直下に)自己意識が位置付けられる。

これら表層と中間層の更に下の最下層(深層)に位置付けられるのが、「アラヤ識」だ。これを井筒は、「近代心理学が無意識とか下意識とか呼ぶもの」と説明している。ここで彼が念頭に置いているのは、二十世紀初頭に「無意識」を初めて科学的分析の俎上に載せんとしたフロイト(一八五六―一九三九)心理学の影響下で独自の無意識心理学を樹立するに至ったユング(一八七五―一九六一)の心理学――「元型」や「集団的無意識」について論じた――である。つまり、ユング心理学が「元型」や「集団的無意識」の名の下に論じているものは、唯識がアラヤ識と名付けた意識の最下層において機能している分節化（意味）への動向だというのである。

意味へのこの動向がすなわち「意味可能体」であり、それを井筒は、「原基《プロト》意味形成素」「潜勢体のコトバ」などとも呼び、唯識派の言う「種子《しゅうじ》（ピージャ）」がそれに当たるとしている。「アラヤ識」は「内的言語の意味「種子《ピージャ》」の**場所**」（Ⅵ－177）、「「種子」の〔…〕**溜り場**」（Ⅷ－175）なのである。

> 言語アラヤ識は〔…〕人間の心的・身体的行為のすべてのカルマ痕跡を、意味イマージュ化した「種子」の形で蓄積する下意識領域〔である。〕（Ⅷ－176）

「カルマ」とは言語化される以前の「意味」のことだから、その「意味」を何らかの仕方で形象化（イマージュ化）したものが「種子」であり（これのユングにおける対応物が「元型」――のちにあらためて論ずるが、正確には「元型イマージュ」――である）、この「種子」を普段は意識されない形で「蓄積」しているのが「言語アラヤ識」なのである。尤も、この「蓄積」という表現には注意が必要である。意味がイマージュ化された「種子」が、言語アラヤ識の内にずっとそのまま存続しているかのように聞こえるからだ。厳密に唯識哲学的に考えれば、すべて「種子」は刹那滅、即ち瞬間瞬間に生滅し、その相続プロセスだけがそこにあるのであって、同じ「種子」が蓄積されると考えるのは不正確なのである。

もちろん井筒もそのことをよく弁えており、その点に注意を促してもいる。そして、「創造不断」――世界は瞬間ごとに一から創造されるのであって、時間の流れの中に連続的に存在し続ける同一体ではない――を論ずるに際して、あらためてこの「種子」の相続プロセスを取り上げている。本書もこの「創造不断」を論ずることになるので（第Ⅲ章b節）、ここでは「意味イマージュ」である「種子」が位置する場所が「言語アラヤ識」であることを確認するにとどめる。

さて、この下意識ないし無意識とも呼ばれる深層領域は、例えば言語的意識と同じように、個人の心を超えて拡がるものとされる。日本語の話者は、みな同じ「日本語」という言語体系を意識の下部に共有しており、その共通の源泉から言語を汲み出してくるから同じ日本語になる、というわけである。

> 言語アラヤ識そのものは、根源的に、個人の心の限界を超出する。それは、水平的には個人の体験の範囲を越えて拡がり、垂直的には、これまですべての人が経験してきた生体験の総体に延びるところの、集合的共同下意識領域〔である。〕（Ⅷ－177）

> 「言語アラヤ識」という特殊な用語によって、私は、ソシュール以来の言語学が、「言語《ラング》」（国語、langue）と呼び慣わしている言語的記号の体系のそのまた底に、複雑な可能的意味聯鎖の深層意識的空間を措定する。（Ⅵ－177、傍点強調井筒）

「言語的記号の体系」すなわち各「国語」はなお意識の顕在的な層（何層にも分かれた表層）で機能しているものだが、更にその下にそうした各「国語」を支える「可能的意味聯鎖の深層意識的空間」が存在していると考えるのであり、そこで活動しているのが「イマージュ化」された「意味」としての「種子」なのだ。この「イマージュ化された意味」に関して、井筒は次のように述べる。

イマージュなるものは、個々の言語体系や、それを母国語とする個々の主体の言語ノアラヤ識の内部構造によって、微妙に異る形状をとって現われるのを常とする。要するに、言語アラヤ識内で、一つの「種子」が自体的にどのように構成されているか、また他の「種子」とどのような聯関に立っているかによって、そこから現出するイマージュも、当然、違ってくるのだ。そして、そういうイマージュのヴェールを通して、我々は、Xを例えば木として意識するのである。但し、細部的にはどれほど微妙な相違があるにせよ、例えば日本語という同じ一つの言語を話す日本人の言語アラヤ識から湧出する木のイマージュには圧倒的な共通形状があり、おのずから一定の型がそこに認められるのであって、その型が不変不動の実在として固定される時、木の「本質」が成立する。（Ⅵ－178～179）

ここで、これもまた井筒哲学の鍵概念の一つである「本質」が登場する。それは井筒の主著『意識と本質』のタイトルにも登場するほど枢要な概念であり、本書もあらためて主題的に論ずる（第Ⅲ章a節）。ここでは、「イマージュ化された意味」に「共通」する「一定の型」を「不変不動の実在として固定」したものが「本質」とされている点を、押さえておこう。つまり、「意味」が「実在」化されたもの、それが「本質」なのだ。単に「イマージュ＝イメージ」に過ぎなかったものを「実在」たらしめるもの、それが「本質」だと言ってもよい。同じことを逆から言えば、「イメージ」はどこまで行っても「イメージ」に過ぎず、決して「実在」ではないとすれば、「本質」など実は存在しないことになる。こちらの立場からすれば、次のように言うことになる。

コトバは、その存在分節的意味機能によって、いたるところに存在者（事物事象）を生み出していく〔。…〕こうして生み出された個々の存在単位は、すべて、個別的な語の意味が実体化されたものにすぎない〔。…〕存在者が言語的意味の実体化〔＝実在化〕にすぎないのであれば、すべての事物事象は、臨済の言うように、「みな、これ夢幻」であって真実在ではない、ということにならざるをえない。（X－286～287）

あるいは、（中国古代の『荘子』もこの立場なのだが、その『荘子』を解説して）

〔…〕コトバには一定不変の意味があるわけではなく、ただ相対的、差異的にのみ事物を区別して示す。このゆえに、存在リアリティ〔分節化される以前の、端的な「ある」〕が言語化されると、そこにさまざまな境界線〔畛＝田のあぜ〕が現われてくるのである。（X－293）

ここで『荘子』の言う畛すなわち「境界線」は、アラヤ識における分節化機能の活動によって引かれるのだ。このようにして引かれた「境界線」の下で姿を現わしたものははたして実在なのか／そうでないのか、すなわち「本質」が存在するのか／しないのかをめぐる思考が主著『意識と本質』の隠れた筋を成していることを、本書はのちに示すことになるだろう。

話を「イマージュ化された意味」に戻そう。井筒はこれを唯識における「種子」に対応させるとともに、ユング心理学における「元型」――正確には「元型イマージュ」――にも対応させていた。そして、右の引用に見られるように、それが特定の言語（国語）や文化によって異なる点を強調する。つまり、日本語の話者である私たちの深層にあって「イマージュ化された意味」と、フランス語の話者におけるそれとは決して同じではないのだ。これは、翻訳の不確定性――異なる言語間に完全な翻訳関係は成立しない、つまり、翻訳できない「意味」が存在する――として知られる事実に照らしても、十分納得のいく主張だと言ってよい。その上で、「イマージュ化された意味」＝「種子」＝「元型」について、次のように述べられる。

深層意識に生起する「元型」〔最初の分節〕そのものが、文化ごとに違うのである。ただ、どの文化においても、人間の深層意識は存在を必ず「元型」的に分節する、そういう意味で「元型」は全人類に共通なのであり、またそういう意味でのみ、人間意識の深層機構自体に組み込まれた根源的存在分節として「元型」なるものが認められるのである。（Ⅵ－237）

こうして、アラヤ識が存在を根源的に分節する「根源的存在分節」の場であることが示された。ということは、アラヤ識において「元型」によって分節化される何ものかがアラヤ識に先立って「存在」していることもまた、示されたことになる。この次元に、思考はどのようにして到達することができるのだろうか。そして、そこはどのような「あり」方をしているのか。

分節化されたものから分節以前のものへ

今確認したように、アラヤ識は、そこにおいて無分節なものが最初の分節を被る場所だった。つまりアラヤ識は、何らかの仕方で無分節なもの、いまだいかなる分節も被っていないものに接しているはずなのである。この「いまだいかなる分節も被っていないもの」それ自体への通路も、アラヤ識の内に隠されているはずなのだ。私たちは、いったいどのようにしてこの通路を抜けてその先へと達することができるのか。それは、ひたすらこの世界の実相を見詰めることによって為される。世界の実相に迫ろうとするこの凝視、これを「東洋」哲学は「観照」ないし「観想」と呼ぶ。古代ギリシア哲学における「テオリア（theōria）」である。この語が、後に「理論（theory）」と解されることになることは、よく知られているだろう。「理論」とは、この世界が本当のところどのような在りようをしているかについての理解のことなのだ。古来私たちはこの「理解」を、世界の実相を見出す言わば「心の眼」を鍛えることによって獲得しようとしてきた。その鍛え方はさまざまだが、基本的にそれは何らかの仕方で「瞑想（contemplation）」の状態に入ることを目指していたと言ってよい。

「瞑想」は、普段私たちがこの世界を見ているのとは違った仕方で何ものかを見ることだから、「瞑想」を追求すること自体、世界の実相が普段私たちの見ているそれとは違うのではないかということへの予感ないし気付きを前提している。つまり、世界が、現にそのように見えているのとは違ったものである可能性、あるいは違っていてもおかしくないということへの気付き、これが哲学の原点なのだ。これを、例えば古代ギリシアのアリストテレスは「驚き」と表現した。すなわち、哲学の原点を成す――人を思考へと誘《いざな》う――「驚き」とは、現にそのように見えている世界がそうでないかもしれないことに、そうでなくてもよかったことに気付いたとき、人に訪れるものなのだ。そのとき人は、ではいったい本当のところは（つまり、真実は）どうなっているのだ、と考え始める。その「真実」の追求のための一つの有力な手段が、「心の眼」を研ぎ澄ますこととしての「瞑想」なのである。

この「瞑想」の境地に入るための仕方がさまざまであることは、今触れた。厳しい身体的な修行を通してであることもあれば（例えば、道もない険しい山中に分け入る修験道）、ひたすら祈りを捧げることを通してであることもある（例えば、「アッラー」の名を呼び続けるイスラームや、「南無阿弥陀仏」と唱え続ける阿弥陀道）。禅のようにひたすら座り続けること（只管打坐《しかんたざ》）もあるし、些か意外に思われるかもしれないが、思考の道具である論理をひたすら究めること、あるいは世界＝自然の在りようをより精密かつ正確に看て取るための道具の開発とそれを操作する技術を磨くこと（実験・観測装置に向かい合う自然科学者が日々邁進しているのはこのこと以外ではない）も、この世界の真の在り方を追求している点では、基本的に同様の営みである。

自然科学者がミクロやマクロの世界にそれらの装置を介して分け入るとき見えてくる世界は、日頃私たちが肉眼で見ている世界とはおよそ相貌を異にしているのであり、にも拘わらずそれが世界の「真の」在りようかもしれないのだ。時間や空間が歪《ゆが》んだり伸び縮みしたりする世界の論理（相対性理論）や、確率論的にしか捉えられない世界——半分死んでいて半分生きているシュレーディンガーの猫——の論理（量子力学）を追求することもまた、同様である。今の文脈では、それらもまた「瞑想」——日常とは異なる眼で世界を見ること——の一種であると言ってよい。

「東洋」哲学に戻れば、どのような途を通るにせよ、「瞑想」の境地に入って世界が異なる相貌の下に姿を現わしてきたとき、それを「東洋」哲学はしばしば「三昧《ざんまい》」と呼んできた。この「三昧」について、井筒は次のように説明している。

三昧に入りますと、いままで硬く固まっていたこの**もの**の世界が流動的になってくる。〔…〕本質の形成する**もの**の輪郭がぼけてきます。〔…〕花が花でありながら、花というものではなくなる。〔…〕こうしてすべてが透明になり、いわば互いにしみ透り、混じり合って渾然たる一体になってしまう。（V-492、傍点強調井筒）

私たちの日頃見慣れた世界では、物はそれぞれがほかの物と区別されて、それ自体で確固として存在しているように見える。ところが、それらを個別的存在者たらしめている他の物との確固とした境界が曖昧になり、全てが「渾然たる一体」と化すというのである。更に、その先がある。

〔…〕意識の深化がもう一歩進みますと、それらすべての**もの**が錯綜し混じりあってできた全体が、ついにまったく内的に何もない完全な一になってしまう。〔…〕そこではかつてものであったものの痕跡すらありませんので、その意味で無〔。…〕そこではもはや、見るものも見られるものもありません〔。…〕無を無として意識する意識もありません。このことをスーフィズムでは〔…〕「消滅の消滅」〔…〕と申します。〔…〕純粋な無、絶対的な無〔…〕意識のゼロ・ポイントに〔…〕現われてくる実在のゼロ・ポイント〔…〕。（V-493、傍点強調井筒）

もう一歩進むと、曖昧になった境界はもはやすっかり姿を消して、全ては「一」と化してしまう。この「一」の内部を区切るいかなる境界も今や存在しないのだから、そこに見えるものは何もない。「その意味で」それは「無」だという。そして、見て取ることのできる何ものももたなくなった意識は、もはや意識たりえない。意識とは、**何ものかについての**意識でしかありえないからだ。こうして、意識自体が消滅する。これを、イスラーム神秘主義・スーフィズムは「消滅の消滅」と形容する。これを井筒自身は、「意識と実在＝存在のゼロ・ポイント」と呼ぶ。そして、「東洋」哲学の「共時的構造化」の成果を基に、この地点に与えられたさまざまな呼称を紹介する。

> 実在のゼロ・ポイントを東洋では伝統的にいろいろな名で呼んでまいりました。たとえば老荘の「道」、易の「太極」〔…〕大乗仏教の「真如」とか「空」〔…〕禅の「無」〔。…〕スーフィズムでは一般にハック（haqq）という言葉を使います。〔…〕真実在、絶対的真実、絶対者ということです。〔…〕スフラワルディーは、術語的にこれを「光《ヌール》（nūr）」と呼び、イブン・アラビーは「存在《ウジュード》」（wujūd）と呼びます。〔…〕とくにゼロ・ポイントにおける光を、「光の光」（スフラワルディー）〔…〕ゼロ・ポイントにおける「存在」をとくにガイブ（ghaib）〔…〕「隠れて見えない状態」〔と呼びます。…〕絶対無としての存在〔イブン・アラビー〕〔です。〕（V－493～494）

さまざまな呼称を繰り返すことはしないが、ここで注目すべきは、古代ギリシアに源泉を汲む新プラトン主義の哲学の吸収・咀嚼から一歩を踏み出してイスラーム固有の哲学の構築に向かったイブン・アラビーから引かれた最後の一文である。意識と存在のゼロ・ポイントにおいてはもはや何ものも存在しないのだから、それは「絶対無」と呼ばれる。だが、それは「存在」だというのだ。一見したところ全く矛盾した言明であり、理解に苦しむ。どういうことだろうか。この「絶対無」は、そこからすべての存在するものが姿を現わすことになる究極の地点だから、「ある＝存在」ということの根本がその内に隠れているところ、存在の源泉、この意味で存在中の存在なのであり、而してそれは

「存在」なのである。井筒はアラビーのこの一文を、次のように解釈する。

> イブン・アラビーの〔…〕「存在《ウジュード》」〔…〕は〔…〕存在者（もの）ではない。存在であり〔…〕存在的活力、宇宙に遍在し十方に貫流する形而上的生命的エネルギーでありま〔す。〕（V－494、傍点強調井筒）

「絶対無」は単に何もないということではなく、その内にあらゆる存在を生み出す「活力」を秘めた或る「充実」体、そこから存在を生み出さずにはいない或る「充溢」だ――おのずから存在が溢れ出てしまう――というのである。この間の経緯を井筒は、イスラーム神秘主義に即して次のように述べる。

> 〔…〕最深層に至れば〔…〕意識と存在が同時に無化されてしまって、この人間意識の絶対無がただちに神の意識〔…〕神的意識の顕現である〔。…〕無から有へ、つまり人間的意識の無から神的意識の有へ〔の〕この突如たる転換〔。〕（V－454）〔…〕このように絶対的無を経たのちでの有の究極的充実として新たに成立する「われ」の自覚を、私は神秘主義的主体と呼ぶことにしております。（V－486）

意識と存在のゼロ・ポイントを人間の意識の側から眺めれば、そこにはもはや何もない。何もないと意識する意識すら、ない。この地点に至ったとき、「突如」としてそこにあらゆる「存在」の源泉としての「神的意識の顕現」を見ること、これがイスラーム神秘主義であり、そのようにして再び意識へと蘇生し・還帰した「われ＝私」を「神秘主義的主体」としている。井筒の考える「神秘哲学」とは、この体験を可能なかぎり論理化せんとする試みなのである。そして、井筒自身も、「東洋」哲学の共時的構造化を通してその試みに参与しようとしていたことは、すでに見た。井筒のこの試みがどれほど成果を挙げることができたかを検討することが、本書の課題にほかならない。

井筒はイスラーム神秘主義をこのように解釈するにあたって、我が国における禅の発展に大きな寄与のあった道元（一二〇〇―一二五三）をも引いている。

「仏道をならうというは自己をならうなり。自己をならうとは自己を忘るるなり」（Ｖ―483）

「自己」の意識すら消失する地点にまで自己を突き詰めていくこと、その地点――すなわち、意識と存在のゼロ・ポイント――において「仏道」が、すなわちこの世界の真の姿が現われる。ということだろう。この地点を仏教哲学は、しばしば（「無」と並んで）「空」とも形容する。この言い換えには、この地点が単に何もない（無）のではなく、存在への動向で充満しつつもいまだ何ものの姿も見えない（空）という事態を何とか表現しようとする意志を感じ取ることができる。本書が次に検討するのは、この事態を井筒が仏教哲学の華厳に依拠してどのように理論化したかである。

事事無礙

さまざまな物や事が互いに区別されて、それ自体で存在しているように見える私たちの世界の通常の在りようから、それらすべてが最終的には同じ一つのもの、「もの」といっても何らかの個別の存在者ではなく〈端的な「ある＝存在」〉という事態に帰着する地点へと遡ってゆく以上の道程（仏教でいう「往相《おうそう》」）を、井筒は大乗仏教の主として華厳に拠りながら論じている。[3] 見てみよう。

　私たちが日常出会っている物や事は、互いに区別されてそれ自体で存在している。このときの、互いに区別される物や事を、華厳哲学では「事《じ》」と呼ぶ（IX－17）。そして、物や事がもっている「それ自体」という性格――他とは独立に、それ自体で存在するという性格――を「自性《じしょう》」という。「ものそれぞれの自立性」（IX－23、傍点強調井筒）である。「AをAたらしめ、AをBから区別し、Bとは相異する何かであらしめる存在論的原理を、仏教の術語では「自性」」という（ibid.）。

　だが、この「自性」は、「実在するものではなく、「妄念」すなわち人間の分別意識（存在〔先の〈端的な「ある＝存在」〉〕を千差万別の事物に分けて見る、分けて見ずにはいられない認識主体）の所産にすぎない」（IX－24～25）と仏教は考える。もちろん、先に本書が考察したように、この「分別意識」は人間が生物として生きていくためになくてはならないものなのだが（現代の生命科学はこれを「認知」と呼んで、生命に不可欠の徴表の一つとしていた）、逆に言えば、人間が生きていく必要のためにのみ、事物は私たちが知っているような（互いに区別された）姿で現われるのである。ほかの生物たち、蟻や蝙蝠やアメーバや松の木や水仙…には、それらが生きていくのに必要なかぎりでまた別の姿を以って世界は姿を現わすだろう。しかし、それらもまたそれらの生物にとってのものに過ぎない。唯だ一つ確かなことは、それらがどんな姿で現われようと、それらの現われの根底に「ある＝存在」という事態が横たわっていること、そのことのみなのだ。

　このようにして、事物のそれぞれがもっていると思われた「「自性」の実在性が否定されれば、ものとものとの間の境界線がなくなってしま」（Ⅸ－25、傍点強調井筒）い、事物は「相互」に「滲透」し合うことになる（Ⅸ－9）。「〔…〕経験的世界のありとあらゆる事物、事象が互いに滲透し合い、相即渾融する」事態、これが華厳の言う「事事無礙《むげ》」である（Ⅸ－8）。「事」と「事」の間を区別しているように見えた境界線が、透けてしまうのだ。そして、透けてしまったその境界線の向こうには、「一物もない」無的空間」すなわち「渾沌」が開けているばかりなのである（Ⅸ－25）。このとき、このような世界に相対する意識は「空」化されている（Ⅸ－26）。華厳を代表する思想家の一人法蔵（六四三―七一二）は、次のように述べる。「一切法皆唯心現、無別自躰」「万法唯識」（法蔵『華厳旨帰』）。これを解して井筒曰く、「すべてのものは、いずれも、ただ心の現われであって、心から離れた客観的な**もの**自体などというものは実在しない〔…〕。一切の存在者は、根源的に、識の生み出すところ」に過ぎない（Ⅸ－27～28、傍点強調井筒）。

　ここで言及されている「識」が、表層に属するとされた六つの「識」と中間層とされた第七識（末那識）の更に下にあって最深層を成す第八識に数えられる「アラヤ識」である。こうして、あらゆる存在者の「空」化と共に起こる意識の「空」化、すなわち「アラヤ識」の「空」化された状態を、唯識は「無垢識」と呼び、華厳はそれを「自性清浄心」と表現する（Ⅸ－30～31）。先に見たイスラーム神秘主義が言う「消滅の消滅」であり、道元の言う「自己を忘るる」の境地である。ここに至って、「往相」の途は歩み抜かれたことになる。井筒の言う「存在解体」（Ⅸ－33）である。つまり、アラヤ識はおのれをも「空」化することによって、「無」に接する。だが他方で、あらゆる存在はアラヤ識において「元型」によって分節化されることで姿を現わす。すなわち、アラヤ識は「無」と「存在」の狭間に位置する。アラヤ識がもつ、この「存在」と「無」の中間的ないし矛盾的性格を、古代インドの仏教書とされる（しかし、六世紀頃の漢訳しか現存しない）『大乗起信論』は次のように論ずる。井筒による紹介を見よう。

『起信論』的「アラヤ識」は、何よりも先ず、「真如」〔仏教が看て取る世界の真の在りよう〕の非現象態と現象態（＝形而上的境位と形而下的境位）とのあいだにあって、両者を繋ぐ中間帯として構想される。「真如」が非現象的・「無」的次元から、いままさに現象的・「有」的次元に転換し、それ本来の寥廓たる「無」（＝「本来無一物」）の境位を離れて、これから百花繚乱たる経験的事物事象（＝意味分節体、存在分節体）の形に乱れ散ろうとする境位、それが『起信論』の説く「アラヤ識」だ。（X－485）

アラヤ識がもつ、「無」と「有＝存在」の中間的性質が語られていることは明らかだが、井筒はここで、『起信論』が「無」から「存在」への転換ないし展開の方向にも目を配っている点に注目する。つまり、識が生み出す虚妄に過ぎない「存在」から世界の真相である「無」へと還ることだけが強調されるのではなく、その「無」から「存在」がアラヤ識を通して姿を現わすことをも重視するが故に、当のアラヤ識のもつ矛盾的性格が際立つと見るのである。

非現象態（＝「無」の境位）から現象態（＝「有」の境位）に展開し、また逆に現象的「有」から本源の非現象的「無」に還帰しようとする「真如」は、必ずこの中間地帯を通過しなければならぬ。そういう基本構造を、『起信論』の想定する「アラヤ識」はもっている。だから、「アラヤ

> 識」は、当然、双面的、背反的だ。（X－485〜486）

このように、アラヤ識のもつ矛盾的性格を確認した上で、『起信論』がその矛盾を積極的に前面に押し出していることに触れる。

> かくて「アラヤ識」をめぐる『起信論』的思惟は、おのずから二岐分裂して、互いに相反する方向に展開して行かざるを得ない。非現象と現象とのあいだに跨る双面的思惟。この事態を『起信論』のテクストは、「不生滅（＝非現象性）と生滅（＝現象性）と和合して、一に非ず異に非ず（＝両方が全く同一であるというわけではないが、そうかといって互いに相違するというわけでもない）」という自己矛盾的一文で表現する。そしてこの意味で、『起信論』は「アラヤ識」を「和合識」と名づける。（X－486〜487、傍点強調井筒）

つまり井筒は、『起信論』がアラヤ識を敢えて「和合識」と名付けることで、その矛盾の中に分け入ろうとしていると見るのである。その結果、『起信論』は、この世界の真実の姿とされる「真如」にも、二つの相反する側面を認めることになる。

> 言語を超越し、一切の有意味的分節を拒否するかぎりでの「真如」と、言語に依拠し、無限の意味分節を許容するかぎりでの「真如」〔…〕。前者を『起信論』は「離言《りごん》真如」、後者を「依言《いごん》真如」と名づける。（X－503）

そこで問題は、この「離言真如」から「依言真如」への移行はいかにして可能となったかである。この移行の論理が、追究されなければならない。分節化されたものから分節以前の次元へと遡ってきた思考は、その究極において「空」ないし「無」に出会った今、この無分節態から分節へと向かう動向の追究へと反転する。節をあらためて、検討しよう。

b) 深層から表層へ

理事無礙

井筒の見るところ、真如の「存在」へと向かう側面をその逆の「存在」から「無」へ向かう側面に劣らず重視したのは、またしても華厳である。「存在解体後の存在論、それが華厳哲学の本領」（IX－33）なのだ。ここから途は転じて、再び「事」の世界へ向かう「還相《げんそう》」の途に歩み入ることになる。つまり、華厳は『大乗起信論』の提示したアラヤ識の矛盾的性格を正面から引き受け、それを更に理論化する。この側面に注目しつつ、井筒は華厳の解釈を続ける。

先に、アラヤ識はおのれを「空」化することによってその最終的な境地に達したことを見た。唯識はそれを「無垢識」と呼び、華厳は「自性清浄心」と呼んだのだった。さて、華厳に拠れば、この「空」の境地には「真空・妙有《みょうう》」という二つの側面が孕まれていると云う。前者の「真空」は「無」の側面を、後者の「妙有」は「有＝存在」の側面を表わす。明らかなように、『起信論』における

「離言真如」と「依言真如」の対立が、ここでは「真空」と「妙有」のそれとして引き受けられている。そして「華厳哲学は、その中心部分をなす存在論において、後者〔すなわち「有」〕の立場を取る」（Ⅸ－35）と井筒は見る。このようにして「「有」的原理に転換した「空」を、華厳哲学は「理」と呼〔ぶ〕」（ibid.）。したがって、この「理」をめぐる存在論的思索が、「華厳哲学の本領」を成すことになる。とはいえ、「真空・妙有」の「真空」の側面が、華厳において閑却されるわけではない。「「理」における「空」の〔…〕否定的契機〔すなわち「真空」〕は、存在論的無分別（無分節）という形で保持」される（Ⅸ－36）、と井筒は言う。

本書ののちの議論を先取りして一言述べておくと、ここが微妙なところなのだ。先に「空」の否定的側面とされた「無」が、「無分別（無分節）」と解釈し直された上で「保持」されている。なぜ微妙かと言えば、このように解釈し直された「無」は、「無分節」とはいえ、すでに「存在」への動向を内に宿したもの（或る種の存在エネルギー）として、「理」的論理の側から捉えられることになるからだ。「無」が「有」の論理に回収される、と言ってもよい。「無分節は、すなわち、**分節可能性**」（Ⅸ－36）なのである。すでに「無」は、「分節＝有」の観点から捉えられている。この点を本書はのちに問題化するが、今はこの「理」の論理の展開を見ることにしよう。

「無」を「有」への動向を孕んだものとしておのれの内に蔵する「理」は、今や「一種の力動的、形而上的創造力」（Ⅸ－37）と解され、「永遠に、不断に、至るところ、無数の現象的形態に自己分節していく」（ibid.）。「「理」は本来、絶対無分節であるが、しかも現象的には千差万別に分節されて現われる」（Ⅸ－39）のである。このように、「理」的観点から捉えられた「空」は、もろもろの存在者としておのれを顕現させる一種の「力」「エネルギー」の塊の如きものとしてイメージされることになる。このイメージは「東洋」哲学の多様な展開の中でさまざまに変奏されて姿を現わすことになるし、また、華厳以前にもすでに姿を現わしている。井筒もこれに言及することしばしばであり、殆んど枚挙に暇《いとま》がないと言ってよいほどである。仏教以前の中国で言えば『老子』の「道」や『荘子』の「渾沌」、インドで言えば「ブラフマン」――世界の根底を成す「実在中の実在」とされる――などがその一つの典型だが、ここでは先にも見たイスラームのイブン・アラビーにおけるそれをもう一度確認しておこう。

　世界の根底に一旦「絶対無」を見たアラビーがそれを直ちに「存在」と言い換えていることを先に見たが、そのときすでにその「存在」は「存在的**活力**」あるいは「宇宙に遍在し十方に貫流する形而上的**生命的エネルギー**」（Ⅴ-494）とされていた。これを承けて、井筒は次のように言う。

> イブン・アラビーおよび彼に従う存在一性論者たちの見地から〔する〕と、「存在」とは、無限に異なる形を通して自らを顕現して止まぬ唯一の**創造的リアリティー**ということにな〔る〕。このリアリティーの**ダイナミックな創造衝迫**は、「慈愛の息吹き」となって宇宙十方に貫流し――と言うより宇宙そのものを形成し――到るところに自己顕現の形としての存在者を創り出していく。それをイブン・アラビーは「存在貫流」〔…〕とか「存在の自己展開」〔…〕とか呼〔ぶ。〕（Ⅴ-564）
>
> アラビーの観想意識の基底をなす根源直覚は〔…〕いわゆる「存在」を存在エネルギーの働きという流動性において直覚すること〔にほかならない。〕（Ⅸ-113、傍点強調井筒）

「絶対無」はその内に「存在」へと向かう「エネルギー」が充満しているのだが、いまだ何ものも存在へと躍り出ていないが故にのみ「無」とされるのである。これが「存在」へ向けての一歩を歩み出したとき、例えば先の唯識における「アラヤ識」が機動し始めることになる。そのアラヤ識もまた、いまだ意識の奥底深くに沈んでいるかぎりで、この「エネルギー」のイメージで捉えられる。井筒自身の言葉で言うと、次のような具合いだ。

唯識哲学の説く第八「アラヤ識」〔潜在的「意味」形象（Ⅷ－504）である「種子」＝意味**可能体**の「貯蔵庫意識」（Ⅷ－500）とも言われる〕を、強弱様々な度合において言語化された「**意味**」**エネルギーの、泡立ち滾《たぎ》る流動体**として、想像する〔。〕（Ⅷ－502）

こうした「存在エネルギー」としての「理」が、現象するこの世界を隅々まで充たしている。「何か」として他の存在者と区別されて姿を現わしている全ては、この無限定な「存在エネルギー」が限定されたものなのである。無限定なものが限定される限りで全ては存在するものと成るのだから、存在する全て（すなわち「事」）はこの無限定なもの（すなわち「理」）をおのれの内に蔵していると言ってよい。このことを、華厳は次のように述べる。

「理」はなんの障礙《さまたげ》もなしに「事」のなかに透入して、結局は「事」そのものであり、反対に「事」はなんの障礙もなしに「理」を体現し、結局は「理」そのものである〔…〕。「理」と「事」

とは、互いに交徹し渾融して、自在無礙。（IX－40）

「理」と解された万物の根底たる「空」から今や再び「事」として現象する世界へと立ち戻った者は、「事」を見ていながら、それを透き通して、そのまま「理」を見ている。〔…〕分節と無分節とは同時現成《げんじょう》。この存在論的事態を「理事無礙」〔…〕という」（IX－41）。「理」と「事」を同時に見るものは、「複眼の士」と呼ばれる。

〔…〕哲学者は「複眼の士」〔…〕でなくてはならない。〔…〕「空《くう》」（＝理）を見ることが、そのまま「色《しき》」（＝事）を見ることであり、「色」を見ることがそのまま「空」を見るような仕方で、「空」と「色」とを一緒に――見る〔…〕。（VIII－242〜243）

彼にとって、「ものには「自性」はないけれども、しかもものとものとの間には区別がある」（IX－45、傍点強調井筒）。したがって、「Aは無「自性」的にAである」（ibid.）と言ってよい。「無「自性」」とは「自性」がないということだから、それはすなわち「理」であり、かつ「Aである」とは何かとしてあるということだから、それはすなわち「事」である。このようにして「理」と「事」は何の障礙《さまたげ》もなく重なり合っているのであって、世界は「理事無礙」という仕方で成り立っていることが、今や明らかとなる。

分節（I）――「無」――分節（II）

「理」と「事」を同時に見ることで華厳は、深層から再び表層へと還帰した。この還帰を井筒は、今度は主として禅を念頭に置いて、分節(Ⅰ)から「無」の自覚を経て分節(Ⅱ)へ、という形でも説明している。分節(Ⅰ)において世界は単に「事」として見られているが、その世界の実相を凝視することを通して――「瞑想」であり、禅においては「ひたすら坐ること＝只管打坐《しかんたざ》」である――それが根底において「無」ないし「空」であることが観じられ、この地点から翻って再びこの世界を見たとき、かつて「事」と見えたものの背後が「透けて」そこに「理」すなわち「空」が重なる（理事無礙である）。このようにして世界を見ることが、分節(Ⅱ)である。そのときには、各々の「事」の背後に常に端的な「理」――無分節者――が看て取られているのだから、「事」同士の間も「透ける」（事事無礙である。この間の事情については、のちにも触れる）。この分節(Ⅱ)において看て取られた世界の在りようを、井筒は次のように描き出す。

> 分節(Ⅱ)の次元では、あらゆる存在者が**互いに透明**である〔事事無礙である〕。ここでは、花が花でありながら――あるいは、花として現象しながら――しかも、花であるのではなくて、〔…〕花のごとし（道元）である。「……のごとし」とは「本質」によって固定されていないということだ。この花は存在的に透明な花であり、他の一切にたいして自らを開いた花である。（Ⅵ－158、傍点強調井筒）

ここで「本質」とは、「事」を実在と見、その背後に「理＝空」を見ない分節(Ⅰ)の見方であることは言うまでもない。これに対して分節(Ⅱ)の下では、世界は次のようなものと成る。

「本質」で固めてしまわない限り、分節はものを凝固させない〔。…〕黄檗《おうばく》のいわゆる「粘綴《ねんてつ》無き一道の清流」（どこにも粘りつくところのない、さらっとした一道の清流）となって流れる。（VI－159、傍点強調井筒）

以上の議論を、道元を引くことで井筒は次のように纏める。

道元の言葉、「しるべし、解脱にして繋縛《けばく》なしといへども、諸法住位せり」。これは分節(II)における諸物の本源的な存在の仕方を言い表わしたものだ。諸法住位、つまり、水は水の存在的位置を占め、山は山の存在的位置を占めて、それぞれ完全に分節されてはいるが、しかしこの水とこの山とは「解脱」した（無「本質」的）水と山であって、「本質」に由来する一切の繋縛から脱している。つまり分節・即・無分節である。（VI－168）

引用の最後に述べられた「分節・即・無分節」、これが華厳における「理事無礙」の禅的表現なのである。この見地にあっては、分節化されて姿を現わしている「事」は「本質」によって実在として固定されない（「繋縛なし」）。したがって、私たちはそれに囚われる必要がない。すなわち、「解脱」である。これを井筒は、「自由」とも表現している。「無「本質」的分節は、本来、**自由**分節」（VI－166）なのだ。先の引用の中で「存在的に透明な花」について「他の一切にたいして自らを開いた」と述べる文があったが、この「開放性」もまた、自由の別の表現にほかならない。

また、「事」と「理」を同時に見る眼をもつに至った者を「複眼の士」と表現することを先に見たが、同じ表現はイスラームにもある。

> 現象的世界の只中にあって現象的事物〔＝事〕を見ながら、しかもそこに現象以前の一者〔＝理〕を見る。現象以前の一者とともにありながら、しかもそこに現象的多者を見る。こういうことのできる真の形而上学者をイスラームでは「双眼の士」〔…〕と〔いう。〕（Ⅴ－547）

> 〔イスラームの存在一性論は〕鏡に映った物象だけを真実在と考えて、鏡そのものを見ない下品《げぼん》の人たちも間違っているけれども、鏡だけを実在として、鏡の面に現われているものを無条件で非実在とする〔中品《ちゅうぼん》の〕人たちもまた間違っている、と考える〔…〕。（Ⅴ－555）
> 形而上的一と経験的多とが二重写しに透き通しになって、融通無礙な存在風景がそこに開け〔る。〕これを術語で「収斂」〔…〕と「拡散」〔…〕の同時成立と呼〔ぶ。〕また「無限定態」〔…〕と「限定態」〔…〕の同時成立とも〔言う〕。（Ⅴ－556）

二番目の引用は、多少解説が必要かもしれない。「存在一性論」とはイブン・アラビーに端を発するイスラーム独自の存在論の系譜だが、それは世界の実相を捉える眼に「上品《じょうぼん》」「中品」「下品」の三つの段階ないしレヴェルがあると考える。下品は、私たちの眼ないし心（「鏡」と言われている）に対して姿を現わした事物を、それ自体で存在する「真実在」と捉える。つまり、「事」だけしか見ない分節(Ⅰ)の眼である。それが単に私たちの眼に対してのみそのようであるに過ぎないことに、気付かないのだ。しかし、だからと言って、私たちの眼にそのように映るものを「無条件で非実在とする」こと、すなわちそれを単に「虚妄」として斥けることもまた、事態の正確な認識ではない。それはせいぜい、下品より少しだけましな、中品の眼に過ぎない。正しくは、「形而上的一」（すなわち「理」）と「経験的多」（すなわち「事」）とが「二重写しに透き通しになって」いるのでなければならないのだ。このときの「一」に向かう動向を「収斂」と、「多」に向かう動向を「拡散」と呼び、その「同時成立」を以って上品とするのである。最後の「「無限定態」と「限定態」の同時成立」が禅における「分節・即・無分節」に対応することは、言う迄もない。

〔イスラームの〕神秘家――〔…〕スーフィー〔…〕――とは〔…〕このような言語習慣からくる限定を取り払って、存在のなまの姿にじかにぶつかりたい、また、そういう形而上的実在体験が実際に可能であると信じている人たち〔のことである。…〕それがすなわち実在の深層を見るということ〔なのだ。…〕そうしたあとで、改めて「赤」とか「白」とか「山」とか「花」とかとして限定された姿において現実を見直す。すなわち無限定のXがしだいにさまざまに自己を限定していくありさまを、Xの立場**から**新しく眺める〔。〕（V－489、傍点強調井筒）

「Xの立場」、すなわち「理」ないし「空」をこの現実の根底に見た眼を以ってあらためてさまざまな事物が互いに区別されて姿を現わしているこの現実を見たとき、それは「無限定なX」すなわち「理」ないし「空」が「さまざまに自己を限定して」いったものとして捉え直されることになる。その場合には、次のように言わなければならない。

存在的エネルギー〔「無限定なX」＝「理」＝「空」〕がここで花という形〔「事」〕に仮に結晶して自己を現わしている〔…〕。〔…〕「花が存在する」〔ではなく、…〕「存在が花する」〔…あるいは〕「ここで存在が花している」〔のだ〕。〔…〕存在だけが主語になるべきであり〔…〕他のあらゆるものはすべて述語〔なのである〕。（Ⅴ－495〜496）

究極の主語、すなわちこの世界の真の主宰者は「存在＝ある」なのであり、この世界を埋め尽くす多様な存在者たちはすべて、その「存在＝ある」から派生した、その述語なのだ。このように論じて、井筒はイスラームの存在一性論の基本思想を次のように纏める。

〔…〕現象的多者が存在しなければ一者の形而上的存立もありえない〔。…〕存在一性論的に〔言えば、〕自己顕現は偶成的に存在に起ってくる動きのようなものではなくて、存在リアリティーそのものの構造に深く根ざした内在的、本源的な力動性《ダイナミズム》なの〔だ。〕自己分節的に顕現するということがなければ、存在が存在でありえないことはもちろん、絶対無すら絶対無ではありえない。存在一性論の形而上学は、徹頭徹尾、存在顕現の構造学であり、観想意識の現象学なのであ〔る。〕（Ⅴ－574〜575）

ここで、本書の今後の議論展開を先取りする脱線を許していただきたい。「存在一性論の形而上学は、徹頭徹尾、存在顕現の構造学であり、観想意識の現象学なのである」。こう、井筒は断言する。

さしあたり、議論の現段階ではこう言ってよい。そして「現象」がこの世界の根本であるというのは、その通りである。本書も、この点に異論はない。何かが何かとして〈いま・ここで＝現に〉現象することから、全ては始まる。しかし、先にも少し触れたように、これは事態を、すでに「存在」の側から見ている。現に世界は存在しているのだから、それは当然であるようにも見える。だが、ひょっとして、そのようにして世界が現象しなくてもよかったのではないか。そうであるにも拘わらず、「なぜか」世界は現象している。世界は「ある」。いったい、なぜなのか。どうして、世界は存在しているのか。

これは、言ってみれば、事態を（「存在」の側からではなく）「無」の側から見たとき、初めて発せられる問いである。このように言いうる（思考しうる）かぎりで、存在の自己顕現は（ここでの井筒の発言に反して）根本的に「偶然的＝偶有的」とならないだろうか。つまり、「存在」と「（絶対的な）無」

――全てはなくてもよかった（し、いつなくなってもおかしくない）――の間に、根本的な飛躍・断絶が横たわっている可能性があるのだ。そしてイスラームも、この方向に更に一歩思考を進めていたかもしれないのである（この点は、Ⅱ章のb節で検討する）。とはいえ、この一歩を最後まで歩み抜くこともなかった次第を、本書はこのあと見届けることになるだろう。「無」と「偶有性」に関して、イスラームには（そして「東洋」哲学には）なお思考の余地があるのだ。

挙体性起

脱線はこのくらいで切り上げよう。些か先走りし過ぎたようだ。再び、華厳に戻ろう。華厳には、なお見ておかなければならない重要な論点が残っている。世界が理事無礙という仕方で現成するにあたって、華厳はその現成のメカニズムを、注目に値する仕方で解明する。「空」が「事」として姿を現わす、すなわち「理」の「事」的顕現を華厳は「性起《しょうき》」と呼ぶが（Ⅸ－37）、それは「挙体性起」だというのである（Ⅸ－39、傍点強調井筒）。「「理」は、〔…〕**その全体を挙げて**「事」的に顕現する」(ibid.)。どういうことか。先に、何かとして姿を現わす事物に自性はないが、それら事物相互の間に**区別**があることを見たが（Ⅸ－45）、この区別は「すべてのものが**全体的連関においてのみ**存在している」（ibid.、傍点強調井筒）ことから来るのである。

> 従って、例えばAというもののAとしての存立には、BもCも、その他あらゆるものが関わっている。（Ⅸ－46、傍点強調井筒）

あなたが本書をその上に載せている机の机としての存立には、その上に載っている本書も、その手前にある椅子も、その椅子に腰掛けて本書を読んでいるあなたも、それらをその内に包み込んでいる部屋も、その部屋を一部として含むあなたの家も、その家に一緒に住むあなたの家族も、その家の所在する街も、その街が所属する国家も、その国家がその上に存在している地球という惑星も、そしてその惑星を含む銀河も、…それら全てが、その机がほかのどれでもなく当のその机であることに関わっていると云うのである。それらの内のどれか一つでも異なれば、それは〈いま・ここで＝現に〉ある机とは別のものなのだ。

　もっと言ってしまえば、仮にそれら全てが同じだったとしても、次の瞬間に姿を現わした机は、もはや先のそれと同じものではない。それは先の机が姿を現わした〈いま・ここで＝現に〉とは似て非なる・全く別の〈いま・ここで＝現に〉姿を現わしているからだ。明らかなように、こう言いうるためには、世界はそのつど姿を現わしては消滅し、次の新たな世界が姿を現わす…、という在り方をしているのでなければならない。時間が連続しており、いつも**同じ今**が次々と姿を現わすならば、このようには言えないからだ。井筒も、次のように指摘している。「すべてのものは、相依相関的に、**瞬間ごとに**現起する」（IX－52、傍点強調井筒）。先にも少し触れた華厳のこの世界把握――「創造不断」とも呼ばれる――には、のちにあらためて触れる（そのとき本書は、この〈いま・ここで＝現に〉に重要な哲学的洞察を見ることになるだろう。それを〈　〉で括って或る種の術語として表記したのは、そのためである）。

こうした「挙体性起」が世界の実相であるなら、一つの事物の内には（一つの〈いま・ここで＝現に〉の内には）他のすべてが含まれているのでなければならないことになる。「Aの内的構造そのもののなかに、他の一切のものが、隠れた形で、残りなく含まれている〔。…〕ただ一つのものの存在にも、全宇宙が参与する」（IX－47、傍点強調井筒）のである。華厳ではなく禅だが、かつて道元が次のように述べたとき、彼が捉えていたのはこの事態だった。「華《け》開《かい》世界起《き》の時節、すなわち春到《しゅんとう》なり」（『正法眼蔵』「梅華」）。「路傍に一輪の花開く時、天下は春爛漫」（IX－47）。路傍に咲き初めた一輪の花の内に、万物（天下）が共に到来し・居合わせて、春を言祝《ことほ》いでいるのだ。このようにして「常にすべてのものが、同時に、全体的に現起する」（IX－47、傍点強調井筒）こと、これを華厳は「縁起」と称する。「縁起」とは、私たちの世界の全体論的《ホーリスティック》存立＝現出構造を表現する言葉なのである。

こうして見てくると、「性起」と「縁起」は殆んど同じ事態を指していることが明らかになる。「同じ一つの存在論的事態を、「性起」は「理事無礙」的側面から、「縁起」は「事事無礙」的側面から、眺め」ているのだ（IX－48）。ここで井筒は、鎌倉時代の東大寺の学僧・凝然《ぎょうねん》（一二四〇―一三二一）を引いている。

理、融するを以ての故に、事事相融す〔…〕。（IX－49）

〈いま・ここで＝現に〉姿を現わしたものは、全てがそこにその存在の源泉を汲んでいる「空＝理」の現われなのだから、全てを分け隔てているかに見える境界線は透けてしまうのである。理事無礙だから事事無礙なのだ。禅も、事態を同様に解する。井筒を引こう。

〔…〕いわゆる現象界、経験的世界のあらゆる事物の一つ一つが、それぞれ無分節者の全体を挙げての自己分節なのである。「無」の全体がそのまま花となり鳥となる。〔…〕充満する全エネルギーが分節の平面上においてａ（花）となり、またｂ（鳥）となって現成する〔。…〕現実にａであり、ｂである限りにおいては、ａとｂとはたしかに分節だが、この分節は、分節(Ｉ)の場合のように存在の局所的限定ではない。すなわち、現実の小さく区切られた一部分が断片的に切りとられて、それが花であったり鳥であったりするのではない。現実の全体が花であり鳥であるのだ。局所的限定というものが入りこむ余地は、ここにはまったくない。つまり無「本質」的なのである。（VI－163～164、傍点強調井筒）

先に、世界の実相は「花が存在する」ではなく「存在が花する」であることを見たが、同様に「存在が鳥する」のであってみれば、そこでの「花」も「鳥」も同じ「存在」なのである。したがって、次のように言ってよい。

〔…〕分節(II)の存在次元では、あらゆる分節の一つ一つが、そのどれを取って見ても、必ずそれぞれに無分節者〔主語である「存在」〕の全体顕現なのであって、部分的、局所的顕現ではない。全体顕現だから、分節であるにもかかわらず、そのまま直ちに無分節なのである。(VI－165、傍点強調井筒)

分節化されたものは、いずれも「透けて」見えるその背後に同じ「存在」を有しているのであり、その「存在」は無分節者だからである。他方、無分節者を背景として浮かび上がる個々の分節化されたものは、おのれの根底にある無分節者を介して他の全ての分節化されたものを自らの内に含んでいることになる。

また、すべてのものがそれぞれ無分節者の全体そのままの顕露であるゆえに、分節された一々のものが、他の一切のものを内に含む。花は花であるだけではなくて、己れの内的存在構造そのもののの中に鳥(や、その他の一切の分節)を含んでいる。鳥は鳥であるだけでなくて、内に花をも含んでいる。すべてのものがすべてのものを含んでいる。〔…〕まさに「老梅樹の忽開花のとき、花開世界起なり」(『正法眼蔵』五十三、梅花)である。(VI－166、傍点強調井筒)

存在の階層性

以上、華厳、禅、イスラームの存在一性論などに依拠して、井筒と共に「無限定」な「存在エネルギー」の塊から限定された個々の存在者が姿を現わしてくる過程がどのように論理化されているかを見てきた。そこで、次に考えなければならないのは、それら「東洋」哲学がそのようにして姿を現わしたさまざまな存在者たちの間にどのような関係を看て取っているかである。さまざまな存在者間の関係と言っても、これまで見てきた〈区別はありながらも、その背後が透けているが故に（理事無礙であるが故に）区別そのものも透けている（事事無礙である）〉という意味での関係ではなく、多種多様な存在者たちが全て**横並び**に事事無礙の関係にあるのか、それともそれらの間に（やはり事事無礙ではあるにしても）或る種の**階層**関係があるのか、という意味での関係である。この点は華厳や禅ではそれほど明確ではないが、イスラームの存在一性論や唯識ではそこに明確な階層関係が看て取られている。すでに見たように、例えば唯識は「識」に表層から深層に至る八つの階層を――前五識から第八識とされるアラヤ識まで――区別していた。この点を、ここではイスラームの存在一性論に着目して見ておくことにしよう。

イスラームも、華厳や禅と同様、表層から深層へと向かう途と、逆に深層から表層へと向かう途の二つを考え、その両者を俟《ま》って初めて世界の実相＝真相についての正確な認識が得られると考える点については、先にも触れた。すなわち、前者が「収斂」の途であり、後者が「拡散」の途だった。前者は「スウード」、後者は「ヌズール」と術語化される。そのそれぞれについて、井筒は次のような説明を与えている。

「スウード」〔とは…〕存在エネルギーの自己収斂、向上門、掃蕩《そうとう》門、往相〔であり、…〕「ヌズール」〔とは〕存在エネルギーの自己展開〔＝拡散〕、却来《きゃくらい》門、建立《こんりゅう》門、還相〔である。〕（V‐497）

そして、イブン・アラビーにおける後者「ヌズール」の諸階層を、図を交えながら詳しく紹介している（図1、参照。V‐502）。それによれば、世界の究極は図の三角形の頂点で示される（この図では、世界の最深奥が一番上に置かれ、以下の諸階層が順次そこから**降下**していくことになる。これは、のちにあらためて触れる新プラトン主義――プロティノス――の影響である）。

この頂点に位置するのが、「絶対的一者」（「アハド aḥad」と呼ばれる）である。「一」と言っても、数の内の一つとしてのそれではなく、数の系列を超えた一、その意味では「ゼロ」とされ、ロラン・バルトの言葉を借りて、「存在の零度（le degré zéro de l'existence）」とも説明される。これを承けて、井筒は次のように述べる。

> 絶対の無ではあるが、そこからいっさいの存在者が出てくる究極の源としては絶対の有〔。〕
> (ibid.)

「無」が「有」に直ちに読み換えられるこの論理については、すでに触れた。そして井筒は、同様の論理が「東洋」哲学に汎通的に見出されることを紹介する。大乗仏教においては「真空」が「妙有」に切り替わるのであり、朱子的に解釈された易学では「無極**即**太極」とされる。この「無極」に当たるものがインドのヴェーダーンタ哲学では「無相の梵（ブラフマン）」とされるが、それは究極の「存在リアリティー」なのである。禅は究極の境地を「廓然無聖《かくねんむしょう》」——「何の区別もな〔く〕、一物の影もない」（V‐503）——と表現するが、それは「ただ何物もないというだけではなくて、〔…〕自らのうちに現象的存在の次元で自らを顕わそうとする強力な根源的傾向」（ibid.）を蔵しているとされる。これらはいずれも、同様の論理のさまざまな表現なのである。この論理で満たされた「絶対的一者（アハド）」の最深奥を成す領域、これがイスラームでは「アハディーヤ（aḥadīyah）」と術語化される。この領域の内には、真空から妙有に向かう「存在的衝迫とでもいうべきもの」（ibid.）が充満しているのだ。

　ここで井筒は、イスラーム教の始祖ムハンマドの言行録である『ハディース』から「私は隠れた宝物であった。突然私のなかに、そういう自分を知られたいという欲求が起った。知られんがために私は世界を創造した」（V‐504）という言葉を引く。自分の姿をそこに映して眺めるための鏡として、神は世界を創ったというのである。絶対的一者の内に、「欲求」という仕方で「存在への動向」が生じたのだ。あの「存在エネルギー」である。同じことをヴェーダーンタは、「ブラフマン」（という究極の実在）が生々流転の存在世界として現われんとする「盲目的・宇宙的力＝マーヤーが働き出す」（ibid.）と表現する。すなわち、「マーヤー」とは、絶対者の内に生じた「存在的衝迫」が惹き起こしたものなのだ。一者そのものに内在するこの本源的な「存在的衝迫」を、イブン・アラビーは「（神の）慈愛の息吹き（ナファス・ラフマーニー nafas Raḥmānī）」

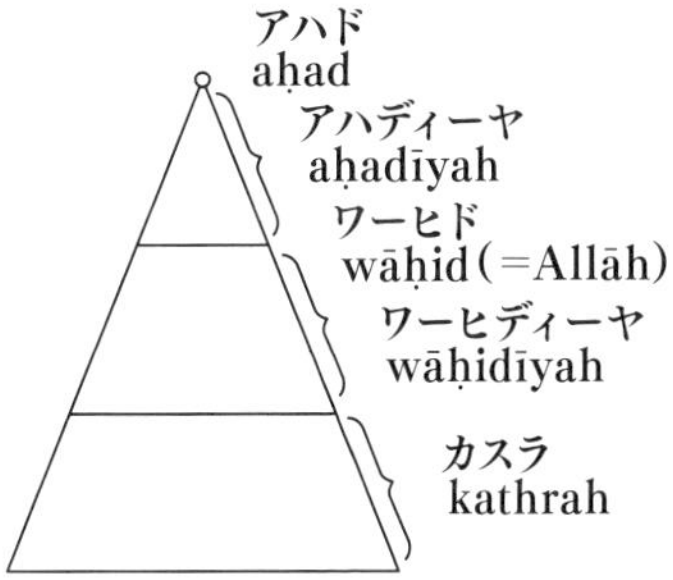

図1

(ibid.)と呼ぶ。井筒が別のところで検討しているユダヤ教神秘主義カッバーラーでは、「神の無底の深みに創造の思いが起る〔。…〕この最も内密な、ひそやかな創造への意志」（Ⅷ－415）が、それにあたる。[4]これらはいずれも、絶対的一者がその最深の内奥（アハディーヤ）において「存在」へ向かわんとする動向に満ち溢れていることを言わんとしている。

これにつづく第二層において、以上の第一層においていまだ動向にとどまっていたものがついに顕在化に至る。その顕在化の最初の一歩に当たる部分が、第一層と第二層が接する境界線上に図示され、これを「ワーヒド（wāḥid）」と呼ぶ。「ワーヒド」は、先の「絶対的一者（アハド）」の「一」が数を超越していたのに対して、最初の数、第一の数であり、「統合的一者」の意とされる。イスラームにおいて、それは具体的には「アッラー（Allāh）」という神の第一の名である。この第一の名から成る第二の領域が「ワーヒディーヤ（wāḥidiyah）」であり、それは絶対無限定の「アハド」がおのれを「神（アッラー）」として自己限定した結果として生じたのである。この意味で、「ワーヒディーヤ」はこの「神」の「自意識の世界」と言うことができる（以上はⅤ－505～506）。

それはいまだ神の内部であり（内部にとどまっており）、そのかぎりでなお「潜在的」であるが、とはいえすでに分節化されている。したがって、ワーヒディーヤは「事物の目に見えない元型」の領域とされ、それをアラビーは「有無中道の実在」（Ⅴ－507）とも呼ぶ。潜在的とはいえすでに分節化されているという意味では「有」であり、しかしなお潜在性にとどまっているという意味では「無」、すなわち「有」と「無」の中間だというのである。ここで井筒は、「この元型的イマージュが、〔…〕具体的事物となる前に、そのまま直接に預言者の意識のなかにヴィジョンとなって現われ〔ると、〕それは「啓示」という現象にな〔る〕」（Ⅴ－508）と付け加えている。ムハンマドは、おのれの意識に現われたこの「元型イマージュ」を人々に語った預言者なのである。

井筒は別のところで、我が国における真言宗の開祖・空海が述べた「阿」字の教説を詳しく検討しているが、空海のこの議論は基本的にここでのワーヒディーヤの関わるものと言ってよい。井筒は、その空海論において大日如来をコトバ＝存在エネルギーとして捉える。「絶対無分節者は、このダイナミックな言語的自己顕現の始点において、大日如来として形象化される」（Ⅵ－224）。すなわち、「法身が説法《ことば》である」（Ⅷ－408、傍点強調井筒）。この段階の大日如来は、先のイスラームで言えば「アハディーヤ」に属する。言葉を発する動向に充ち満ちてはいるが、いまだ何も語り出されてはいないからだ。井筒が「コトバは〔…〕存在世界現出の形而上的根源」（Ⅷ－409）と言うとき、彼の術語「コトバ」はいまだ言葉ではない「それへの動向」を含んでいるのである。

> 彼〔空海〕の見る「空」すなわち「法身」は「有」の充実の極。内に充実しきった「有」のエネルギーは必然的に外に向って発出しようとする。発出して、いまや一切万有になろうとする、この、全存在界生起の始点において、「法身」は、空海にとって、根源的コトバである。根源的コトバ、まだまったく分節されていない、絶対無分節のコトバ。「法身」が一切万有を内蔵する「有」の極限的充実であるということ〔…〕（Ⅵ－223）

空海における「阿」字は、存在への動向ではち切れんばかりになりながらもいまだ無分節の状態にとどまっているこの「無＝真空」が突破され、最初に「存在＝妙有」へと立ち出でたものにほかならない。いまだ内に秘められ・閉じられていたものが、今や破られて最初の開口部が発する音が、「ア」

なのだ。いまだ何らの意味ないし指示対象と結び付くこともない原初のコトバ、シニフィエのない純粋な響き（単なるシニフィアン）たるこの「阿」字から、およそ全ての存在者が発出してくることになる。「阿」字は、最初の・第一の「元型」なのだ。「「ア」音は大日如来の口から出る最初の声。そしてこの最初の声とともに、意識が生れ、全存在世界が現出し始める」（Ⅵ－224）のである。

井筒は「大日如来のコトバの、無時間的**原点**〔である〕「阿」字（ア音）」（Ⅷ－417）という言い方をするときがあるが、この場合、大日如来（「法身」）は単に存在エネルギーの塊であるのではなく、すでに語り出していることになる。「阿」字は「まだ何ら特定の意味をもっていない」にしても、である。「まだ特定のシニフィエと結ばれていない純粋シニフィアン（「ただ一つの絶対的シニフィアン」とも言われる）だ」としても、だ。それはすでに響き渡っており、聴こえている。今や、無分節が突破されたのである。したがって、「ア音の発出を機として自己分節の動きを起した根源語」（Ⅷ－419）と言われるときも、この「ア音の発出」はすでに「自己分節」であることを忘れてはならない。ここに「元型」の領域が開かれ、そこからさらに「元型イマージュ」が生み出されてくる。また、のちにあらためて検討するが、こうして分節されたものが現代フランスの哲学者ジャック・デリダの言う「エクリチュール」である（「阿」字はすべてのエクリチュールの原点に位置するのだから、「原エクリチュール（archi-écriture）」と言ってよい）。井筒がデリダに注目するのは、デリダがこの次元へと向けて既成の、（特定のシニフィエと結び付いた）固定的意味を「解体」していくからである。

話を「ヌズール」に戻そう。第三層は、先の第二層（「ワーヒディーヤ」）における神の自己分節＝自己意識に引き続いて、さまざまな個別的存在者（多者）が現実的に姿を現わす領域ないし次元であり、「カスラ（kathrah　多数）」と呼ばれる。「ワーヒディーヤ」から「カスラ」へのこの移行が、すなわち神の世界創造だとされる。神の内なる「元型」から、「元型イマージュ」を介して何ものかが明確な輪郭を伴なって姿を現わしたとき、世界が存在するのだ（以上はV－507）。第三層に至ってようやく、話は私たちのこの世界のこととなる。この世界内に存在する多数の存在者の中に更に何らかの階層性が存在するか否かについて、ヌズール（を論ずる井筒）はこれ以上のことを述べていない。

しかし、世界が存在するに至るまでの過程に明白な階層性を認めて議論が構築されている点に鑑《かんが》みれば、存在する世界内にも階層性が認められるだろうことは想像に難くない。ここでは取り上げなかったが、すでに見た唯識が表層に六つの「識」を区別していたところからも、このことは推測できる。しかしその階層性は、基本的に、先立つ階層から次なる階層が「発出」ないし「流出」してくるという関係に尽きているように見える。[5] あとは、その階層を逆に辿る「収斂」関係があるのみで、「発出」（ないし「拡散」）と「収斂」は（向きが逆なだけで、関係の内実は）同じ型に属する。この関係概念が含意するのは、先行する階層なしには後行する階層は存在しないということに尽きる。だが、本書が問うているのは、存在する諸階層の間の関係はそうした一方的なものに尽きるのかどうかなのである。

基付け関係

本書の見るところ、井筒がこうした問題意識と全く無縁だったわけではないことを推察させてくれる二つの議論がある。一つは、フランスの言語学者アンドレ・マルティネ（André Martinet, 一九〇八—一九九九）の「二重分節（la double articulation）理論」に彼が言及するときである。この理論の要諦を、井筒は次のように纏める。

われわれにとっての有意味的な存在秩序としての世界は、第一次的に知覚とともに、知覚によってつくり出される〔…〕が、その知覚の作用そのもののなかに言語が範疇的に、あるいは第一分節的に入り込んできて、はじめからその構造を規定している〔…。〕（V－488）

本章a節の冒頭で取り上げた知覚的分節と言語的分節の関係を、井筒はここでマルティネに依拠して理解しようとしている。先行する知覚的分節は、その後に言語的分節が成立すると、「その知覚の作用そのもののなかに言語が範疇的に、あるいは第一分節的に入り込んできて、はじめからその構造を〔言語的に〕規定」されるようになる、と云うのだ。例えば、深い雪と氷に閉ざされた長い冬を送るイヌイットたちの使うエスキモー語は、「白」という色を区別する多数の言葉をもっていると云う。そのような言葉の中で生活する人々は、（私たちのようにせいぜい「灰色がかった白」と「そうでない白」ぐらいしか知覚しないのとは異なり）それだけ多数の「白」を実際に知覚するのだ。

あるいは、日本の雪国に暮らす人々は、「粉雪」「泡雪」「細雪《ささめ》」「ざらめ雪」「ぼた雪」「はだれ雪」「べた雪」…多数の雪を区別する。それらの言葉があるだけ、違う雪が見えるのだ。樹木の名前をいろいろ覚えると、それまで漠然と木々の間に居るとしか感じていなかった森がくっきりした輪郭を以って見えてきた経験をおもちの読者も、おられるのではないか。言語によって、世界の知覚的解像度がぐっと高くなるのだ。

これは、単に先行する階層なしには後行する階層はないというだけでなく、それ以上の関係がそこにあることを示している。後行する階層が先行する階層に介入し、その在り方に大きな変化をもたらすからだ。しかし井筒は、知覚と言語の関係に関してマルティネのこの洞察に注目しながらも、それに立ち入って新たな関係概念として精錬することはない。ましてやその関係を、階層を成して存在する存在者間に成り立つ存在論的な関係概念にまで一般化することはない。だが、本書の見るところマルティネのこの洞察は、すぐ後で述べるように、そうした存在論的な関係概念にまで展開しうる射程を具えたものなのだ。

　井筒とも遣り取りのあった言語哲学者の丸山圭三郎（一九三三―一九九三）――井筒に宛てられたジャック・デリダからの哲学書簡を『思想』誌上に邦訳したのは丸山だった――が「身分《みわ》け／言分《ことわ》け」理論を提唱して新たな関係概念の構築に一歩踏み出したのと比べると、井筒がマルティネに注目しつつもこれを閑却してしまったのは残念と言うほかない。世界の階層性が井筒「東洋」哲学にとって決定的に重要な構造であるだけに、なお更である。因みに、「身分け」とは身体による世界の分節化であり――したがって、知覚は当然その中核を担う――、「言分け」とは言語によるそれである。そして丸山は、「身分け」の上に「言分け」が被さることで後者が前者に隈なく浸透することを新たな関係概念として捉え直そうとした。[6]

　もう一つの議論は、井筒が『大乗起信論』の「熏習《くんじゅう》」概念に注目するときである（Cf. X-584 ff.）。そこでは「無明《むみょう》」（世界の真の在り方を認識していない「不覚」の意識状態）と「真如」（世界の真の在り方を認識する「覚」の意識状態）の関係が論じられるのだが、ごく簡単に言ってしまえば、「熏習」とは意識の或る階層（例えば「真如」）が他の階層（例えば「無明」）に働きかけて何らかの影響を与えることだ（ちょうど、或るものの薫《かお》りがほかのものに移るように）。このとき彼は、『起信論』において「逆熏習」というものが認められている点に注目する。つまり、ある階層と他の階層との関係が一方的なものではなく、働きかけられたものが逆に働きかけるものに働きかける（例えば、「真如」に働きかけられた「無明」が逆に「真如」に働きかける）という双方向性をもつことに、彼の関心は向けられるのである。井筒は「『起信論』的「熏習」概念の顕著な特性」（X－584）を幾つか挙げる中で、次の三つに言及している。

㈠〔…〕
㈡「逆熏習」なるものを「熏習」現象の本質的側面として認めること。
㈢「能熏〔＝能動的熏習〕」「所熏〔＝受動的熏習〕」のダイナミックな相互交替性を認めること。（X－584～585）

しかしここでも、井筒はこの双方向性（「相互交替性」）から新たな関係概念の構築に向かうことはないし、諸階層間の存在論的関係概念へと一般化することもない。ただ双方向性があると言うにとどまり、それがどのような双方向性なのか（方向が逆なだけでなく、何らかの内実の違いがあるのか）といった点の検討に踏み込むことがない。その「ダイナミズム」の内実こそが明らかにされなければならないにも拘わらず、である。

本書は、私たちの世界において上と下、あるいは先行と後行の関係に立つ二つの階層に属する存在者間に、一方的な関係ではなく双方向的な関係を認めるのみならず、その双方向的な関係の内実が異なると考える。すなわち、上の階層は下の階層に「支え」られなくては存立しえないが、下の階層はそのようにして成立した上の階層に「含ま」れることでおのれを新たな仕方で維持する。先の、知覚と言語の関係で言えば、「われわれにとっての有意味的な存在秩序としての世界は、第一次的に知覚とともに、知覚によってつくり出される」、つまり知覚世界という下の階層に「支え」られて、その上に言語的な分節が為される余地が生ずる。何かが見えて初めて、それを「雪」として「雨」とも「霧」とも区別することができるのだし、更にはそれを「粉雪」と「ざらめ雪」と「ぼた雪」…と区別する余地が生ずる。何も見えなくてはそもそも区別ができないし、区別の妥当性を問うこともできない。ところがその知覚は、ひとたびそれに「支え」られて言語の階層が成立した暁には、いまや**最初から**言語によって規定されるのである。「その知覚の作用そのもののなかに言語が範疇的に、あるいは**第一分節的に**入り込んできて、**はじめから**その構造を規定している」と言わねばならないのだ。そこに見えているのは「雪」以外ではなく、「ざらめ雪」以外ではない。これが、知覚が言語に「含ま」れるということにほかならない。

　本書はこうした関係を、現象学の伝統の中で培われた用語に敬意を表して「基付け」関係と呼ぶ。ドイツ語でFundierung、フランス語でfondationと呼ばれる関係であり、それぞれ直接には現象学の始祖フッサールとそのフランスでの展開者メルロ＝ポンティ（一九〇八―一九六一）に由来する。[7] この関係は、今例に引いた知覚と言語の間ばかりではなく、およそ私たちの世界に存在する階層間のすべてに汎通的に看て取ることのできる極めて根本的な存在論上の概念である。例えば、有機体は無機物に「支え」られることなしには存立しえないが、その無機物は有機体の下でその振る舞いを規定されることで（有機体に「含ま」れることで）新たな存立形態を獲得することになる。生命（有機体）は無機物を摂取し・排泄すること（物質交替＝代謝）によってのみおのれを維持するが、無機物はそのとき摂取すべきものとして、排泄すべきものとして有機体に対して姿を現わし、そのかぎりで特定の物質循環の中で固有に振る舞うのである。

これも一例だけ挙げれば、植物的生命の成立と共に、酸素と二酸化炭素はそれ以前には存在しなかった一連の循環過程の内を動くようになる。光合成という過程が植物的生命の下で成立したために、二酸化炭素は植物に吸収されてその一部となり、酸素はそこから排出されて大気を満たすという振る舞いをすることになるからだ。言うまでもなく、私たち人間は豊かな酸素に満たされた大気なしには生きてゆけない。すなわち、私たち人間を含む圧倒的多数の動物たちはこの植物的生命に「支え」られ、それを自らの存在秩序の内に「含む」ことでその存立を維持しているのである。

このように、「基付け」関係は私たちの世界の存在構造を理解する上で、根本的な役割を果たしうる重要な関係概念にして構造概念――階層構造の内実を明らかにする概念――である。そして、私たちがこの「基付け」関係を世界の存在構造を理解する鍵概念として手にしたとき、もう一つ、問われなければならない問題に正面から向かい合うことになる。「基付け」関係に立つ上の階層はどのようにして成立したのか、下の階層からどのようにして上の階層が姿を現わしたのか、という問題である。この問題に、現代の生命科学の進展の中で漸くあらためて注目されるようになってきた「創発（emergence）」という考え方を導入することで応えたいと本書の著者は考えているのだが、本書ではこれを詳しく展開する余裕がない。今述べたように、そのためには現代科学の成果との緊密な対話が不可欠だからだ。

井筒「東洋」哲学にその対話が不可能だとは、全く思わない。膨大な「東洋」哲学の遺産と取り組む中から井筒が取り出してきたその「共時的構造」を以って、新たな段階に差し掛かっていると思われる現代科学と対話することは、大きな稔りをそこに期待しうる魅力的な課題であると言ってよい。

だが、現実の井筒が現代科学の最新の成果と対話するだけの時間的余裕をもちえなかったことは、紛れもない事実である。したがって、井筒哲学を論ずる本書がこの課題に立ち入ることは、本書の枠組みを大幅に逸脱することにならざるをえない。[8]

しかし、現代科学の一部で漸く真剣に取り上げられ始めたこの「創発」という考え方には、井筒とも密接な関連をもつ形而上学的な背景がある。「東洋」哲学の根幹に関わる重要な洞察であり、古代ギリシアにおける新プラトン主義の台頭と共に徐々に明確な輪郭を顕わにしてきた「発出」ないし「流出」（emanatio）という発想である。この発想のもつ射程、その可能性と問題点に関して、本書はこの後、井筒と共に取り組むことになるだろう。そのためにも、私たちの世界がどのようにして成り立っているかについての、すなわち、この世界の存立構造に関わる井筒「東洋」哲学の成果に、再び立ち戻らなければならない。

有力・無力

先に、井筒が華厳に依拠してこの世界の実相を「理事無礙」として捉え直すに至る途筋を検討した。世界の根底を成す「無限定なもの」である「理＝空」が限定されて個々の「事」と成るのだが、その限定は「挙体性起」という仕方で個々の「事」の内にそのまま「無限定な空」を孕むと考えられた。斯くして、全ての内に全てが含まれる、と論じられた。「事事無礙」とは、そのことでもあった。だが、全てに全てが含まれていながら、そのそれぞれが互いに異なる相貌の下で姿を現わすのは、どうしてなのか。

この点についても、華厳は興味深い議論を展開している。それは、「有力《うりき》・無力《むりき》」という考え方だ。

事物を構成する要素群は全ての事物に共通だが、それぞれの要素がもっている「力」は異なると考えるのだ。構成要素群の中のどれか一つ（あるいは幾つか）が「有力」であるとき、つまり「積極的、顕現的、自己主張的、支配的」な力をもつとき、それ以外の残りの構成要素は「無力」、つまり「消極的、隠退的、自己否定的、被支配的」なものとして背景に退くのである。そして、どの構成要素が「有力」の位置を占めるかは、場合場合で力動的に異なる」とされる（以上、IX－56～57）。この点は、多少敷衍《ふえん》が必要かもしれない。

力の塊である、それ自体は無限定な「存在エネルギー」に亀裂が入り（この裂け目から顕在化した最初のコトバ、「アッラー」や「阿」字が発せられる）、力の攪乱が生じたとき、力と力がぶつかり合う象面に何かがそれに固有の形を具えて姿を現わす。ものとものを区別する境界線は、このようにして引かれる。「それに固有」と言っても、ぶつかり合う力の均衡の中で現出の形がそのつど定まるのだから、力のバランスが変われば、そのつど現出の形も変わる（これが、事物に「自性」がない、ということだった）。また、同じ事態に立ち会っていても、それをどの象面から見るかによって、それにどの象面から関わるかによって、現出の形は異なるのである。世界は、そのつどの特定のパースペクティヴ（観点）においてしか現出しない。斯くして、世界の見え方・現出の仕方は、そのつどごとに、特定のパースペクティヴごとに、有力と無力の程度が全て異なることによって、千差万別、二つとして同じものがないことになる。路傍に一つの花が咲き初《そ》めるとき、それはすでにして百花繚乱なのだ。華厳の「有力・無力」論は、このようにして「力の攪乱」と「パースペクティヴィズム」をその内に含むように思われる。ところが、この点に関しての立ち入った議論が、井筒には見られないのだ。

どういうことか。なるほど井筒「東洋」哲学は、「存在エネルギー」という「力」で充ち溢れた

「無限定なもの」が世界の根幹を成すと論ずる。例えば、イスラーム哲学的に表現すれば、次のようにだ。

> 宇宙的根源語としての神の創造的エネルギーが、四方八方に溢出しつつ、至るところに存在形象を呼び出してくる〔…。〕（Ⅷ－413）

ここで言う「宇宙的根源語としての神の創造的エネルギー」が井筒哲学の鍵語「コトバ」に該当することは、すでに明らかだろう。右の事態を「コトバ」を使って表現すれば、次のようになる。すなわち、それは「無分節のコトバ〔の…〕**自己分節**」（Ⅷ－408）、「**自己顕現**」（ibid.）なのだ。だが、その「自己分節」、「自己顕現」は、いったいどのようにして為されるのか。「創造的エネルギー」の「四方八方」への「溢出」は、なぜ起こるのか。

例えば、先に触れた空海における「阿」字の教説は、この問題に関わっていたはずである。存在への動向ではち切れんばかりの「法身」、即ち大日如来の身体から、最初の言葉、最初の文字である「阿」字が発せられる。それは、どのようにして発せられたのか。あるいは、イスラームのファズル・ッ・ラー（一三三九―一四〇二）を引いて、「神」とされた「存在の永遠のエネルギー」から大音響が発することを以って世界が始まると論じられる。なるほど井筒はその際、元素間の衝突があって初めて音が生ずるという点に言及してはいる。空海において、「四大相触れて音響必ず応ずるを名づけて声という」（『声字実相義』）と言われていることを引用してもいる。「四大」、すなわち世界を構成する「四つの根元素」が互いにぶつかることで（「相触れて」）、最初の声が発せられるというのだ。だが、ここでも考えてみなければならないのは、どうして・どのようにして神や大日如来の内で元素間の衝突が生ずるか、である。

この問いに対する井筒の対応は、基本的には、新プラトン主義的な「流出説」の枠組みの中にとどまっているように見える。つまり、神はその存在の充実の故に、おのれを溢れ出してしまう、というわけである。だが、問題は、存在の充実に分節という亀裂が入るためには（これが、おのれを溢れ出てその外へと出て行くことにほかならない）、どのような事態がそこに生じなければならないか、なのだ。ここに一つの大きな問題があることを、井筒はその最初期にすでに見ている。『神秘哲学』の最終章でプロティノスを論ずるとき、次のような指摘をしているからだ。プロティノスのいわゆる流出説が抱える問題点とは、なぜ神はおのれの下《もと》にとどまらず、その外へと向かって下降を始めたのか、という問題である。なぜ、一者〔＝神＝「存在の彼方」とされる〕から万有が存在するところのものとして産出されるに至るのか。この問いに答えることが困難であることをプロティノス自身が認めていると、井筒は指摘する。

一切者を無限に超越し、有でもなく無でもなく、善でなく美でなく、一ですらない絶対孤独の超越者が、**どうして、また何の必要があって**、万有を生み出すのか。絶対無からいかにして有や無が、すなわち存在界が出て来るのか。〔…〕プロティノスはこの問題の哲学的解決への道が、人力をもってしては如何ともすることのできない障礙に阻まれている事実を誰よりも明瞭に意識していた（Cf.「プロティノス『エンネアデス』」V、1、6）。そしてあらゆる知的努力にもかかわらず、彼は結局一種の譬喩によって、問題を**僅かに暗示的、象徴的にのみ**解決し得たにすぎなかっ

た。この比喩があまりにも有名な「流出」論であり「発出」論なのである。（Ⅱ-513）

つまり、「流出」という一種の比喩（譬え）によって、（なぜか）すべてが「ある＝存在する」ことを、いわば追認しているに過ぎないのである。しかし、プロティノスにおいて本質的には未解決にとどまったこの問題に、井筒自身はどのように応ずるのだろうか。この点を本書は、章をあらためて論ずる。

c）大地と理性——ロシア的人間

本章は、井筒が私たちの世界の根底に〈いまだ分節化されていない「存在エネルギー」の塊〉とでも言うべきものを看て取り、それを「東洋」哲学における「無」ないし「空」と同定したことを確認した。ところで彼は、その最初期の著作『ロシア的人間——近代ロシア文学史』[9]の中でこの「空」のロシア的形態と言ってよいもの——大地ないし自然——にすでに出会っており、十九世紀ロシア文学（それはそのまま、ロシア文学**そのもの**でもある）の核心を、押し寄せる西洋化の波の中に立たされた当時のロシア人の、「空」のこのロシア的形態との格闘の内に見ている。同時に井筒は、同書でこの格闘の本質がいかなるものだったかを自ら跡付ける作業を通して彼自身の「東洋」哲学の骨格を早くも構築し始めており、更には、後年その「東洋」哲学が直面することになる課題にも——おそらく、それと意識することなく——出会っている。[10]そこで本節は、章をあらためて井筒「東洋」哲学の根本問題の検討に入るに先立って、その哲学の原型とその向かう先を予め素描しておくことにしたい。

ロシアの十九世紀

ロシア文学は十九世紀初頭に突如開花し、同世紀末に向かって絶頂期を迎える。ロシア文学が十九世紀の百年間にほぼ限定される特殊な事情――遅れて急速に押し寄せた西洋化の波――がその特質と密接な関係にあることを、井筒は強調する。それが十九世紀になって突如開花するさまを、彼は次のように描写している。

露西亜文学の過去を顧る者が先ず奇異の感に撃たれるのは、それが突如として十九世紀から始っているという事実である。所謂「露西亜文学」の名の下に世界の文芸愛好者に親しまれている多くの名著傑作は悉く十九世紀の百年間に生み出されたものである。少くとも世界的文学の水準から観るならば、露西亜文学はプーシュキンから始まるものと言わなければならぬ。そしてプーシュキンの前には何もない。それまでの露西亜文学は白紙である。露西亜は中世紀に一人のチョーサーもダンテをも有たず、文芸復興を知らず、シェクスピアもセルバンテスも生まなかった。またフランスに於て絢爛たる古典主義文学が開花した十七世紀にも啓蒙主義文学の十八世紀にも露西亜は沈黙をつづけ、一人の世界的作家をも出さなかった。全ては突如として十九世紀初頭プーシュキンから始まる如く思われる。これはどうしたことなのか。一体それまで露西亜人はどうしていたのか。我々は先ずこの疑問に答えなければならぬ。（Ｉ‐310～311）

「この疑問」に井筒は、ロシアの置かれた特殊な地理的・歴史的状況を大略次のように捉えることで回答を与える。すなわち、十世紀末、当時のロシアの中心だったキエフがビザンチン系の東方キリスト教に帰依し、のち（十一世紀中葉）キリスト教会が東西に分裂するに至って――東のビザンチン・ギリシア正教会と西のローマ・カトリック教会――ロシアを西ヨーロッパから完全に遮断してしまう。その後、十三世紀初頭に韃靼人（タタール）がロシアに侵入し、以後三百年に亘ってロシアは異民族の支配に屈する。この間にビザンチン帝国はトルコによって亡ぼされ（十五世紀半ば）、唯一残った東方教会の正嫡として熱狂的な信仰が異民族支配下の民衆の間で培われ、ロシアこそが世界を救済するという国家的メシア主義へと展開する。

これを承けるような形でイワン三世（一四四〇―一五〇五）によるロシアのタタールからの解放が十五世紀末に成就し、次いで十七世紀末から十八世紀初めのピョートル大帝（一六七二―一七二五）による全面的な西欧化の断行を経て、十八世紀後半にロシアの西欧化はその頂点に達する。こうして十九世紀ロシアは、一方に先の国家的メシア主義の発展形態としての「スラブ主義」――その主たる担い手は農民である――と他方に「西欧主義」――こちらの担い手は主に貴族の知識人（インテリゲンツィア）である――とが対立・拮抗する中で、自らの存立の基盤をいかにして形成するかという課題の前に立たされるのである。国民を二分する貴族と農民との間のこの断層が二十世紀初頭の大革命へと繋がっていったことは、言うまでもない（Cf. Ⅰ-311～317）。

原始的自然

このように特殊な地理的・歴史的状況の下で十九世紀に展開したロシア文学の特質を井筒は、私たち人間存在の根底にあって私たちを支えている「原始的自然性」の（再）発見と捉える。いま「（再）発見」と書いたのは、時代的に先行する他の多くの文学の中にもこうした「原始的自然性」は姿を見せてはいたのだが、十九世紀ロシア文学におけるそれのもつ圧倒的なまでの存在感は、「再発見」という表現が生温く感じられてしまうほどのものだからだ。この原始的な自然の力は、豊饒な歓喜と暴力的な破壊という両極端を併せもつ。

凡そ生ある一切のものに生命を賦与し、人間に限りなき豊饒の喜びと美の祭典を与えながら、一たび荒れ狂うときはあらゆる秩序を破壊し、罪なき無数の生き物を虐殺して顧みない自然の力〔…〕（Ⅲ－12）

この過剰なまでの「自然の力」こそ、のちの井筒が「東洋」哲学の根底に見出す「空」と呼ばれる「力の充溢」のロシア的形態にほかならない。それを、「存在の過剰」と表現することもできるだろう。私たちの現実は、多種多様な存在者がそのたびごとに姿を現わして止むことがないからだ。凶暴とすら言えるこの「力の充溢」を井筒は、プーシキン（一七九九―一八三七）に続くチュチェフ（一八〇三―一八七三）にまで遡って見出している。「〔…〕この渾沌の威力は彼〔チュチェフ〕にとっては先ず第一に形而上的本体論的認識の対象であり、彼はこれを宇宙の根源に伏在するカオスの深淵という形で詩に歌っている〔…〕」（Ⅰ－325）。

ここで、本節の主題である井筒のロシア文学論から一旦「脱線」して、触れておきたいことがある。ロシア文学論で著作を物する更に以前に、若き日の井筒はフランス文学の中でもとりわけクローデルに強い関心を抱いており、数本の論考も書き残している。その彼がクローデルの中に見出したのも、ロシア文学におけるのと同様、全ての根底に潜む「力の充溢」の凶暴なまでの在りようだった。例えば、次のような文章が残されている。

クロオデルの詩を独り静かに朗読していると、何か**深い深い地の底から響きあげてくるような重い荘厳な律動**をからだ全体に感じて思わず慄然とすることがある。それは、もはや単なる言葉の律動ではなくて、**どこか遠いところから私達のからだに**じか**に伝わって来る恐ろしい、滲み入るような地響き**だ。私達はその響きに**原始的宇宙の喚び声**を感ずる。実際クロオデルの詩の世界は**鬱蒼として昼なお暗い原始林**を憶わせはしないだろうか。**宇宙創成**のその日から何人も足を踏み入れたことのない大原始林の無気味な蠱惑！（Ⅱ－4、傍点強調井筒）。

強調を施した部分が、のちに「存在エネルギーの塊」である「空」として井筒哲学の中核に据えられるものの、当初のイメージだったと言ってよい。同様の形象は、枚挙に暇がない。

歴史と時代の真只中に息づきながら而も歴史と時代の制約を突き破って其等を無にひとしいものとしてしまう**深い怖るべき永遠の原初性**、〔…〕クロオデルの魂の奥処には確かにそういう**深玄な、底の知れない原初性**があって、そこから、いつも、何か**物凄い自然のエレメンタールな力**が彼の詩の世界をぼうぼうと吹き抜けている〔…〕**永遠に太古さながらの蒼然たる姿を保つ原始林**のように、**大自然の荘厳な美と静謐と威力**とを一身に集めたかのように（Ⅱ－5）

> **豪宕《ごうとう》な自然人**〔…〕彼の魂の秘奥に自分でもどうすることもできぬ**原初的生命の火**が炎々と燃え続けている〔…〕「世界を**天地創造の第一日**に於ける新しさに於いて」眺めることのできる、いや眺めざるを得ぬ原初的詩人（Ⅱ－6）
>
> 歴史というものが始まる以前の、**幽邃《ゆうすい》な形而上学的地下の深み**〔…〕万有の奥底たる**永劫の源泉**（Ⅱ－7）

まるで魅入られたかのようにこうした形象を積み上げたのち、彼はクローデルから次の文を引用する。「全ての堅固さの根源をなす地底にまで私は降りて行った。**土台の下にある根基**に私は触れた」（Ⅱ－8）。そしてこの地点に、井筒は「詩的体験と宗教的体験とが互いに接近し遂に結び合う」（ibid.）さまを見出す。詩と宗教が接するところ、そこが後年の井筒「東洋」哲学の原点なのだ。付け加えれば、井筒が最初の著書『神秘哲学』において、古代ギリシア哲学が発見した「自然」に注目するのも同じ眼差しの下であることは、もはや言うまでもないだろう。そこでの「自然」とは、「空」と東洋哲学が呼ぶ「一（者）」と別のものではないのだ。同書から、一文だけ引用しておこう。

> イオニアの自然学に始まりアレクサンドリアの新プラトン哲学に至るギリシア形而上学形成の根基には常に超越的「一者」体験の深淵が存在している。（Ⅱ－33）

この「超越的「一者」」体験、すなわち全ての根底に「空」という或る（数以前の）「一」なる「力の充溢」を看取すること——井筒の言う「神秘体験」とはこのことにほかならない——、これがソクラテス以前の古代ギリシア自然哲学から、プラトンは言うに及ばず、その師を痛烈に批判したアリストテレスの壮大な自然学と超自然学＝形而上学を介して、古代末期のプロティノスに至るまでの途を貫通しているさまを論証すること、それが『神秘哲学』において井筒が自らに与えた課題だった。

『コサック』

ロシア文学論に戻ろう。全ての根底にある過剰なまでの「自然の力」、凶暴なまでの「力の充溢」、この力を象徴的に具現した人物造形を井筒は、トルストイの初期作品『コサック』に登場する「エローシカ叔父」の内に看て取る。

〔…〕原始的自然性――人間が存在の一番深い底に抱いているエレメンタールな「根」、人間が動物や植物と、大自然そのものと、大地そのものと直接に結びついている深い根源的な原初性――〔…〕トルストイの初期の傑作「コサック」〔の…〕エローシカ叔父こそ、今我々が茲《ここ》で問題としている根源的原初性の生ける象徴なのである。（Ⅲ－10～11）

エローシカにとって、私たち人間は、結局のところこの自然の力に身を委ねることしかできないのであり、また、それでよいのだ。「〔…〕一切の個人の生とは、はてしない宇宙的生命の一個処がちょっと結ばれただけのこと。そして死とは、その結び目が解けるだけのこと。「死ぬ、草が生える」〔エローシカの言葉である〕ただそれだけだ。そしてそれで好いのだ。なぜなら全てが生命の大海の美しいさざ波にすぎないのだから」（Ⅲ－495）。ここで「宇宙的生命」「生命の大海」と呼ばれているのは無分節（無限定）の存在エネルギーであり、全ての存在者はそこへ還り、再びそこから姿を現わすのである。仏教哲学の「輪廻転生」も、こうした世界把握の系譜上にある。

だが、いまだふつうの意味での意識をもたない植物や、獰猛な野獣たちならいざ知らず、多くの他人たちや他の民族と曲がりなりにも共同の生の形式を打ち立てないでは生きていけない人間にとって——「社会的動物《ゾーン・ポリティコン》」たらざるをえない人間にとって——この原初的自然性がもつ過剰なまでの力をそのままにしておくことはできない。この力に意識的に向かい合い、それと関わりつつも何らかの仕方でそれを制御していかなければならないのである。この課題は、近代も後半になって避け難く押し寄せる西洋化の波の中に立ったロシア人にとって、長らくおのれがその中に眠っていた原初的自然と新たに流入してきた西欧的理性との葛藤とその克服という形を取る。

まず、両者の間の鋭い対立を、井筒は次のように捉える。「嘗てギリシア人にとって無限（限界がない）ということは直ちに不完全、醜悪を意味した。然るに露西亜人にとって限界は自由の束縛、即ち悪を意味する。限界があることこそ醜悪なのである」（Ⅲ－13）。コスモス（ギリシア人）とカオス（ロシア人）の対立であり、もはや避け難い西欧化の波の中に立つロシア人こそが抱え込むことになる両者の葛藤である。いや、単に西欧化は不可避なだけでなく、おのれが制御し難いカオスを内に抱えていることをいやというほど知っているが故に、西欧的（ギリシア的）「清澄」と「調和」「諧調」「への憧れもまたひとしお強烈」（Ⅲ－14）なのだ。

此の露西亜的諧調は、ただ一瞬間、詩人プーシキンに於て閃光のひらめくごとく現実化した。ルネサンスを経験しなかった不幸な露西亜にとって、プーシキンの活躍した十九世紀初頭の二十年間は正にルネサンスの光耀と豊饒とを意味する。併し乍らプーシキンの夭折と共に調和は忽ち分裂し、再び露西亜的世界はもとの深い暗黒に沈み込んで行くのである。〔…〕「失われた諧調を尋ねて」〔…〕（Ⅲ－14〜15）

一瞬、プーシキンにおいて、いわば奇蹟的に成就した両者の間の「諧調」はたちまちにして失われ、以後のロシア（文学）は両者の間にどのような関係を打ち立てることができるのかをめぐる模索の時を迎える。つまり、この暗中模索が十九世紀ロシア文学の最大の特質と成るのである。そして、この模索の中で、十九世紀ロシア文学は紛れもない世界文学と成る。自然性と理性の葛藤とその超克は、単に十九世紀のロシアにとってばかりでなく、人間にとっての普遍的課題だからだ。そして、この課題にどう応ずるのかをめぐって新たな途と新たな段階を切り拓いていった二人の（文字通り）画期的な――新たな段階を画する――文学者、それがトルストイ（一八二八―一九一〇）とドストエフスキー（一八二一―一八八一）なのである。井筒は次のように述べる。

人間における自然性と意識性の矛盾は、少くとも人間にとっては、一の根源的矛盾であって、トルストイならずとも所詮は誰にも解決できない問題なのであるが、この問題を最後の限界にまで考え抜くことは人間にとって重大な意義をもっている。（Ⅲ－484）

本書は、ここで言う「自然性と意識性」との間の関係を、前節で論じた「基付け」関係に立つものと考える。「基付け」における上位の階層（「意識性」）による下位の階層（「自然性」）の『包摂』（「含む」）は、上位の階層による下位の階層の一方的な「包摂」ではない。上位の階層は下位のそれによる「支え」なしには存立不可能だからだ。すなわち、上位の階層は下位のそれに然るべき位置を与えることができて初めて、それを「包摂」することができる。その然るべき位置を与えることに失敗した場合、下位の階層は上位の階層による「包摂」に抗う。それを拒み、受け付けない。

その場合には両者の間の軋轢が不可避となり、「基付け」関係自体の解体に至る場合すらある。意識性（理性）は、その存立の場を失ってしまうのである。「自然性と意識性」との間のこうした緊張関係を、井筒はここで「矛盾」と捉えている。この「矛盾」をその最後に至るまで考え続け、単に考え続けたばかりでなく、一身に引き受けて生きたのが、井筒の見るところ、トルストイなのだ。「自然性と意識性、トルストイの内面に相剋するこれらの二性質」（Ⅲ－485）に、トルストイは人生の最後まで引き裂かれ続けたのである。

その在りようを、井筒は先と同じ『コサック』のドミートリー・オレーニンに見る。「偉大な自然人、そして同時に矮小な意識人、トルストイ的人間性を左右に引き裂く両極の相剋が、オレーニンの姿になまなましく反映する」。「そしてドミートリー・オレーニンのこの自己分裂こそは、ほかならぬトルストイ自身の悲劇性だったのである」（Ⅲ－495～496）。このようにして井筒はロシア文学の内に、とりわけトルストイの内に典型的に、「原初的自然」（カオス）と「光と理性の秩序」（コスモス）の葛藤を見る（Cf. Ⅲ－274～275）。西洋（ないし西欧）のようにコスモスによるカオスの克服ではなく、克服しきれないカオスとの関わりの問題化を見るのであり、この問題系への着眼ないし注目は井筒哲学の根幹を成す。例えばそれは後年、「アンチ・コスモス」としてあらためて問題化される。カオスとコスモスがせめぎ合う地帯、それを井筒は「東洋」哲学の構造論的探究を通して「（言語）アラヤ識」

として突き止める。ここが、井筒哲学の「場所」なのである。

ドストエフスキー

だが、ここにもう一人、後年の井筒哲学の展開にとっても重要な方向を示唆する人物がいる。ドストエフスキーである。先のトルストイがこの問題を抱え続け、いわばその両極に引き裂かれたままを生きたのに対し、この問題から全く新しい途筋――はたしてそんな途を歩むことができるのか否かすら定かでない途――を切り拓いていったのがドストエフスキーなのだ。彼の小説に登場する主人公たちは、トルストイのそれらと異なり、もはや自然性から離れて、意識のみに――それも過剰なまでの自意識のみに――生きる。彼らは「自然から逸脱し、脱落し、存在の祭典から弾き出された人間達〔だ〕。〔…〕彼らの胸には自意識以外の何もない。〔…〕自分の中に閉じ込もり自分をすら愛することができない」（Ⅲ－519）。ましてや、他人を愛することなど不可能なのだ。『悪霊』のスタヴローギンは「生涯にただ一人も私は愛することができなかった」と述べ、『カラマーゾフの兄弟』のイヴァン・カラマーゾフはアリョーシャに向かって「人間がどうして他人なんか愛することができるのか、僕には何としても理解できない」と言う（Cf., ibid.）。

だが、自身をも含めて誰をも愛することのできない意識に、なお為しうることなどあるのか。この問いに答えるかのようにしてドストエフスキーが呈示するのは、「罪を負うこと」である。そのような意識になお可能な唯一のことは「罪を負うこと」、それも、**万人**に対する罪を、**全て**に対する罪を、**私のみ**が負って歩んでゆくことなのだ。『カラマーゾフの兄弟』のゾーシマ長老は述べる。

人が真〔衷〕心から、あらゆるものに対し、またあらゆる人に対して自分に負い目があることを感ずるやいなや、間髪を容れず、それがまったくその通りであり、本当に自分は万人に対して罪があるということを悟るであろう。（Ⅲ－530）

我々の一人一人が、あらゆる人に対して罪があり、なかでも私が一番罪が深いのです〔。〕（Ⅲ－533）

ゾーシマ長老の回想による、彼の兄マルケールの言葉である。どういうことだろうか。ドストエフスキーが呈示するこの途は、彼のキリスト教信仰と深い関わりがあると言われている。確かに、罪を負い、その罪を償うことは、イエスその人の振る舞いにも見られるように、キリスト教の中核を成す営みだろう。だが、ここでなぜキリスト教なのか。自然から脱落し、過剰なまでの自意識にのみ生きる者にとって、なぜ信仰がその歩むべき途を示しうるのか。この問いに、ドストエフスキーの思想的格闘の全てが賭けられていることは間違いない。しかし、彼がこの問いに対してどのような筋途を通って新たな途を切り拓いていったのかは、必ずしも明らかではない。また、井筒自身も、この問題に『ロシア的人間』で正面から取り組んだようには見えない。

本節が以下で試みるのは、本書だったらこの筋途をどのように辿るかを予めスケッチしておくことである。というのも、先にも触れたように、本書の見るところ、この後井筒「東洋」哲学が辿ることになる途が最終的にどのような方向を指し示すことになるかをあらためて考えるとき、ここでドストエフスキーが呈示した途との、一見意外にも思われる交錯が浮かび上がるからだ。本書はこの交錯に、ドストエフスキーが言う「罪を負うこと」を、「世界を担うこと」と解することによって導かれる。

どうして、「自分は万人に対して罪がある」のか。なぜ、「私が一番罪が深い」のか。それは、全てがその存立の源泉を、それらが姿を現わす〈いま・ここで＝現に〉というそのつどの「いま」に汲んでいるからなのだ。しかも、その「いま」は、言葉の厳密な意味で「いま・ここ」にしかない。不十分な言い方しかできないが、ここで言う「いま・ここ」は、例えば読者のあなたが本書のこの箇所を読んでいるまさにその「いま・ここ」のことだ。それ以外に、〈現に〉あると言いうるものはない。それ以外はすべて、「さっき」「そこ」で、あるいは「いつか」「どこか」で…であって、〈いま・ここで＝現に〉ではない。のちにあらためて井筒と共に論ずるが（すでに前節で触れはしたけれども）、世界は連続的な時間・空間の中で同一のものが持続的に存在するという仕方では成り立っていない。そのつど〈いま・ここで＝現に〉という仕方で、全てが一挙に姿を現わす＝存在にもたらされるのである。

井筒「東洋」哲学もこの洞察を典型的には華厳の内に看て取り、それを「創造不断」ともあらためて名付ける。そのつど、世界は一から全てを一挙に創り出して止まないのだ。しかし、この「そのつど」同士の間には、それらを連続的に結び付ける何ものも見出されない。それらは、「際断」されているのである。より正確に言えば、言葉の厳密な意味で唯だ一つ〈現に〉あると言ってよい〈いま・ここで＝現に〉の内にそれ以外の全ての時と場所がそのつど包摂されるという仕方で、この世界は成り立っているのだ。

この〈いま・ここで＝現に〉の生起に、少なくとも一人、間違いなく立ち会っている者がいる。私である。これも正確に言い直せば、少なくとも私**の下**で世界が〈いま・ここで＝現に〉という仕方で

開＝抜けている。他人たちの下でも世界はそのようにして**開＝抜けて**いるかもしれないが、私の知るかぎり、他人たちは〈いま・ここで＝現に〉生じている世界の開＝抜け**の内に**含まれる仕方でしか姿を現わさない。はたしてそのような他人たちの下でも世界が〈いま・ここで＝現に〉開＝抜けているか否かは、私には窺い知る術がないのだ。繰り返せば、唯だ一つ確かなのは、〈いま・ここで＝現に〉世界が開＝抜けていることとそのことのみなのであり、全てということが意味を成すのはそこにおいてだけなのである（もちろん、他人の言う「全て」も意味を成すが——でなければ、他人とのコミュニケーションは不可能になってしまう——、それは、それを言う他人が何らかの仕方で〈いま・ここで＝現に〉姿を現わすそのかぎりにおいてなのだ）。

そうであれば、その全てを全てであるかぎりで担保できるのは、厳密には、その下で間違いなく全てが姿を現わしていると言ってよい私しかいないことになる。ドストエフスキーが言う「あらゆるものに対し、またあらゆる人に対して自分に負い目がある」とは、このことなのだ。そして、その私が「負い」、担い、担保できるものが「罪」なのである。したがって、「私が**一番**罪が深い」とは、全てを「負い」、担い、担保できる者が厳密には私**しか**いないということなのだ。つまり、ここで言われている「一番」は、実は比較の上での「一番」ではなく、全てを、罪を、「負い」、担い、担保できる者が私しかいないという**絶対的**意味での**最上級**と解されねばならないのである。

だが、ドストエフスキーの表現が必ずしもそのようになっていない点も、見過ごされてはならない。すでに引用したように、「私が一番罪が深い」という文には、「**我々の一人一人が**、あらゆる人に対して罪があり、なかでも」という文が先行しているからだ。「私」を「我々」の中の一人として捉えることは、本書のようにそれを「絶対的」「最上級」と解釈することを妨げる。このことは、ドストエフスキー自身の言わんとするところの理解をも妨げると、本書は考える。この点には、のちにもう一度触れることになる。

『カラマーゾフの兄弟』の最後に、アリョーシャが大地に身を投げ、大地を抱擁する場面がある。この場面で作家は、「あの穹窿《きゅうりゅう》のように確固として揺ぎないあるものが彼の魂の中に忍び入った」（Ⅲ−536）と書き記している。ここでアリョーシャの「魂の中に忍び入った」「穹窿のように確固として揺ぎないあるもの」とは、**全世界**なのである。彼はそれを「負い」・担いうる者が自分しかいないことに気付き、それを抱き締めたのだ。

全てが（全世界が）その存在の源泉をそこに汲んでいる「唯一のもの」に井筒「東洋」哲学が出会う途筋は、今後本書が詳しく辿ってゆくことになる。だがそれにしても、誰かが「自分は世界の全てを担っている唯一の者だ」と呟くのを聞くとき——ドストエフスキーの場合は「呟く」どころではなく、そう「叫ん」で大地にひれ伏し、大地を抱き締めてしまうのだが——、それは途方もなく誇大妄想的に響かないだろうか。それは、単なる独断にしか聞こえないのではないか。その通りである。この発言は、それを発する者以外の者に聞き取られたとき、もはやその言わんとするところを表現できなくなってしまうのだ。その発言を聞く者にとって、全てがそこに源泉を汲む唯一のものは、少なくともその発言の中には見いだされないからである。では、どうすればよいのか。

ここから、全てにして唯一のものに出会った哲学の次の課題が生ずる。その「全てにして唯一のもの」をどのように保持すればよいか、という課題である。これものちにあらためて論ずるように、本書の見るところ、井筒「東洋」哲学がこの「全てにして唯一のもの」に出会っていた可能性は高い。だが、そこで出会ったのかもしれないものにどう相対《あいたい》してゆけばよいのか、それをどのように保持すればよいのかという課題に井筒が立ち向かった形跡はない。したがって、この課題について立ち入って論ずることもまた、本書の枠組みを大きく逸脱することになる。[11]本書にできるのは、その議論が向かいうる方向を示唆的に呈示することに過ぎない。この呈示を本書は最後に行なうが、その概略をここで予め一言述べておこう。

「全てにして唯一のもの」に出会ったなら、あたかもそのようなものは存在しないかのように振る舞う空間を創り出し、その空間の中でそれをあくまで可能性として保持し続けるのである。あたかも存在しないかのように振る舞うことができるとは、それが存在したとしても別に何ら変わるところがない、何ら困るところがないということでもあるからだ。もちろん、「(あたかも存在しないかのような)振り」をしている者の眼に見えるそれと、それが「振り」であるとは思わない者の眼に見えるそれとは、全く以って似て非なるものであるとしても、である。

事態のこの次元における「私」――「振り」をしているかぎりでの「私」――は、あくまで単独にして唯一の者である。つまり、「我々」の中の一人ではない。単独にして唯一であるかぎりで「万人」に対して、「全て」に対して「罪を負う」者(つまり「私」)を「我々」に拡大してしまうことは、避け難く他人に「罪を負う」よう要求することに繋がってしまう。そのようにして構成された共同体は、一種の道徳共同体だろう。だが、道徳が強要されたときどんな空怖ろしい事態になるか、私たちは自らの歴史において学んだはずではないか。ドストエフスキーも、彼を解釈する井筒も、その危険に対して些か無防備に過ぎるように思われるのだ。ここでは、ドストエフスキーの描くゾーシマ長老とその兄マルケールを解釈する井筒の文を引いておく。

あらゆる人間、あらゆるものが、それぞれ自分の罪の負目を担うのでなく、自分以外の、すべての人、すべてのものの罪を一身に負わなければならない〔…〕。〔…〕今や〔…〕あらゆる人があらゆる人に対して罪の負目をになう無限に大きな罪の共同体の中に翻転して行く。ゾーシマはそれを経験した人である。しかし彼より先に、兄のマルケールがそれを経験した。〔…〕彼はもはや孤独ではない。なぜならば「罪」によってあらゆる人、あらゆる物とかたく結ばれているからである。（Ⅲ－530～531）

このようにして、ドストエフスキーは（井筒は）「共同の罪の連帯感」で結ばれた「罪の共同体」を、更には「罪」を「愛」と言い換えて、「愛の共同体」を語り出してしまうのである（Cf. Ⅲ－531～532）。尤も、こうした発言が誇大妄想にしか聞こえないこともドストエフスキーは（井筒は）明確に書き記している。

しかし健全な理性をもった普通の人には、こんなことは全て馬鹿げた気狂いじみたこととしか思われない。〔…〕いわば彼は現実の向う岸に飛び渡ってしまった人である。だから現実のこちら側に留っている人達には彼の言動は全然理解できない。マルケールを往診に来た医者は、帰りしなに、玄関まで送って出た母親に、「もうおしまいです。御子息は精神錯乱に陥ってしまわれました」と言う。それもそのはずだ。彼の言うこと為ることには一つとしてまともなものはないのだ。（Ⅲ－532、傍点強調井筒）

繰り返せば、問題は、ではどうすればよいか、なのだ。少なくとも、哲学はそのことを考えなければならない。この問題を考えたとき、井筒「東洋」哲学が進むべき方向が少なくとも一つ見えてくるさまを、本書は最後に論ずるだろう。

第Ⅱ章

空／無

a) 「空」の徹底

前章で検討した「事事無礙・理理無礙」論考は、その前半で主として華厳を取り上げ、「空＝理」という、それ自体は無限定な「存在エネルギー（力）」が全ての事象（「事」）に浸透しているが故に（「理事無礙」であるが故に）、事象間の区別は相対的なものに過ぎないこと（「事事無礙」）を示した。すでに論じたように、このときの「空」は「理」として、すなわち、すでに「有」への動向を内に宿したものと理解されていた。これに対して、同論考の後半では、そうした「理」としての「空」の内に二つの異なる次元を見出す思考が、イスラームのイブン・アラビーを手掛かりに探られている。「空」論を、突き詰めるかぎり突き詰める試みと言うことができるだろう。これからその議論を井筒と共に見ていくが、その前に、このアラビーという人物を彼がどのように位置付け・評価しているかを見ておこう。井筒最後の著作となった『意識の形而上学——「大乗起信論」の哲学』は、アラビーを次のように紹介している。

イスラーム哲学は西暦十三世紀に至って、初期のギリシヤ哲学一辺倒の状態を脱して、独自の、真にイスラーム的と呼ばれるにふさわしい、哲学思想の創出期に入るのであって、創造性豊かなこの時期の発端を画する哲学者、イブヌ・ル・アラビー〔…〕の、「存在一性論」として世に有名な形而上学を、ここではイスラーム哲学思想の代表として取り上げることにする〔…〕。（X－498）

見られるように、真にイスラームに固有な哲学の嚆矢にして代表的なものとして、高い評価が与えられている。実際、この著作以前にも、井筒はたびたびアラビーを取り上げ、論じている。本書も、すでにそれらの諸論考を参照してきたし、以下でもまた同様である。その「存在一性論」については、次のように述べられる。

〔「存在一性論」は、〕無名無相の窮極的超越者が、「アッラー」を第一とする「神名」群を形相的《イデア》通路として、種々様々な存在者を分出創出し、ついに絢爛たる現象世界として自己顕現するに至ると説く〔…〕。（X－501）

理理無礙

アラビーの所論の検討に入ろう。ことは、「東洋」哲学の存在論的思考の最終的な到達地点とされる「真空妙有」に関わる。その前半を成す「真空」は華厳において、「絶対的に無限定なもの」であるかぎりで「無」とされた。だがそれは、**それが**限定されることで全ての存在者が存在するものとして姿を現わす以上、すでに「**存在**エネルギー」だった。このときの「無」は、「存在」の先駆形態なのである。これに対してアラビーは、「有＝存在」**の前**に、あるいは**その奥**に、「無」が位置すると考える。イスラームの存在論的思考においてその最終的な到達地点は神にほかならないが、その神の「最後の深層」は「無」、すなわち「神の無」だというのである。これをアラビーは、「玄虚（ghayb、ゲイブあるいはガイブ）」すなわち「無（‘adam、アダム）」と呼ぶ（以上、IX－63〜64）。暗闇の中深くに秘されていて（「玄」）何も見えない（「虚」）、すなわち何もない（「無」）ということだろう。この地点は前章b節で見た「ヌズール」（「存在エネルギー」の自己展開の途）を表わす三角形の頂点に位置付けられた「アハド」に該当するが、それはもはや存在ではないと云うのだ。

このようにして徹底的に「無」化された神が自らを意識するとき、すなわち神がその内的鏡面におのれを映してみるとき、初めて「存在」が兆す。このとき神の内部に映し出された神の最初の姿、それが「アッラー」という神の「名」だというのである。先の「ヌズール」における「ワーヒド」に当たる。これは神の内部で起きた出来事だから、つまり神の自己意識（神の自己思惟）の中の出来事だから、このとき初めて姿を現わした神の名はいまだ神にしか聴こえない。名であるかぎりすでに分節されているのだが神にしか見えない分節、それをアラビーは「透明分節」と表現する。それは「相互障礙的」（IX－69）でない分節なのである。とはいえ、このようにして神がおのれを分節化したとき、「存在」の最初の一歩が踏み出されたことになる。神の自己思惟の中で、「無」から「有」への移行が生じたのである。井筒はこの間の思考の展開を、次のように整理する。

「神自体」は窮極的には絶対無「名」、すなわち、あらゆる「名」の彼方〔だ。…〕その絶対無「名」が自己展開的に有「名」の次元に入る、その一番最初の段階が「アッラー」である〔…〕。（IX－70、傍点強調井筒）〔…〕自己分節〔…〕の全プロセスが「アッラー」という「神名」から始まる〔。…〕「神名」であるかぎりは、「アッラー」も〔…〕一つの分節〔である。…ただし〕その内部ではまだ一物も分節されていない状態、すべてが渾然として一である状態〔…これをアラビーは〕「統合的一者性」〔と捉える〕。（IX－71）

統合的一者（すなわち「ワーヒド」）である最初の神名、それが華厳の言う「妙有」すなわち「理（法界）」なのである（Ⅸ－72）。そして、その「前に」、あるいはその「奥に」位置する「真空」は、アラビーによれば（最初の神名の「統合的一者性」とは区別される）「絶対一者性」を帯びた「玄虚」なのであり、それは絶対的な意味で「無」とされる。「神（アッラー）すらない」（Ⅸ－73）のだ。だがここで、井筒はこの次元を直ちに「絶対的無分別、無分節」に読み換えてしまう（ibid.）。そしてそのように読み換えられたとき、それは先の「分節化以前の存在エネルギーの塊」と区別できなくなってしまう。無分節であってもそれはすでに「存在」なのか（「妙有」）、それとも存在エネルギーの塊すらない絶対的な「無」なのか（「真空」）、見分けがつかなくなってしまうのだ。

実は、この曖昧さは、アラビー自身にもある。なぜなら、彼も、先に「絶対的一者」とした「あらゆる「名」の彼方」を、「至極の**無限定**」と捉えているからだ（Ⅸ－74）。斯くして、一瞬垣間見られたかにも見えた「絶対的「無」」の次元、すなわち、**一切が**（無限定の「存在エネルギー」の塊という潜在的な力の次元も含めて）**端的に存在しない**可能性は、ここでも思考の前から姿を消してしまう。「絶対的「無」」だった可能性のあるアラビーの「玄虚」について井筒が「「玄虚」すなわち神的「絶対無」は、神そのものの内部で、もう完全に「**有**」**のほうに向って動きだしている**」（Ⅸ－74）と述べるとき、それはすでに「有＝存在」の側から見られており、「無」の内に「有」が投影されているのだ。同じ井筒が、同論考の別の箇所では、「「真空」と「妙有」とを「即」の一字でつなぐ仏教」と「「真空」と「妙有」の間に距離を置」くアラビーを区別し、対比していたにも拘わらず、である（Ⅸ－78）。私たち、すなわち思考がすでに「有＝存在」の側に身を置いていることは確かだから、そこからおのれの出自を振り返ってみたときにしばしば生ずる一種の回顧的錯覚と言ってよいかもしれない。

神の原初の名「アッラー」に関わるアラビーの神名論（「存在一性論」とも呼ばれた）をこのように解釈した上で、井筒の視線はもともとイスラーム神学が「「有・無不定」〔…という〕存在論的曖昧性」（IX-77）を術語として採用していたことに注目しつつ、あらためて「妙有」（「真空」ではない）の次元に注がれる。先にも確認したように、最初の神名「アッラー」もそれがすでに「名」である以上「一つの分節」であり、すでに「有」の領域に歩み入っているわけだが、「その内部ではまだ一物も分節されていない状態、すべてが渾然として一である状態」（IX-71）だったことを以って、これを「無分節的「理」の領域」とし、「無分節」であるが故の「有・無不定」な領域として、「妙有」の第一の階層と考えるのである（IX-79）。「アッラー」が「その内部ではまだ一物も分節されて**いない**」かぎりで、それを「無分節」と言うことは可能だし、すでに名として「存在」しているかぎりで、それが「理」の領域に入っていることも確かだから、これを「無分節的「理」」とすることには一定の妥当性がある。しかも「アッラー」は、その名が響き渡るのみで（つまり、純粋なシニフィアンであって）、その名が指示しているはずのものに何の輪郭も与えられていない（シニフィエをもたない）のだから、これを先の「有・無不定」の「存在論的曖昧性」の領域に置くことも説得的である。

こうして「妙有」の「第一階層」に「無分節的「理」」が置かれ、次いで「この無分節的「理」」が様々に内部分裂することによって現出する分節的「理」」（IX-79）の領域が、最初の神名から発出する〈「妙有」の「第二階層」〉と考えられることになる。井筒はこの階層を、さまざまな元型イマージュが特定のシニフィエと結び付こうとして動き回っている「無意識」ないし「下意識」の領域、すなわち「言語アラヤ識」の領域と想定している。華厳はそれを、曼荼羅として提示する。また、イスラーム神学は、「無相のコトバ」からアラビア文字の三十二のアルファベットが発出し、さらにこれらアルファベットの組み合わせによって有意味な「名」が出現してくる過程を論ずるが、その議論がこの「第二階層」に当たる。つまり、「妙有」の次元の中に、「無分節的「理」」から「分節的「理」」への移行を看て取ることができるのであり、したがってそれは「理理無礙」という事態を指し示していることになる。華厳が論じた「理事無礙」の更にもう一つ手前に、イスラームは「理理無礙」を見出した、というわけである。

井筒は「事事無礙・理理無礙」論考を、「華厳と存在一性論とが、ただ平行して展開する二つの哲学体系として、互いに独立に存在するだけではなく、両者を二つのヴァリアントとして包含するような、ある根源的な東洋思想の構造型がそこに伏在している」（Ⅸ－96）ことを示さんとして書いた。その「ある根源的な東洋思想の構造型」は、今や「理理無礙」から「理事無礙」へ、そして「理事無礙」から「事事無礙」へと展開してゆくことが明らかとなった。井筒による「空」（すなわち「理」）論の徹底は、このようなものだったと言ってよい。だが、この徹底の下で、「妙有」の手前の「真空」は、「妙有」へ向かう動向をすでに宿したものとして解釈されたまま（この解釈が一種の回顧的錯覚である可能性を、本書は先に指摘した）、もはやそれ以上追究されることがなかった。これは、こと「真空」に関しては、むしろ思考の不徹底と言うべきではないだろうか。そこにはなお、思考に値する問題が残されていたのではないか。この問題を考えることは次節に譲って、ここではこの次元への井筒並びに「東洋」哲学の肉薄をもう少し追っておこう。確かにそれらが、この次元にぎりぎりのところまで接近した形跡はあるからだ。

神の彼方

井筒は別の論考で、イスラーム形而上学の最高の地点（先の「ヌズール」を図示する三角形の頂点）を何と解するかについて、イブン・アラビーの後継者たちの間で論争が生じたことを紹介している。形而上学上の最上位の領域は「純粋存在」とされるが、その「純粋存在には「内」と「外」の二面がある〔と考える〕」（V-565）と云うのだ。その際の「「内」とは純粋存在の絶対不可視、不可知的側面、模糊として密雲のかげに隠れた形而上的「隠没」(ghaib)、すなわち「秘密」〔…〕**神ですらないもの、神の彼方**〔イブン・アラビー〕」（ibid.）を表わすという。ここでは、神すら「無」化されている。他方、「これに対立する「外」は純粋存在の顕現力としての側面を表わ〔す〕」（ibid.）。こちらは、明らかに「存在エネルギー」の側面である。そして、これら「「内」と「外」の両方を併せて、純粋存在そのものを〔…〕「存在の本体」〔…と言う〕」（V-566）。論争が生ずるのは、ここからである。井筒はそれを、次のように整理する。

形而上学の構造の最高位を占めるものは、「存在の本体」の否定面、すなわち「内」だけなのか、それとも「内」「外」共に含めた意味での「存在の本体」なのか〔…〕イブン・アラビーのテクストの解釈をめぐって存在一性論者は二派に分れ〔る。…〕アブド・ル・カリーム・ジーリー（『完全な人間』の著者。?——一四二九）に代表される〔…〕一派〔…〕は、〔「内」「外」両面を併せた「存在の本体」把握を不充分・不徹底とし〕「内」「外」を分離し、「内」すなわち否定面だけを「存在の本体」として、それを全形而上学体系の最高階位と〔する。他方で…〕純粋存在の「外」すなわち有に向かって働き出そうとする創造的側面の方はそれより一段下った第二番目の階位として、これを特に「絶対一者」の領域（アハディーヤ）とする〔。…〕この意味で、アハディーヤ〔は〕純粋存在の「第一次限定態」〔である。〕（Ⅴ－567〜568）

「内」と言い「外」と言っても、いずれもがあくまで「**存在**の本体」とされている点を度外視すれば、ジーリーの一派は「ヌズール」の最上位に位置する領域の内で「アハド」と「アハディーヤ」を切り離し（アラビーにおいては「アハディーヤ」とは「アハド」の領域という意味だから、それは「アハド」の内部であって両者は切り離すことができなかった）、もはや神すら存在しない（「神の彼方」の）地点（のみ）を究極のものと考えたのである。そしてこの地点においては、かの「存在エネルギー」すら影も形もないことが明確に示されている。「有（＝存在）へと向かって働き出そうとする創造的側面」は「アハド」と切り離された「アハディーヤ」という「一段下った第二番目の階位」に位置付けられているからだ。ここに、もはやいかなる意味でも「存在」ではなく、それへの動向を宿した「空」でも「理」でもない〈端的な「無」〉が思考の限界として突き止められた可能性がある。それは「不可知」であり、「秘密」であるとも言われていた。

そうだとすれば、それはもはやいかなる「名」ももたない。「名」に見えるものも、「名」として機能しない。「名」とは何かを指し示すものにほかならないが、その「名」によって指し示されるものがそもそも**ない**からだ。〈端的な「無」〉とは、このことにほかならない。したがって、（いま用いた〈端的な「無」〉を始めとして）それに付けられた「名」に見えるものは、せいぜい「仮の名」でしかない。形而上学が逢着する究極の地点にはもはやこうした「仮の名」しか与えられない点については、井筒に次のような発言もある。

東洋哲学の諸伝統は、形而上学の極所を目指して、さまざまな名称を案出してきた。曰く「絶対」、曰く「真（実在）」、曰く「道《タオ》」、曰く「空」、曰く「無」等々。いずれも、本来は絶対に無相無名であるものを、それと知りつつ、敢えて、便宜上、コトバの支配圏内に曳き入れるための**仮りの名**（『起信論』のいわゆる「仮名《けみよう》」）にすぎない。／プロティノスの「一者」という名もまた然り。（X－488～489）

こう述べて、最後に触れたプロティノスの『エンネアデス』から引用しつつ、『起信論』にも言及する。

それに言及する必要がある場合「かのもの（ekeino）」という漠然として無限定的な語を使ったりもするが、「実は、厳密に言えば、かのものともこのものとも言ってはならないのである。どんな言葉を使ってみても、我々はいわばそれの外側を、むなしく駈け廻っているだけのことだ」（『プロティノス』*Enn.*〔『エンネアデス』〕VI・9）と。〔…〕これと全く同じ趣旨で、『起信論』は「真如」という仮名を選び取る。（X－489、傍点強調井筒）

プロティノス自身が正確に述べているように、「かのもの」とか「このもの」、つまり「あれ」や「これ」と言ってしまっては、（それらは指示代名詞なのだから）あたかもそこではまだ指示が利くかのように思えてしまうからだ。〈端的な「無」〉はもはや指示対象ではなく、指示される何ものもないことだけを示しているのだった。別のところで井筒は、イスラームの神名論においても、神の「名」とは神のつける「**仮面**〔persona〕」（Ⅶ－312）だと指摘している。そうであれば、形而上学のこの極点では、その「仮面」の背後には何ものもないのである。そこは「神の彼方」だからだ。

だが、ここまでなのだ。イスラームの存在一性論においても、井筒においても、プロティノスにおいても、彼らがここで立ち止まって、ここはいかなる地点なのか、ここで思考は、形而上学は、どうすればよいのか、何を為しうるのかを考えた形跡はない。この究極の地点に立ち至った後は、そこから踵を返すようにして「存在」への途をまっしぐらに邁進していくのみなのである。事態は、存在一性論においてこの地点が、以上のような議論にも拘わらずあくまで「**存在**の本体」とされていたことに端的に表わされている。「無」は、結局のところ、そこから「存在」が発出してくるところの究極の源泉以外ではないことになってしまうのだ。

「究極の源泉」は、すでに立派な指示対象をもっている。私たちは、この言葉が言わんとするところを理解できるからだ（同じことを逆から言えば、「無」ということで何かが理解されていると考えてはならないのである。私たちは「何か」がないことなら――鉛筆がない、パソコンがない、…ということなら――理解できるが、そもそも何もない――指示対象もない――ということになると、そこで何を理解したらよいか分からないのだ。そこで真っ暗闇のようなものを想定したとすれば、それはすでに「無」ではない。そこには「暗闇」が「存在」しているからだ）。「仮の名」であっても、ひとたび「名」が与えられると、いつの間にかそれが「仮の」ものであることが忘れ去られてしまう、と言ってもよい。

〈無分節な「ある」〉への反転

以下、本節では、井筒並びに「東洋」哲学が、この究極の地点から身を翻して「存在」の途に邁進していくさまを、念のため確認しておこう。先に引いた『荘子』の「渾沌」がすでに「存在エネルギー」で充ち満ちた状態であることは、それが「天籟《てんらい》」と呼ばれる「宇宙（天）に吹く色も音もない風」に結び付けられているところからも明らかである。その「渾沌」の更に先に位置付けられる『老子』の「無」について、井筒は次のように述べる。

「道」は老荘的思惟の考想する真実在のあり方だが、それは、極限的には絶対の「無」であり「無名」（『老子』）である。「無名」、名をもたない、〔…〕。（X－494、傍点強調井筒）

この「無」がもはや「名」ですらなく、何ものをも指示しない点が正確に捉えられているように見える。ところが井筒は、この「無名」を直ちに、「すなわち、絶対無分節であるということ」（ibid.）と引き取り、同じく『老子』から次の一文を引用する。

夫《そ》れ道は、未だ始めより（＝本源的境位においては）封《ほう》（＝分割線、区劃線）有らず（ibid.）

これは、老子自身の考える「無」もまた、基本的には「封（＝分割線、区劃線）」をもたない「無分節者」以外ではないことを示している。だが、「端的に何もないこと」と「分節線が引かれていないこと」は、はたして同じ事態だろうか。いずれも、〈何かが何かとして他と区別されて姿を現わすことがない〉という点では同じだとしても、後者は**その上に**分節線が引かれうるものの存在を暗黙の内に想定しているのに対して、前者は端的に何もないと言っているのである。こうした本書の疑問を全く意に介さないかのように、井筒は老子の「無」を大乗仏教の「空」、ヴェーダーンタの「無相ブラフマン」、イスラームの「絶対的一」と構造上同一だと断じる（Cf. Ⅷ－488）。もちろん、この断言自体が誤っているわけではない。今見たように、老子自身がおのれの言う「無」を「無分節者」と同一視しているからである。井筒の言う「意識と存在の窮極的ゼロ・ポイントの幽邃な境位」（Ⅷ－489）もまた「絶対無分節者」の境位にほかならず、それは「絶対的な現象以前」（ibid.）と同義である。本書が疑問に思うのは、なぜ井筒の言う「東洋」哲学が常に「無」と「無分節」を同一視し、両者が別ものである可能性の前に少しも立ち止まることがないのかという点なのである。

井筒における「無」と〈「無分節」の「存在エネルギー」〉の同一視ぶりは、徹底している。例えば次の一文では、「無」を直ちに「絶対無分節的存在リアリティ」と言い換え、それを「根源的**未**分化」と引き取る。「**無**分節」と「**未**分化」は決して同じ事態ではないが、前者から後者への移行は間髪を容れない。「未分化」は「分化」を暗黙の裡に前提した表現であり、「無」からの存在者の現出は井筒にとって必然なのである。

> 「無」（すなわち絶対無分節的存在リアリティ）〔、…〕根源的未分化、無限定の「一」〔、…〕この意味での「一」が、すなわち、意識と存在のゼロ・ポイントという体験的事態として現成する「無」なのである。（Ⅸ－297）

引用の後半は、井筒の言う「意識と存在のゼロ・ポイント」が、厳密な意味での「無」ではなく、すでに「存在」への動向ではち切れんばかりの「一」、すなわち「存在エネルギーの塊」以外ではないことを端的に示している。その動性を表現するために、「潜勢態」という表現が用いられる場合もある。

> 意味分節の絶対的以前、すなわち世界現起以前の**絶対的空無**を、あえてXと呼ぶことは、それを存在の**純粋潜勢態**と見なすことである。(XI-17〜18)

「絶対的空無」を「**あえて**〔…〕純粋潜勢態と**見なす**」ことの根拠は、どこにも示されていない。その根拠を云々する余地もないほど、この「見なし」は井筒にとって自明なのだ。禅が述べる

> 「朕兆《ちんちょう》未生」(『人天眼目』)――ものの現れるきざしすらない。(VI-149、傍点強調井筒)

存在への動向(兆し)すらない、とも解釈できるこの語も、井筒にとってはそうではない。この語を引用してすぐ、彼は次のように述べる。

> だが、この「無」は内に限りない**創造的エネルギー**を秘めた無であって、消極的な意味での無ではない。(ibid.)

「無」の内に「創造的エネルギー」を認める見解は、一貫している。

無分節者が**最高度の存在充実**であること〔…〕この意味における「無」には、「有」すなわち存在の限りない**創造的エネルギー**が瀰漫《びまん》している。（VI-163）

斯くして、大乗仏教の要諦である「真如」もまた、この「エネルギー」以外の何ものでもないと論じられることになる。

『起信論』だけでなく大乗仏教全般を通じて枢要な位置を占めるキータームの一つ、「真如」。この語の意味の取り方は様々だが、[1]『起信論』の立場からすると、「真如」は〔…〕第一義的には、無限宇宙に充溢する**存在エネルギー**、**存在発現力**、の無分割・不可分の全一態であって、本源的には**絶対の「無」**であり「**空**」**（非顕現）**である。／しかし、また逆に、「真如」以外には、世に一物も存在しない。「真如」は、およそ存在する事々物々、一切の本体であって、乱動し流動して瞬時も止まぬ経験的存在者の全てがそのまま**現象顕現する**次元での「真如」でもある〔。〕（X-483）

引用の後半は、第一文で「真如」を「本源的には絶対の「無」であり「空」（非顕現）である」と述べた点に関して、「無」であり「空」であるとはいっても単にそれにとどまるものではなく、「現象顕現する次元」に躍入して止まないことを強調しているのである。井筒は遠藤周作との対談の中で、素直に次のように述べている。

私が〔…〕考えている「空」とか「無」とかいうものは、**存在喚起機能**の側面から見たコトバとの関連において、「コトバ以前」、つまり分節以前、あるいは〔…〕絶対無分節ということ〔です。…〕絶対無分節から分節へ〔…〕。（Ⅷ－375〜376）

井筒が考えようとしているのは、あくまで「**存在喚起機能**の側面から見た」かぎりでの――「**存在創造的機能**」（Ⅷ－404）という表現も用いられる――「空とか無」なのである。それは、本書の用語法で言う（存在への動向で充ち溢れた）「空」であり、その中に「無」という異次元への突破口が隠れている可能性には殆んど気付いていないように見える。可能性に気付いていないというより、それに関心がない、あるいはその異次元性が見えていない、と言った方がよいのかもしれない。彼の主たる関心は、あくまで「絶対無分節から分節へ」の**移行**、そしてその移行の地点に位置する「コトバ＝分節」（「言語アラヤ識」）なのだ。

この可能性の前に立ち止まることがないどころか、井筒は次のようにすら論ずる。

この絶対無分節は無ではあっても、静的な無ではない。それは**本然の内的傾向に従って**不断に自己分節していく力動的、創造的な「無」である。真空は妙有に転成する、というより、**転成せざるをえない**。絶対無分節は自己分節するからこそ絶対無分節なのである。分節に向ってダイナミックに動いていかない無分節はただの無であり、一つの死物にすぎない。（VI－152）

まるで「ただの無」は「一つの死物にすぎない」が故に、問題とするに値しないと言わんばかりの口吻である。だが、「ただの無」という「一つの死物」は、なぜ問題とするに値しないのだろうか。むしろ逆に、「ただの無」という「死物」が可能なら、それこそが大問題なのではないか。なぜなら、そのことは、全てが、世界が、（世界へと向かう「存在エネルギー」の塊すら）存在しなくてもよかった可能性を示唆するからだ。あるいはまた、ひとたび失われたら最後「ただの無」に呑み込まれて、二度と、永遠に帰って来ないものがあるかもしれないのだ。「無」が〈「無分節」な「存在エネルギー」〉しか意味しない思考の次元では、この可能性が視野に入ってくることがない。そこでは、暗黙の裡に「存在」が至上命令と化しているのである。はたして「存在」は、それほどまでに「必然」だろうか。

井筒は或る所で、我が国の禅師栄西（一一四一―一二一五）の『興禅護国論』から開巻第一の文を引いて、「栄西が「無」＝「心」の創造的エネルギーの凄まじさをなんとか伝えようとしている」とコメントを付している（VI‐151）。その一文とは、次のようなものである。

大いなる哉《かな》、心や。天の高きは極むべからず、而も心は地の上に出づ。地の厚きは測るべからず、而も心は地の下に出づ。日月の光は踰《こ》ゆべからず、而も心は日月光明の表に出づ。大千沙界は窮むべからず、而も心は大千沙界の外に出づ。其れ太虚か、其れ元気か。心は則ち太虚を包んで元気を孕む者なり。天地も我れを待って覆載《ふさい》し、日月も我れを待って運行し、四時は我れを待って変化し、万物は我れを待って発生す。大いなる哉、心や。[2] (ibid.)

ここで「心」とは、そこにおいて全てが「無」から「存在」へと躍入する場所のことにほかならない。すなわちそれは、本書の言う「空」と言わば「地続き」なのであり、「空」の場所である。栄西は、その「心」が広大無辺な世界の全てをその内に包んで更に無限に拡がっているさまを高らかに謳《うた》い上げている。曰く、天空はどこまでも高く延びてその高さは極まるところがないが、その天空がそこにおいて姿を現わしている「心」は大地を遥かに越えて天空の彼方にまで延び拡がっている、云々、というわけだ。この文を評して井筒は、「ほとんど抒情的ともいえるような「心」讃歌」(ibid.)と述べている。これが「心」すなわち「存在(エネルギー)」の讃歌であることに、本書も異存はない。しかし、これが讃歌たりえているのはなぜだろうか。井筒の言うように、単に「「無」=「心」の創造的エネルギーの凄まじさ」(ibid.)を謳っているだけだろうか。そうではなく、そのような「存在(エネルギー)」が〈いま・ここで=現に〉私の下で(「我れを待って」)脈々と作動していることへの驚きの念が、この文を讃歌たらしめているのではないか。そのことの素晴らしさに驚嘆した栄西は、それを褒め讃えずにはいられなかったのではないか。

もし、そう言っていいとすれば、この驚嘆の念は、いま私の下で脈打っている「存在(エネルギー)」がそのようには作動しないことがありうるにも拘わらず、作動しなくてもおかしくないにも拘わらず、それが〈いま・ここで=現に〉脈々と作動していることへの気付きに根をもっているはずだ。およそ人が驚くことができるのは、驚きの対象となっている当の事態がそのようでなくても一向に構わなかったのに、なぜかそのようになっていることに気付くことによってだからだ。そのとき、当の事態が「大いなる」ものとして姿を現わす。そのとき、栄西は「大いなる哉、心や」と讃えずにはいられなくなったのだ。明らかだろう。そのとき栄西は、「存在(エネルギー)」が言葉の厳密な意味で「無」と帰す可能性に気付いたのだ。少なくとも、その可能性が何らかの仕方で彼の視野に入らなかったなら、讃歌は生まれなかったに違いないのである。

「存在」の破れ

本書が、言葉の厳密な意味での「無」が思考の視野に入ることを重視する理由は、これだけではない。いまだ限定されない「存在エネルギー」の塊が限定されることによって何ものかが姿を現わすためには――ただ「ある」のではなく「ある」**ところのもの**が顕現し世界が開＝披かれるためには――、その「存在（エネルギー）」に何が生じなければならないかを考える上でも、このことは不可欠と考えるからだ。端的な「ある」が「おのれから溢れ出して、そこに何ものかが存在するものとして姿を現わすためには、「ある＝存在」の内に全てが閉じ込められたその充満が「破れ」るのでなければならない。そして、「存在」が破れるとは、それがその「外」に、つまり「存在ではないもの」へと開かれること以外ではない。「存在ではないもの」、すなわち「無」がそこに何らかの仕方で介入しなければ、世界が開＝披かれることはないのだ。

「空」という無限定＝無分節なものに分節線が引かれるとは、「存在」の充満に走った亀裂なのである。「空」を引き裂くこの亀裂は、「存在」が何らかの仕方で「無」に触れることによって（のみ）生じうる。「存在」が「無」と接触することを以って、世界は現象するに至るのだ。より具体的には、「一」なる力の塊――それを、中心から四方へ放射状に一様な力が向かうイメージで捉えることができるだろう――の中に空隙（「無」である）が差し挟まれることで力の攪乱が生じ、それまで衝突することのなかった力があちこちでぶつかり合うようになる。そして、力同士がぶつかり合うその衝突面に、初めて何ものかがそれに固有の輪郭を以って姿を現わすのだ。ちょうど、私たちの眼に飛び込んでくる光線に私たちの網膜が立ちはだかることで、そこに〈そちらからこちらへ向かってくる力〉と〈こちらからそちらに向かう力〉の交錯が生じ、交錯するこの二つの力の衝突面に何ものかの姿が浮かび上がるように、である。

もちろん、そのときには、〈そちらからこちらへ向かってくる力〉自体が、それとぶつかり合うほかの諸々の力との衝突面におのれの輪郭を浮かび上がらせているのでなければならない。無数の力の交錯の内に世界が多様な相貌を帯びて浮かび上がるさまこそ、すでに見た華厳が論じていた「挙体性起」による曼荼羅模様ではないか。先に本書が述べた「力の攪乱」と「パースペクティヴィズム」は、「存在（エネルギー）」に「無」が接触したことの帰結だったのだ。また、この事態はプロティノスの「流出」ないし「発出」概念が抱えていた困難にも、或る光を投げ掛けてくれるもののように思われる。なぜ、「一者」はおのれの下に端的にとどまって「ある」のではなく、おのれの外へ向かって流れ出さなければならなかったのか、という問題である。

それは、「一者」——それは端的な「存在」にほかならなかった——が「無」という全く異質なものと接触したことによって生じた可能性があるのだ。「存在」と「無」のこの接触が、はたして「存在」がおのれの内に「無」を孕むほどまでに「冪《べき》（Potenz = potentiality）」を昂めた結果なのか（「力」の昂進の果てのことなのか）、それともおのれの外部に触れられた結果なのか（「力」が「無」を被ったが故なのか）、それに答える準備はまだ整っていない。満足のいく答えを与えられるか否かも、分からない。いずれにせよ確かなことは、「存在」が何らかの仕方で「無」と触れることなしには、世界が開＝披かれることはなかったに違いないということなのである。

b)　空と無

本節は、「空」論の徹底の果てに姿を見せる可能性のある「無」とはいかなる事態なのか、そして、そのような「無」と先の「空」はどのような関係に立つのかを、更に立ち入って検討する。この検討にあたってその導入として注目したいのは、井筒が最晩年の著作『意識の形而上学――『大乗起信論』の哲学』[3]で『大乗起信論』（以下『起信論』）――二世紀頃のインドの仏教詩人・馬鳴《めみょう》（八〇頃―一五〇頃）の作とされる――に依拠して行なっている「アラヤ識」の位置付けに関わる議論である。この議論の中で井筒は、彼の哲学にとっても中心的な位置を占めるこの「アラヤ識」の位置付けが『起信論』と、それに先行する唯識とでは異なることを論じている。この点に、本書はすでに一部触れたが、ここであらためて検討してみよう。

『大乗起信論』におけるアラヤ識

まず井筒は、『起信論』において、全ての根底を成す「心」が二つの部分を有することを述べる。「心」が全ての根底であることは、先にも確認した。栄西に触れた箇所でも述べたように、「心」とは全てが、全世界が、そこにおいて姿を現わす場所のことだった。『起信論』は「「真如」と仮名される存在の窮極相を「心」と同定する」（X－512）、と井筒は述べる。同じ事態を、禅は次のように表現する。

秋深く天気爽か、万象ともに沈沈、月瑩《あきらか》にして池塘は静か、風清く松檜陰《しょうひかげ》る。〔…〕頭頭《ずず》（これらの物の一つひとつ）外物に非ず、一一《いちいち》本来**心**なり〔。〕（圜悟克勤、一〇六三―一一三五　IX－407～408）

尽十方世界是れ、爾《なんじ》の**心**。（長沙景岑、IX－409）

『起信論』において、この「心」は「A　心真如」と「B　心生滅」という二つの部分から成るとされる（X－521～522、図2参照）。前者は、世界の根本を「絶対無分節的、未現象的」なものと観ずる意識であり、「仏心」とも呼ばれる（ibid.）。後者は、世界を「瞬時も止まず起滅する有分節的、現象的」なものと見る意識であり、「衆生心」とも呼ばれる（X－523）。そして、「〔…〕徹底して存在世界の本質的虚妄性を説いておきながら、しかも他方『起信論』は「如来蔵」的観点から、すべての分節的「有」を「真」として肯定する」（X－533）と井筒は論ずる。「如来蔵」とは、そこに如来が可能態という仕方でぎっしりと詰まっている宝庫のことで、「存在現出の限りなき可能体」（X－546）とされる。

この〔「如来蔵」的〕観点からすれば、我々の内的・外的経験世界に現に存在している現象的「有」は、ただ一つの例外もなく「心真如」の自己分節態であり、それら一つ一つの中に、窮極原因としての「心真如」の本体が、厳として存立している。この意味で、全ては「真」であって、虚妄ではない。（X－533～534、傍点強調井筒）

分節化されて姿を現わす全ての存在者は、それが「心真如」の現われであるかぎりで「真」とされる点を、井筒は強調する。そして、このことを可能にする要の位置に、「アラヤ識」が置かれるのである。『起信論』に特徴的な「A　心真如」領域と「B　心生滅」領域の「この特異な結合、両者のこの本然的相互転換、の場所を『起信論』は思想構造的に措定して、それを「アラヤ識」と呼ぶ」（X－540、傍点強調井筒）。ここで重要なのは、「アラヤ識」の置かれたこの位置が、その本来の出所である唯識とは異なる点である。「アラヤ識」は「もともと唯識派哲学の基本的術語だが、〔…唯識と『起信論』との間には〕顕著な違いが幾つかある。なかでも一番重要な違いは、唯識の立場では「アラヤ識」は千態万様のB領域のみに関わるのに反し、『起信論』的「アラヤ識」は、「心真如」（A領域）

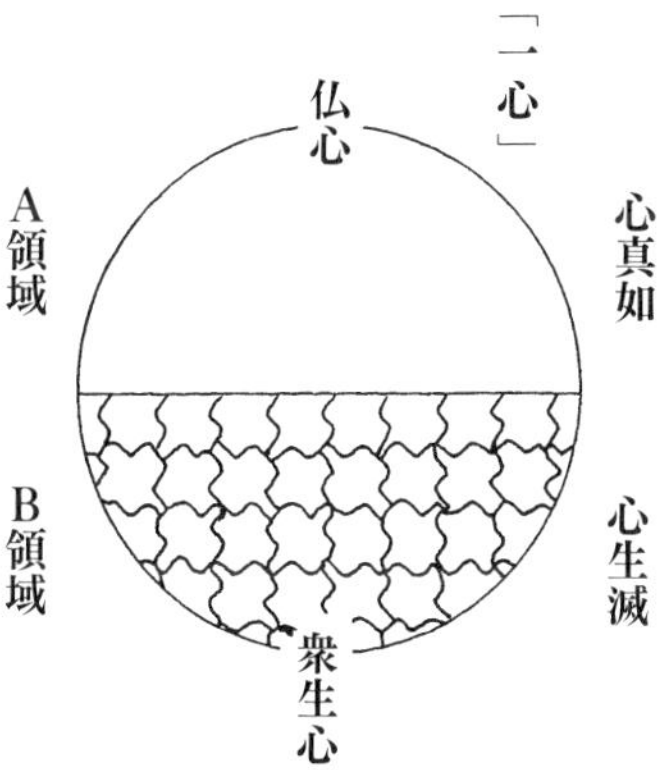

A（心真如）は無意識界
B（心生滅）は有意識界
A領域の上部に「仏心」（＝「仏性」「自性清浄心」）を置き、
B領域の底部に「衆生心」を置く

図2

と「心生滅」（B領域）との両方に跨ること」（X－540、傍点強調井筒）だと云う。このように「アラヤ識」が「心真如」の次元にも身を置くことで、その「アラヤ識」を通じて分節化され・現象するに至るすべてが「心真如」の現われであると言うことが可能になるのである。

かくて『起信論』は、「アラヤ識」を特徴づけて「和合識」とする。〔…〕「真妄和合」である。「真」がA領域、「妄」がB領域を意味することは言うまでもない。すなわち、「アラヤ識」を通じて、A・Bという二つの相対峙する存在次元（または意識次元）が相互浸透的につながれる、と考えるのである。／これに反して唯識哲学では、「アラヤ識」は、千態万様に変転する一切の現象的存在者の発起する源泉であるに止まって、不生不滅の次元とは関係ない。つまり、唯識的見地からすれば、「アラヤ識」は「真妄和合識」ではなくて、純然たる「妄識」なのである。（X－541～542）

井筒はこのように論じて、次の図3を掲げる（X－543）。そして、『起信論』の考え方の基本構造を、次のように纏める。「Aの道の窮極に達することが、同時にそのままBへの道を極め、Bの真相を覚知することになるのでなければならない。そのような意識状態が実存的に現成したとき、それを『起信論』は」「覚」というのである」（X－552）。「A・Bの両方を無差別的に、全一的に、綜観する境地」（ibid.）、それが『起信論』が目指す「覚」の最終的な境地なのだ。宏智正覚《わんししょうがく》禅師（一〇九一－一一五七）の次の言葉は、『起信論』のこの考え方にかなり接近していると言ってよい。井筒の別の論考から、引く。

法身は無相（〔…〕きまった一つの形があるわけではない）物に応じて形《あら》わる。般若は無知（無心的主体性の知〔…〕は、それ自体の固着的対象をもっているわけではない）縁に対して照らす。青青たる翠竹、鬱鬱たる黄花、手に信《まか》せて拈じ来れば、随処に顕現す〔。〕（IX－410）

A領域に属する〈「無相」の「法身」＝仏の本体〉は、他との関係性の内で（「縁に照らして」）そのつど異なる相貌を見せる（「物に応じて」）B領域において自在に姿を現わす（「随処に顕現す」）。斯くして「青青たる翠竹」も「鬱鬱たる黄花」も、…いずれもが〈「無相」の「法身」〉の現われなのである。

『意識の形而上学』に戻ろう。右の分析を通して、井筒が『起信論』に注目する最大にして第一の理由は、分節化されて姿を現わしてくる全ての存在者（現象的有）の「実在」性（「真」性）をそれが大胆に肯定している点にあることが明らかになる。これは、本書が次章で詳しく論ずる『意識と本質』における、この世界の実相が〈有「本質」的存在分節〉なのか、それとも〈無「本質」的存在分節〉なのかをめぐる対立――のちに見るように、井筒はこの対立に対して同書では自身の立場を明らかにしていない――に、井筒なりの解決を与えようとする試みと見ることができる。つまり、分節をこととする「本質」に「無（分節）」（＝「真如」）との関係で然るべき位置を与えることを以って――「本質」は「無」（＝「真如」）の内に根を有していることを明らかにすることで――、〈有「本質」的存在分節〉と〈無「本質」的存在分節〉とを、つ

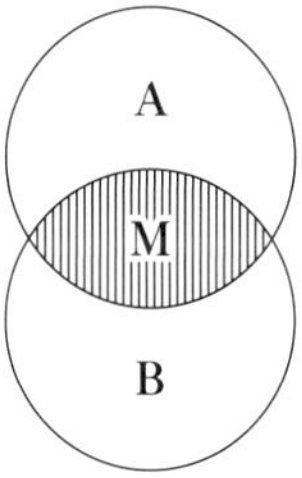

図3

まりは「有」と「無」を両立させようと云うのである。

しかし、ここでの「無」があくまで「無分節」を意味しているのであれば（「心真如」は「絶対無分節的、未現象的意識」だとされていた）、それは無分節ではあれすでに「存在エネルギー」で充満しているのであって、根本において全ての「存在＝実在」性は確保されていたと言える。議論は、全て広い意味での「有＝存在」（本書は、これを〈「力」で充ち溢れた「空」〉と捉えてきた）の次元の中を動いていたに過ぎない、と言ってもよい。だが、今問題となっているのは、（そのような「無限定」としての「無」ではなく）**端的な**「無」という事態が視野に入ったとき、その「無」と上述の広い意味での「有＝存在」との関係をどう考えたらよいのか、なのだ。この議論が、仏教的思考には（あるいは、井筒の解釈する仏教哲学には、と言うべきだろうか）少なくとも表向きは欠けているのである。

この議論は、本書の見るところ、井筒が『意識の形而上学』で『起信論』に依拠して行なったように、「無」（＝「空」）と「有」を媒介するものとして「アラヤ識」を位置付け直すといった仕方では、為されえない。むしろ、逆なのだ。「無」と「有＝存在」を媒介するものが**根本的に欠落している**ことこそが、「有＝存在」の根底にその**無根拠性＝偶然性**という仕方で「無」の次元を開くのである。この現実はなぜか存在しているのだが、ひょっとしたらそれはなくてもよかったかもしれないのだ。この次第を本節は、以下で明らかにすべく試みる。

ユダヤ教カッバーラー

そこで次に取り上げるのは、ユダヤ教の中の神秘主義の一派カッバーラーである。この一派の所説の中に、「存在」と「無」の絶対的差異に彼らが触れたかもしれない形跡を読み取る余地があるからだ。もし両者の間を架橋するいかなるものも見出されないほどに「存在」と「無」が異質なら、そうであるにも拘わらず「無」から「存在」を創造した神の業《わざ》は「奇蹟」以外の何ものでもなくなる。なぜそんなことが可能なのか、私たちの思考の理解を絶した事柄こそが、その名に値するからだ。それを、アラビア・アリストテリズムの完成者と言ってよいイブン・ルシド（アヴェロイス）がかつてしたように、潜勢態における「存在」から顕在態における「存在」への移行――それが神の「創造」だというのだ――とアリストテレス的に解してはならないのである。井筒に従って、見てみよう。

まず彼は、ユダヤ教の正統的な見解と言ってよい『旧約聖書』の述べるところとカッバーラーのそれを対比することから始める。

> カバリストの観照意識に現われる神は、〔…〕『旧約聖書』の神とはおよそその性格を異にする。『旧約』の場合のように、人格的な神、すなわち、生きたペルソナとしての神が始めから超越的に実在していて、その神が自らの創造的意志によって存在世界を無から創り出すのではない。カッバーラーの神も、ある意味では、世界を無から創造しはするが、この無は、唯一独存する神のまわりにまだ何ものもないという意味での、世界創造以前の外的な無物状態ではなくて、神そのものの内部に、神的存在の底の底にひそむ根源的無である。（VI－261、傍点強調井筒）

まず神が在って、そのまわりの何もない虚空に世界という「存在」が当の神によって創造されると述べる『旧約』の創造観からすると、「存在」自体はすでに神の下で確保されており、こと「存在」に関して創造において何か新しいものがあるわけではないことになる。神の存在から世界の存在への移行は、基本的に連続している。これに対してカッバーラーは、「神そのものの内部に」、「神的存在の底の底に」、「無」を見ると云うのである。井筒の解説を聴こう。

『旧約聖書』の神は、〔…〕実に徹底して有的であって、無の片鱗すらそこにはない。一切事物の不在という意味での無が、神の外側にあるだけで、神の外にあるその虚無の空間に神はものを創造していく、「神、光あれと言えば、光あり」という形で。しかしカバリストは、敢えて神の内面、神的存在の最後の深みに無を据える。この無は神の奥底ではあるが、神以前でもある。神そのものがそこから現われてくるのだ。(Ⅵ－265、傍点強調井筒)

言ってみれば、神という存在中の存在の底が抜けているのだ。脱落したこの底の向こうにぱっくり口を開けている「無」の中から、ようやく神も存在に至ると云うのである。「神そのものがそこから現われてくるのだ」。この「無」を井筒は、意識(ノエーシス)とその対象(ノエーマ)の「絶対的無化」、「完全な無化」だとする(Ⅵ－266)。そして、次のように述べる。

カッバーラーは、「無」を神の内に見る。測り知られぬ「無」の深淵が神の内的構造それ自体の中にあって、その「無」が「有」に転換する。それが創造の始まりだ。そして神の内部における、この「無」から「有」への転換点がコトバなのである。(Ⅵ－227、傍点強調井筒)

ここに見られる「神」と「無」の微妙な関係をどう解釈するかで、事態は大きく異なる。しかし、カッバーラーにおいても、この「無」は結局のところ、すでにその内に「有」への動向を宿したものとして解され、そのようにして「存在」へと回収されてしまう。その次第は後で確認するが、もし神の世界創造が言葉の厳密な意味での「無」からの（「有」の）創造なら、そのときの「無」は、世界は「なく」てもよかったと言うときの「無」、神の意志のみがそれを「有」に転換したところの「無」である可能性が視野に入る。そのとき、神は創造を欲することも欲しないこともできたという意味で、「無」が神の（視野の）内に入るのである。そして、そのときの神は、もはや「有」でも「無」でもないことになる。神は「有」も「無」もその視野の内に入る何ものかであって、もはや私たちの思考にとって（思考の枠組みにして限界をなす「有」と「無」をすら超出することによって）いかなる意味でも理解不可能なものと成るのである。このとき、神の創造は文字通り「無」から（それとは全く異なる）「有＝存在」の創造となり、私たちの理解を絶した「奇蹟」以外の何ものでもなくなる。

だが、実際にはそうでなかったことは、今述べた通りなのだ。この「無」をカッバーラーは「エーン・ソーフ」、すなわち「無限（定）」と捉えるからだ。

> 絶対無、無そのものとしての無、ではなく、限りなき有への展開に向っての――しかし、まだ展開が現実にはまったく始まっていないという点では、依然としてそこには一物の影すらない――無。すなわち、無限の有的展開可能態としての無、それが「エーン・ソーフ」である。（VI－266～267、傍点強調井筒）

ここでも、先に見たイスラームの存在一性論において生じたのと同じ事態が生じている。「無」を

「有」の圏内に回収することで、あるいは「無」の中に「有」を予め埋め込んでおくことで、両者の絶対的な異質性と断絶が架橋されてしまうのである（ここに、中世ユダヤ教に対するイスラームの思想史上の影響関係を見て取ることもできるだろう）。だが、この点はすでに問題化したので、ここでは繰り返さない。先へ進もう。ここで本書が注目するのは、再びイスラームである。しかし、今度はアラビー並びに存在一性論ではなく、九世紀イスラームの神秘家バーヤジード・バスターミー（?—八七四）なる特異な人物である。井筒はこの人物を、「TAT TVAM ASI（汝はそれなり）——バーヤジード・バスターミーにおけるペルソナ転換の思想」[4]と題された論考で集中的に考察している。

バスターミーの「欺瞞」論

この論考で井筒は、バスターミーがインド哲学から受け取ったと思われる決定的な問題次元を論じている。井筒によれば、論考の表題に掲げられている「TAT TVAM ASI（汝はそれなり）」はウパニシャッドの宗教的・哲学的思想の精髄を一文に集約したもので、特にヴェーダーンタ哲学の伝統では「大文章《マハーヴァーキャ》」（＝根本命題）と称される。ここで「TVAM（汝《トヴァム》）」とは私たち一人ひとりの個体性ないし主体性の中心軸を成すもので、インド哲学のいわゆる「アートマン」に相当する。他方「TAT（それ《タット》）」は全存在世界の根源的リアリティ、すなわち万有の形而上学的最高原理を指し、いわゆる「ブラフマン」にあたる。したがって、この命題「汝はそれなり」は、「アートマンとブラフマンの一致、すなわち個的人間の主体性は、その存在の極処において、全宇宙の究極的根柢である絶対者、ブラフマン、と完全に一致する」ことを述べている（以上、X-305～306）。

この境地をバスターミーはインド人から学んだとして、それに「聖なる独一性《タウヒード》（tauḥīd）」という名前を与える。この境地が「それしか存在しない」という意味の「独一性」という性質において捉えられている点については章をあらためて検討するが、ここではこの境地についての井筒の解釈を見よう。

元来イスラームの普通の「タウヒード」は、〔…〕**神の**唯一性、**神の**独存性を意味した。ところがサーンキャのイスラーム的写しとしての「タウヒード」は、神の独存性よりもむしろ、それに対応する**人間の**側の内的独存性を意味する傾向を示す。つまり、現実の人間的実存は、肉体との結合の故に、物質的世界に由来するありとあらゆる属性を帯びている、そういういわば外的覆いを一枚一枚〔…〕剝ぎ取っていく〔…〕。そしてついに最後の一枚をも脱ぎ捨てて全裸状態、つまり絶対純粋の状態、になりきる時、それを「タウヒード」の状態というのである。バスターミーのよく引用される有名な言葉にこういうのがある。「蛇がその皮を脱ぎ捨てるように、私は私自身のからを脱ぎ捨てた。そして私は私自身を眺めてみた。どうだろう、驚いたことに、私はまさに彼だった」（X－317～318、傍点強調井筒）。

最後に引用されているバスターミーの言葉にあるように、**私は**その存在の究極において「全存在世界の根源的リアリティ」である**神＝ブラフマンにほかならない**、と云うのである。ここでバスターミーは「全存在世界の根源的リアリティ」を「彼」と名指しているが、私と神が一致してしまうこの境地にあっては、人称はもはや通常の意味機能を果たしていない（果たすことができない）。「彼」ばかりでなく、「私」に関しても事情は同様である。その証拠に、バスターミーは次のようにも述べる。

私は私ならぬ私。（いや）私は私。なぜなら私こそ彼であるのだから。私だ私だ。彼だ彼だ。（X－335）

ここでは人称の区別が攪乱され、何を指しているのかがもはや定かでないまま、〈現に〉「ある」と言える唯一の何か（「汝はそれなり」の「それ」）が全てを呑み込んでいるのである。このときの「私」が、世界の中に他人たちと並んで存在している一人の人物としてのバスターミーではないということだけは、確かなのだ。井筒も、「（「私は神！」と云った）「自己神化」的発言の後で、〔バスターミーは〕いつも、「だがその時、私、バスターミーという人間主体はそこには全く存在していない」という意味の付言をしている事実」（X－367）を指摘して、この点を確認している。

さて、本書が注目するのは、この地点に立ち至ったバスターミーの次の発言である。

とうとう永遠性のさらに彼方に至った。そこで私の目の前に開けた絶対独存性の景観には、被造的存在者の影だに無かった。……ただ絶対的独存性の大木が亭々と聳え立っているのを、私は見た。私はその木を眺め、それが、まったくの**欺瞞**であることを（従ってそこから現出した全存在世界もまた**欺瞞**であることを、）悟った（サッラージ『閃光』、149－150）。（X－364～365）

ここで「欺瞞」と訳されているのはkhud'ahという語で、井筒は「インド哲学の鍵言葉「マーヤー」〔通常「幻影」と訳される〕のアラビア語化であろう」と述べて、この文を次のように註釈している。

存在肯定の道を終点まで辿って来た行者バスターミーは、ここで、全存在が瞬時にして無化される驚くべき光景を目撃する。今まで有（存在）であった（有のごとく見えていた）ものが、本当は全部無であったのだという事実の覚知。現象世界が有であるにしても、実はそれは有的に仮現する無、つまり、たかだか「仮有」にすぎないことが露見する。（X－365、傍点強調井筒）

バスターミーにしても井筒にしても、ここに至って「絶対独存性」「有」がなぜ（あるいは、いかなる経緯によって）「欺瞞＝幻影」「仮有＝無」に変ずるのかを論じていない。ただ「悟った」、「露見する」と述べられるのみである。ここは「悟る」しかないと言われればそれまでだが、もう少し考えてみよう。それは、そのような端的にして究極の「ある（存在）」が〈現に〉そのようにして「ある」ことには、もはやいかなる根拠（理由や原因）もないからではないか。何の根拠もなく（なぜか、たま）それが「ある」に過ぎないのなら、それはなくてもよかったのだ（つまり「無」）。なくてもよかったと言うばかりでなく、それは「あった」と思ったらもう失われてしまって、もはや「ない」。なぜか（これまた何の根拠もなく）新たな「ある」が〈現に〉姿を見せるが、その「ある」についても事情は同様だ。やっぱり、それももはや「ない」。そうであってみれば、本当は何も「ない＝無」のであって、何かが「ある」というのは「錯覚」、「幻影（マーヤー）」、「欺瞞（khud'ah）」に過ぎないのではないか。この間の経緯とは、およそこのようなものではないか。

ここでほんの少しの脱線を許してもらおう。井筒もしばしば論ずる『大乗起信論』は、この間の経緯を「忽然念起《こつねんねんき》」という言葉で表現しているように思われる。井筒によれば、この言葉は次のような事態を表わす。

「忽然念起」、いつ、どこからともなく、**これという理由もなしに**、突如として吹き起る風のように、こころの深層にかすかな揺らぎが起り、「念」すなわちコトバの意味分節機能、が生起してくる〔…〕。（X－512）

大乗仏教もまた、「ある」ということの生起にいかなる根拠（理由や原因）もないことの洞察を、インド哲学と共有していたのかもしれない。

バスターミーに戻ろう。もし、右のように考えることができるとすれば、そのとき思考の面前に姿を現わした「ない＝無」は、限定されて何かとして姿を現わした個々の存在するものがその限定を失うことで「無に帰する」、すなわち「無限定なものに還る」こととしての「無」とは決定的に異なると言わねばならない。後者は無限定であるとはいえ、すでに「ある＝存在」への動向を宿した、あるいは「絶対純粋の状態」ないし「全裸状態」（X－318）の「ある」ことそのことであって、井筒がしばしば「存在エネルギー」と呼ぶところのものだ。ところが、「絶対的独存性の大木」が「まったくの欺瞞」であることに直面したときバスターミーが垣間見たのは、そもそもそうした「全裸状態」の「ある」、「存在への動向の塊」すら「ない」という事態なのである。

この事態は、本書の考えでは「ある」にその根拠が欠けていることにほかならなかったのだから、もはや思考にとって理解を絶した事態であると言わねばならない。理解とは、何もの／ごとかがそのようであることの何らかの根拠（理由や原因）を捉えることで為される思考の営みだからだ。いまだ無限定な「存在への動向」（本書はこれを「空」と呼んだ）がおのれを突破して限定態へと移行することは、この動向（「空」）を「力」と捉えることで理解可能となる。「力」とは、おのれの内で昂まり、ついにはおのれの外へと向けておのれを破棄する動向にほかならないからだ（尤も、「ある＝存在」がその端的な「ある」ことを破棄しておのれを突破する「力」と成ることができるのはどうしてなのかを考えようとすると、そこでも「無」の問題に直面する可能性があることについては、先に論じた）。

だが、こうした「力」すら存在しない事態、すなわち言葉の厳密な意味での「無」は、もはやそこに理解しうる何ものも「ない」のだから、思考の限界を画するものとなるほかない。思考はここに至って思考にとっての絶対他者に直面し、そこから先に進むことはもはやできない。思考は、そこから引き返すことしかできないのだ。だが、おのれがそこから引き返すほかない地点に直面したのは、間違いなく当のその思考なのである。その地点が「どこ」であるかをもはや思考は言うことができないのだが、にも拘わらず現に思考が引き返すことで、その地点におのれが逢着したことを（その可能性において）証しするのだ。

この点については章をあらためて論ずるが、ここで触れておきたいことがある。思考がもはやいかにしても思考しえないものに直面して引き返すその仕方と、「信仰」という私たちの営みの一つの形態――生き方の一つの形態と言ってもよい――との関係についてである。「東洋」哲学がいずれも哲学＝思考であると共に宗教（すなわち信仰）と密接な関係をもつことは明らかだが、両者はどこで・どのように接しているのだろうか。

思考がもはやその先へと進むことのできない地点に逢着したとき、当の思考はそれに全面的に服していることになる。そこでは、思考はもはや如何ともし難い**それ**がおのれの前に横たわり、おのれの行く手を阻んでいることを思い知るからだ。思考は**それ**を克服することができず、ひたすら**それ**を全面的に受け容れる（被る）ことしかできない。これを、「イスラーム（Islām）」の原義である「絶対帰依」と解する余地がある。そして、その地点とは、本書の理解によれば、「存在＝ある」と「無＝ない」がもはや何の根拠もなしに交錯する地点なのだから（すべては**なぜか**――根拠の不在である――「ある」のだが、それは「なく」てもよかったのだから）、そのような事態に対する私たちの可能な態度の一つとして「怖れ」と「感謝」を挙げることもできるだろう。少なくとも本書は、この事態に「戦慄」を覚えるとだけは言いうる。また、前節で引いた栄西の「存在」讃歌は、この「感謝」の一つの表明と言ってよい。感謝とは、そうで「なく」てもよかったものが、それにも拘わらずそうで「ある」ことの希少さ――文字通りの意味での「有り難さ」――に驚く者のみが為しうる行為だからだ。

ところで、この「怖れ」と「感謝」は、井筒の分析に依ればイスラームの「信仰」概念の基礎を成していると云う。「〔…〕imān〔信仰〕は『コーラン』に於いて〔…〕「神への恐れ」及び〔…〕「感謝」という二つの主要概念を基礎としている〔…〕」（XI－286）。こうして、イスラームにおいては「ある＝存在する」ことが**そのまま**信仰と結び付く。「イスラームにおける〔…〕聖俗不分」（VII－35）であり、「存在の全体をそっくりそのまま宗教的世界と見る」（VII－34）のである。「およそ人間が現実に生存するところ、そこに必ず宗教がある」（VII－35）のだ。

今見たように、イスラームにおいて「怖れ」と「感謝」は一体と成って信仰の基盤を形成するのだが、その間の事情をイスラームの神名論は概ね次のように説明している。まず、「アッラー」以前の神は絶対不可知者である（存在一性論の中でもジーリーの一派は、その極点においては神すら「無」化される——「神の彼方」——と論じた）。すなわち、私たちの思考による一切の理解を拒む。この不可知な神が「アッラーという自分の名前を明かす〔。…これが〕神の自己顕現の始まり」（VII－309）であり、「神そのものの第一自己限定」（VII－315）である。この「自己顕現はさらに続いて、次の段階で〔…〕二つの反対の方向に分岐〔する〕」（VII－309）。神は「この二つの方向に〔おのれを〕展開しつつ、〔…〕九十九の名を明かす〔。…その二つの方向の〕一方はジャマール（jamāl）、他方をジャラール（jalāl）〔という〕」（VII－309～310）。前者ジャマールの系列に属するのが「美、美しさ、〔…〕愛、慈悲」（VII－310）、すなわち「感謝」であり、後者ジャラールの系列に属するのが「威厳、尊厳、峻厳、〔…〕恐ろしさ、怒り、復讐」（ibid.）、すなわち「怖れ」である。

この説明は、カント（一七二四—一八〇四）の『判断力批判』、すなわち私たちの思考（その中には「感性」「悟性」「理性」という私たちが有する全ての能力が含まれる）に立ち現われる世界の分析の根幹が「美」と「崇高」であったことを想い起させる。そして、イスラームによれば、**なぜか**すべてを存在せしめた——このことに対する理解は拒まれている——神に対する「感謝」の念を表現する私たちの行為が、「讃美」なのである。「存在と讃美の関係こそイスラームの思想的枢軸」（VII－321）であり、「一切の事物は存在することそれ自体によって神を讃美している」（VII－344）のだ。井筒によれば、この存在感覚はイスラームにのみ固有なのではない。「存在即讃美〔…〕この存在感覚は、『旧約聖書』、わけても「詩篇」、の世界に充満して〔いる〕」（VII－348）と彼は言う。イスラームはこの存在感覚を、少なくとも『旧約』以来のユダヤ教と共有しているのだ。そして本書は、この存在感覚が仏教にもあることを、栄西において見た。

もう一点、興味深いことがある。イスラームに言わせると、「存在が即讃美〔…〕にも拘らず人間には讃美を拒否する自由がある〔与えられている〕」（Ⅶ－352）と云うのだ。したがって、人間は**自らの意志で**神を讃美することができるのであり、これがイスラーム的に言う「信仰」ということにほかならない。おのれの自由に基づく営みだからこそ、それは「信仰」という主体的行為たりうるのだ。序でに付け加えれば、おのれの本性に背く自由をもつものは、イスラームに依ると人間とサタン（悪魔）だと云う（Cf. Ⅶ－363）。人間と悪魔は、自由によって結び付けられた兄弟なのだ。

斯くして、「無」を前にして進退窮まった思考が引き返す仕方の一つが「信仰」であることは、間違いない。だが本書は、思考にはこれとは別の途もあること、しかし、その別の途は必ずしも「信仰」と二者択一の関係に立つものではないことを、章をあらためて論ずる。

ここで再びバスターミーに戻って、注意しておかなければならないことがある。バスターミーが到達した最終的境地を右のように解釈することは、少なくともインド哲学（ウパニシャッド）の伝統的・正統的見地からすれば、大きな逸脱と成ることだ。というのも、全存在世界の根源的リアリティであるブラフマンは本来、一切の分節（限定）をもたない「無属性＝無限定」なものなのだが（「無相のブラフマン」とも呼ばれる）、それに分節化作用が関わることでさまざまな「名と形」を以って多様な存在者が姿を現わしたときの、そのような世界の在りようが「マーヤー〔幻影〕的世界」とされるからである。つまり、絶対的無分節者であるブラフマンが分節化されてさまざまな存在者が実在しているかに見える状態が「マーヤー」なのであって、「絶対独在性」としてのブラフマンが「まったくの欺瞞」（すなわち「幻影＝マーヤー」）である可能性が論じられているわけではない。

井筒はこの正統的解釈を、次のように纏めている。

ブラフマンは窮極的には絶対無差別的、不生不変、全一的存在リアリティであって、それを不二一元論では無属性《ニルグナ》（＝無限定）ブラフマンと呼ぶ〔「無相」のブラフマンとも訳される。…〕その意味でそれはまた完全に「分節以前」すなわち絶対無分節的存在リアリティでもある〔…〕。（X－409、傍点強調井筒）

〔ウパニシャッドの正統的伝統〕本来の考え方によれば、現象的多者が〔分節化を経ることで〕「名と形」である――もう少し強めて表現するなら「名と形」にすぎない――ということは、それらがブラフマン的一者にくらべて、実在度が低いということを意味する。（X－416、傍点強調井筒）

無分節・無限定の絶対的ブラフマンが、「名と形」すなわち語《コトバ》の意味分節的表象喚起力に促されて、有と無の中間地帯に、「仮有」的事物事象として、有・無「断定不可能」な形で様々に顕現する――それがマーヤーなのである（X－420）。

したがって、この正統的解釈に沿って先のバスターミーの発言を解釈し直せば、「まったくの欺瞞」であるのは「絶対的独在性」では**なく**、その「絶対的独在性」**から生い育った**亭々たる「大木」が「まったくの欺瞞」だということになるだろう。「絶対的独在性」と「大木」を区別して、後者をマーヤーとするわけである。実際、この件《くだ》りの先に引用した井筒による解釈（Cf. X－364～365）は、このように読むこともできる（井筒自身の理解はこちらだった可能性が高い）。だが、バスターミーが「絶対独在性の景観には、被造的存在者の影だに無」いと論じ、そのすぐ後で「絶対的独存性**の**大木」と表現し、更にはこの「木」が「まったくの欺瞞である」と述べた上で「従って**そこから**現出した全存在世界**もまた**欺瞞である」と補足を加えていることに鑑みるとき（この「そこ」は「大木」を指し示していることは明らかだから、全存在世界は「大木」と区別されていることになる）、バスターミー自身は正統的インド哲学の理解の枠組みを踏み越えて新たな――〈端的な「無」〉の――次元に達した可能性があると本書は見る。ここに、インド哲学にかぎらず、伝統的な東洋哲学の全てにおいて曖昧なままにとどまっている「空」と「無」の決定的差異が看て取られているかもしれないからである。そして、この区別が看て取られたとき、仏教哲学が言う「還相」の新たな局面もまた拓かれるかもしれないのだ（この点も、次章であらためて論ずる）。

思考の無能力

本節の最後に、今論じた「思考の無能力」という観点から、先に取り上げたプロティノスとイブン・アラビーの議論を再度眺めておきたい。この事態に立ち至ったとき、なお思考に何が可能かを次章で論ずる際の、足場を固めておきたいからだ。

プロティノスから始めよう。彼は、おのれの思考が最終的に逢着した次元にはもはや理解可能ないかなる名前もないとして、一旦はそれを「かのもの」とのみ――つまり、単なる指示代名詞で――表示した。その上で、彼は次のように述べていた。

「実は厳密に言えば、かのものともこのものともいってはならないのであって、ただ我々はいわば外側をぐるぐる駆け廻りつつ、我々自身の主観的な印象を、あるときは的に近く、あるときは対象に纏綿する数多の障礙に阻げられてまるで的はずれになりながら、何とか解明しようと腐心しているにすぎない」（『エンネアデス』VI・9・3・761　先には井筒『意識の形而上学』から訳文を引いたが、ここでは初期の大作『神秘哲学』より引用する。II−482、傍点強調井筒）

したがって、「本当はそれに適する名称は全然ない」（『エンネアデス』VI・9・5・763　井筒II−ibid.）。「しかし強いて何か名前をつけなければならないとすれば、無限定的に一者と呼ぶのが適切であろう。もっともそうはいっても、けっして相対的意味で一と名付けるわけではないので、それで認識がきわめて難しくなってくるのである」（ibid. 井筒II−483、傍点強調井筒）。こうしてあらためて「一者」（ないし「一」）と呼び直された「かのもの」は、かつてアリストテレスが「第一の存在者」とした「思惟の思惟」――万物の原因であって、それ自身は何ものによっても惹き起こされたのではない「第一の原因」――ですらなく、それに更に先立つものだとされる。

ヌース〔「思惟の思惟」〕の先なるこの驚嘆すべきものこそ一者なのであって、それはけっして存在ではない〔。〕（『エンネアデス』VI・9・5・763　井筒II−489）

第一の存在にすら先立つものであってみれば、それはもはや「存在ではない」のだ。それが「存在ではない」とは、それが「無」であることにほかならない。ところが、この地点に立ったとき、井筒は次のように述べる。

一者は下から見れば絶対に思惟でなく意識でなく、無ですらないのであるが、上から見れば、逆にあまりにも思惟であり意識でありすぎると言わざるを得ない。もはや思惟とも意識とも思われないほどに思惟でありすぎるからこそ、そのあり余った力が漲溢して本当の思惟を生むのである。一者は真に一者でありきるとき、かえって自己の外に立ち出て下位の基体を創造する〔。〕（Ⅱ－492、傍点強調井筒）

「無ですらない」とまで言いながら、それを即座に「そのあり余った力」の「漲溢」と捉え直してしまうことの問題性については、すでに論じた。こうして、「無」は再び「存在」の側に回収されるのだった。このことを可能にしている「上から」の視点は神秘体験によって得られると井筒は同書『神秘哲学』で主張してやまないのだが、この点に鑑みれば、本書としてはむしろここで思考は徹底して「下から」の思考の側に——その無能力の次元に——踏みとどまるべきであり、神秘体験をもち込むべきではないと言わざるをえない。プロティノス自身の議論にもそのバイアスが掛かっていると言うべきか、彼は思考できないはずの**それ**を思考の論理の内に回収して次のように論ずる。

思惟《ヌース》〔思惟の思惟＝第一の存在者〕は思惟することに於いて存在を成立させ、存在は思惟されることによって、思惟に存在することと思惟することの両方を可能ならしめる。しかし思惟の原因は別にあり、それがまた存在にとっても原因である。換言すれば、これらの両者の原因が別にあるわけである〔。〕（『エンネアデス』Ⅴ・1・4・485　井筒Ⅱ－497）

つまり、**それ**は第一の存在者である「思惟の思惟」を生み出した「原因」**である**、とされることで、再び「存在」の側に回収されてしまうのである。この回収は、思考を有効に機能させる基本法則の一つと言ってよい因果律（原因と結果の間には必然的な関係があるとする原理）が**それ**に適用されることで為されている。だが、**それ**が文字通り思考不能なものなら、**それ**に因果律を適用することは出来ないはずなのだ。それだけではない。プロティノスは、**それ**に「包む」という関係概念を適用することも行なっている。

> 一者以外の全てのものは何処にあるのか？　一者のうちにあるのだ。けだし一者は他の全てのものから離遠してはいない、がさればといって自らそれらのもののうちに在るのでもない。一者を包有する〔包む〕者は何もないが、一者は万有を包有している〔。〕（『エンネアデス』V・5・9・528　井筒II－498）

「何処にあるのか」と問うことは、問われている当のものに場所の論理を適用することである。そのものは、それがそこにおいてある（「そのうちにある」）そこに「包まれる」のだ。かくして、**それ**を包む何ものもないが、**それ**は全てを包んでいる、と述べることが可能となる。だが、『包む」ということを思考は理解できるのだから、**それ**に対してこの「場所の論理」を用いてしまったら、先の因果律の場合と同様のことが起きる。すなわち、**それ**は何らかの意味で「存在」するものとなってしまうのだ。したがって、ここで思考は、「一者は万有を包有している」と考えてはならないのである。

先ほどから本書もプロティノスに倣って「それ」――「かのもの」という指示代名詞――を使って

いるが、これも問題であることについては先に論じた。すでに彼自身が正確に指摘していたように、「実は厳密に言えば、かのものともこのものともいってはならない」のだった。つまり、指示代名詞を使ってそれを指示できると考えることは出来ないのである。ここでは、何ものかを指示するという言語の最も基本的な機能すら麻痺してしまうのだ。したがって、先の引用のように、「しかし**強いて何か名前をつけなければならない**とすれば、無限定的に一者と呼ぶのが適切であろう。もっともそうはいっても、けっして相対的意味で一と名付けるわけではないので、それで認識がきわめて難しくなってくるのである」と考えること自体が、ここで直面している事態には相応しくなかったのである。この文の直前で彼自身が述べていた「本当はそれに適する名称は全然ない」という見解を、思考は堅持すべきだったのだ。「強いて」であれ何であれ、ひとたびそれに名前を付けてしまったら、そのときから思考は、思考しえないはずのものまで思考してしまうのである。ここでプロティノスが「認識がきわめて難しくなってくる」と述べていること自体が、裏を返せば「困難ではあっても上手くすれば何とか**認識（理解）可能**である」ことになってしまうのだ。ここで唯一思考に可能なのは、おのれの無能力に徹すること以外ではないのである。

　したがって、本書が問題にしている「無」は、もはや名前でないことを銘記しなければならない。せいぜいが「**仮の名**」であって、しかもそのとき「仮の」という点があくまで堅持されなければならないのだ。それが何らかの「名」に転じないよう、細心の注意を払わなければならない。ここで思考は、おのれがいったい何に直面しているのか、そもそも何かに直面しているのか否かすら――「無」は何かではないのだから――、全く以って知ることができない。理解することができない。そして、このとき思考に残されたことといえば、「ではどうするか」を考えることのみなのである。つまり、

おのれの進退を考えることだけが残されているのであって、もはや**それ**について思考することではないのだ。**それ**が指示の機能すら果たさないのだから、その思考は端的に不可能なのである。**それ**が名でない——名の代わりになるもの（代名詞）ですらない——とは、このことにほかならない。それに「強いて」であれ名を付け、それ**について**思考してしまったところに、プロティノスの（そして、おそらくは井筒の）誤りがあったと言わざるをえないのである。だが、繰り返せば、にも拘わらず思考には、なおおのれの進退を考える余地が残されているのだ。プロティノスは（井筒は）思考の無能力が露呈する地点で、どこに向かって思考が進むべきかを見誤ったと言ってもよい。

イブン・アラビーの場合は、どうか。ここでは、彼を取り上げた最初期の論考「回教神秘主義哲学者　イブヌ・ル・アラビーの存在論」（一九四三年）での井筒の記述を見てみよう。イブン・アラビーから、次の文が引用されている。

> 絶対無〔…〕は知がこれを対象とすることは出来ぬ。なぜならばそれは何等の形も有《も》たず、また何等の属性によっても規定されることなく、純粋否定〔…〕以外には一定の本質というものを有たないからである。そして純粋否定からは心の中に何ものも生じはしない。若し何かが生じたならば無ではなくて有である。（I-179、訳は井筒による）

若き日の井筒は、このアラビーに託して次のように述べる。

> 絶対的有〔アラビーの言う「一」なる全て〕に対立するものは何もない。そして茲で「何もない」

と言ったその非有は絶対的な非有である。絶対的非有なるが故にそれは何等の形を有たないから、これを積極的に表象しようとしても表象されない。〔…〕イブヌ・ル・アラビーはかかる絶対的非有のことを、「仮定されたる非有」〔…〕とも、また「絶対に存在することのあり得ない非有」〔…〕とも呼んでいる。「仮定された」とは考えようとしても考えられないからであろう。（Ⅰ－179）

だが、井筒もアラビーもこうした点を確認した後は、もはやこの「非有＝無」に関わろうとしない。それに思考を差し向けることがない。ここでも述べられているように、それがもはや「知の対象」ではなく、「考えようとしても考えられない」からだろうか。確かに、それを「強いて」思考しようとすること（プロティノスが行なったのは、このことだった）は、それを全く正反対のものにすり変えてしまう。アラビーが正確に述べていたように、思考されたそれは「無ではなくて有」と成ってしまうからだ。それ**を**思考すること、それ**について**思考することは、できない。では、もはや思考に為しうることは何もないのか。ただ、踵を返して帰って行くしかないのか。

そうではない、と本書は考える。もし、思考がそこで直面したかもしれないものがこの世界の最奥を成すものにほかならないとしたら、思考はそれを護らなければならないのではないか。それを護ることのできるのは、思考以外にないのではないか。いや、ひょっとしたら先に見た「信仰」は、それを護る一つの仕方なのかもしれない。更に言えば、それを「謳う」ことも、それを護る一つの仕方かもしれない。先にはそれを栄西において見たが、「謳う」ことそのことは「信仰」とは独立にも可能である。詩人の場合が、それだ。しかし、思考には**思考に固有の仕方で**、それを護ることができるのではないか。そして実際、思考は**思考であるかぎりで**それを護ることができる、と本書は考えるのだ。思考は、もはやおのれが思考しえないものに直面したなら、それにどのように応じたらよいのか、それとどのような関係を取り結ぶことができるのかについて、なお思考することができるからだ。

この点から見るとき、言葉の厳密な意味での「絶対無」に直面した後、もはやそれに思考を差し向けることがなかったアラビーの（そして井筒の）対応は、誤っていたことになる。すでに見たように、実際に彼らが行なったことは、結局のところ「無」を「有＝存在」に変じてしまうことだった。この意味でも彼らは誤っていたのだが、「絶対無」を「絶対無」のままで、つまりもはや思考しえないものであるかぎりで「護る」ことがなかった点でも、誤っていたのだ。思考がそれに関わるのをやめたとき、そもそもそこに何ら考えるべき事柄はなかったことになってしまうからだ。繰り返せば、思考にはなお、それを護るためにはどうすればよいかを考える余地が残されているのであり、それを考えることが取りも直さず、思考が最終的に直面したものに関わり続けることなのである。

先に引いたプロティノスは、「かのものともこのものとも言ってはならない」ものを前にして「我々はいわばその外側を、むなしく駈け廻っているだけのことだ」（共にX巻での井筒の訳である）と述べていたが、本書が追求してみたいと考えているのは、このとき思考には必ずしも「むなしく駈け廻っているだけ」ではない別の応対の途が開けてもいるのではないかということなのだ。『意識の形而上学』で井筒はプロティノスのこの言葉を引いた後、少し先で今度は『起信論』から次の言葉を引用している。

〔…〕言説《ごんせつ》の極（＝コトバの意味指示作用をギリギリのところまで追いつめて）、言《ごん》に依りて言を遣《や》るを謂うのみ（＝コトバを使うことによって、逆にコトバを否定するだけのこと）〔…〕（X－490）

ここでも、事情は同様である。「コトバの意味指示作用」がもはや麻痺して空転する地点に立ったとき、なお思考には単に「コトバを否定するだけ」でない、別の応答の余地がありうるのではないか。

c）砂漠と死――ジャック・デリダ

「空」と「無」の差異が井筒において明確でないように見える点は、彼のデリダ理解にも影を落としている。ジャック・デリダ（一九三〇―二〇〇四）はかつてフランス領だった北アフリカ・アルジェリア出身のユダヤ系フランス人哲学者で、フッサール現象学研究から出発してハイデガー（一八八九―一九七六）やニーチェ（一八四四―一九〇〇）に影響を受けつつ「脱構築（déconstruction）」や「差延（différance）」といった鍵語を駆使して現代フランスのいわゆる「ポスト構造主義」を代表する人物の一人である。彼の活動は多岐に亘り、膨大な数の著作を残したが、その中核には「書かれた文字＝エクリチュール（écriture）」に対する一貫した関心がある。彼の見るところ、私たちの現実は全てこの「エクリチュール」から発する。すなわち、この世界に物質化されて痕跡を残す傷跡のようなものが記号として何もの／ごとかを指し示すことで、全てが立ち現われるのである。この傷跡をどのように

「読む」か、その痕跡の中にどのような力が働き・せめぎ合っているのかを徹底して追跡すること（この追跡に終わりはないのだが）、この作業に彼の全哲学は捧げられていると言ってよい。

明らかなように、デリダの哲学的営為が言語と文字にその全重心を懸けていることが、同じく言語の哲学者として出発した井筒の強い関心を惹いたのである。同時に、宗教的なものと哲学的なものがその思考の深いところで密接に関わっている点が、この二人を結び付けている。デリダの側も、井筒の「東洋」哲学研究の中におのれの思考と響き合うものを見出したのだろう。両者は実際に会って議論を交わしているし、公開書簡の形での遣り取りも為された。そして井筒は、数こそ多くはないが幾つかのデリダ論をものしているし、講演や対談などでもしばしばデリダに論及している。では、この二人の思考が交錯するのは、いかなる地点においてだろうか。本書の見るところ、それは絶対者と文字との関係をめぐる議論においてである。そしてこの議論は、そのまま本書が先に論じた「空」と「無」の次元の差異の問題に繋がっている。見ていこう。

ユダヤとギリシアの狭間で

デリダは、おのれの思考が立つ位置をユダヤとギリシアの狭間に定めている。或る論考でジェイムズ・ジョイス（一八八二―一九四一）の『ユリシーズ』から一文を引いて、そのことを明らかにしている。そこで引かれている一文は、次のように奇妙なものだ（井筒もこの一文を、そのデリダ論の中で引用している）。

ユダヤ人ギリシャ人は、ギリシャ人ユダヤ人である。端と端とが出会う（Jewgreek is Greekjew.

Extremes meet.)。〔James Joyce, *Ulysses.*〕(Ⅷ－78)

言うまでもなく、ここで「ユダヤ人」とは、その淵源を『旧約聖書』に汲むユダヤ教を含意し、「ギリシャ人」とは、ソクラテス・プラトン・アリストテレスに代表される古代ギリシア哲学に端を発し、以後現代に至るまで西洋の思考を牽引してきた理性的・合理的思考を指し示す。絶対者に関わる宗教的思考と、理解をこととする哲学的思考と言い換えてもよい。そして、それらの「狭間」に身を置くとは、そのいずれにも身を落ち着かせることがない、ということにほかならない。この点を、井筒も正確に捉える。

〔…〕哲学的に彼〔デリダ〕が求めているのは、「ギリシャ」でもなく「ユダヤ」でもなく、それらを共に越えた「彼方なるもの〔au-delà〕」〔…〕一つの「非・場」(non-lieu)〔どこにもない所〕なので〔ある。〕(Ⅷ－80～81、傍点強調井筒)

なぜ、そのような所に思考の身の置き場を定めるのか。そもそもそのような所とは、デリダ自身が明言しているように「非・場＝どこにもない所」なのだから、これはすなわち、思考には身を落ち着ける場がないということではないのか。その通りなのだ。デリダにとって、思考は身を落ち着ける場所をもたないのである。なぜか。これを井筒は、デリダのユダヤ人性に帰している。「〔…〕ユダヤ人にとって、自分自身とのまったき一致、完全な自己同一性、ということはありえない〔。…〕自分自身とのこの根源的な不一致〔…〕」(Ⅷ－79)。遥かな昔に安住の地を追われて世界中に離散を余儀なくされた流浪の民としてのユダヤ人の歴史が、そこに重ね合わされているのだろう。長きに亘るこの流浪が、ユダヤ人の性《さが》と成って彼らの血に染み込んでいる、というわけだ。だが、デリダにとって思考の場所の問題は、そうした歴史の事実に帰されるべきものではない。

むしろ、次のように言うべきなのである。思考は、それが思考としての働きを全うするためには、どこかに我が身を落ち着けては**ならない**のだ。なぜか。自分自身との全き一致と云う「完全な自己同一性」の内には、何らかの暴力的な力が働いているからである。いずれかの安住の地に私が身を落ち着けることはすでに、そこから他者を排除することに等しいのだ。私が身を占めている正確にその同じ場所にそれ以上が身を占めることは物理的に不可能なのだから、ひとたび私がそこに身を占めてしまったら、もはや誰もそこに入ってくることはできないのである。それでもそこに入ると云うのなら、力尽くで私を排除するしかない。斯くして、ことは暴力沙汰と成らざるをえない。ということは、私がそこに身を占めること自体が、そこから他者を排除するという予め行使された暴力だったのだ。

物理的な自然の次元において、この暴力は不可避である。それが暴力であることに気付かないほど、それは当たり前で「自然な」ことなのだ。正確に言えば、物体が特定の場所を占めたとき、他の物体がその同じ場所に存在することができないのは、単なる事実である。ところが、同じく物体である**私の**身体にことが関わると、事実と言って済ませられるかどうか、俄かに雲行きが怪しくなるのだ。それが暴力である可能性に気付かせてくれる能力、そしてそれが暴力であるなら、何かそれを回避する、あるいは回避までいかなくともそれを緩和する方策を探る能力、それがデリダにとって思考なのだ。

思考がそれを首尾よく全うできるか否かは、やってみなければ分からない。しかし、それを試みうるのは思考だけなのである。したがって、そのような思考が完全な自己同一性の内に身を落ち着けて、おのれの正しさを信じ込むようなことがあってはならない。そのことが他者への暴力と成ってしまう可能性に、今や思考は気付いているからだ。思考の本分を成す理解が、何かが何かであることをその根拠（理由や原因や本質）において捉え・我がものとすること——すなわち、自己同一性の内に取り込むこと——で成り立つ以上、そこで理解された何かに対してすでに暴力が行使された可能性があるのだ。斯くして、思考が思考としておのれを全うするためには、それは安住の地を求めては**ならない**。おのれの自己同一性に対する絶えざる疑念が、思考に定められた**命法**なのである。

だが、いったい何が、思考にこのことを命ずるのか。どこから、この命法はやって来るのか。明らかだろう。それは、思考がそれへと向かう他者から発せられた命法なのだ。思考は、おのれが理解できないもの——このかぎりで、思考の他者——に直面したとき、それを理解すべくそちらへと向かう。だが、その理解の営みが当の他者を思考に回収する同一化の暴力を避け難く孕んでいるなら、思考はその理解を絶えず解体してあらためてその他者に向かい合わなければならない。そこから生じた新たな理解に関しても、事情は同様である。したがって、この過程に終わりはない。そうだとすれば、この命法は思考の能力が及ばない地点から発せられていることになる。その地点に位置するものが、他者なのだ。

これは、おのれの力の及ばない限界をもっていることが思考そのものの本性であることを示している。この故に、思考はおのれを全うするために常にこの限界に立ち帰ら**ねばならない**のだ。だが、そのためには、どこがおのれの限界なのかを、当の思考自身が見極めねばならない。正確に言い直そう。おのれの理解の試みを徹底して斥けるものに、当の思考自身が向かい合い、それに曝し出されねばならないのだ。残念ながら井筒には、この点への見通しが欠けているように思われる。そのことは、井筒がデリダの真骨頂を「沙漠」における「彷徨」と捉える点に如実に現われる。

砂漠における彷徨

井筒は、デリダが求めるものはギリシアでもユダヤでもなく、「それらを共に超えた「彼方なるもの」」だとした先の指摘を引き継いで、「〔…〕その「彼方」とは、デリダにとっては、「沙漠」でしかありえない」（Ⅷ－81〜82）と述べ、その「沙漠」における「彷徨（エランス）」が「デリダ哲学の実存的基底そのものを、最も端的に特徴付ける」（Ⅷ－84）とする。だが「沙漠」は、先にも言及した「どこでもないところ＝非・場（non-lieu）」だろうか。確かにデリダの哲学的営為は、「沙漠における彷徨」にも似て、どこにも身を落ち着けることなく終わるところを知らない。だが、彼にそのことを余儀なくさせる命法は、彼がそこを彷徨う「沙漠」――彷徨の場所――とは全く別の次元から発していることを、今見た。だからこそ、それは「彼方」なのだ。ところが、デリダを捉える井筒の視線は、この「彷徨」に釘付けとなって、その「彼方」に向かうことがない。井筒が関心を寄せるのは、「揺れ動く無数の記号の相互**遊動**」（Ⅷ－88）であり、「**たわむれ**合う無数の記号」（ibid.）の方なのだ。井筒に依れば、デリダは「ものの代替物（ものの記号）が刻々に織り出していく記号テクストの「沙漠」を彷徨い続ける」（Ⅸ－327、傍点強調井筒）哲学者なのである。

　このように、井筒の視線は記号の指示関係が浮動化して一向に定まらないこうした遊動性に向かうのであり、そうした浮動の背後には何もない――「どこで（に）もない」、すなわち「無」――という点が問題化されることがない。次のように、この点が正確に捉えられているにも拘わらず、そうなのである。

〔デリダにおける〕終末論の否定は、〔…〕哲学的には、全存在世界からの存在論的**根拠剝脱**、一切事物の**無根源性**の主張にほかならない。(Ⅷ-90)

「存在論的根拠剝脱」、「一切事物の無根源性」とは、世界が存在し、そこにおいて無数の記号が戯れているということ――これは、「空」という無限定な「地《じ》」から何ものかが限定されて立ち現われては、再び限定を失って姿を消すことに等しい――、つまりその力動性《ダイナミズム》を含んだ「空」ということ**そのこと**の根拠が脱落していること、「存在」の底が抜けていること、すなわち、本書の言う「無」にほかならないはずなのだが、このように言いながらも井筒はそれをすぐさま「彷徨」に結び付けてしまう。曰く、「始まりもなく、終りもなく、すべては**漂い流れる**」(Ⅷ-90)。言ってみれば、井筒は「無」を「彷徨」の方に引っ張っていくことで、それを水平化してしまうのだ。例えば、「「パルーシア」〔という絶対者の充足的現前、すなわち終末〕は**いつまでも来ない**。それの実現は永遠に、無限に、どこまでも**延期**されていく」(Ⅷ-91)といったように、である。だが「無」は、とどまるところを知らないそうした時間的流動の**直下**に、そのことの無根拠性がぱっくり口を開けたままであることにほかならないのだ。この「無」が、すなわち「彼方」が、思考に彷徨を命ずるのである。

デリダ哲学の鍵語の一つであるdifférance(「差延」という訳語が定着している)についても、同様の問題がある。この語は、「差異化する」と「延期する」という二つの意味をもつ動詞différerを現在分詞化し（différant）——すなわち、差異化しつつある状態、延期しつつある状態に差し戻し——、その上でそれを鍵語として名詞化したものだが、この操作を経ることで現在分詞に固有のaが姿を現わす。「différance」におけるaである（もちろん、通常のフランス語にこのような語は存在しない）。そのようにして姿を現わしたaは「差異（違い）」を意味する通常のフランス語「différence」と発音上は全く変わらず（したがって、それは聴こえない）、視覚上も僅か一文字の違いなので殆んど目立たない。だが、この書かれた文字（エクリチュール）の次元では、目を凝らせば違いに気付くことができる。また、エクリチュール次元でのその違いを強調するために、しばしばこのaだけをイタリックにしたりもする。

では、このaはいったい何を示そうとしているのか。第一義的には、井筒の「彷徨」という解釈が示しているように、言葉をその生成の現場——運動の最中であることを表わす現在分詞がその現場を示唆していた——に差し戻すことでその指示関係を流動化し、絶えず新たな・別の意味＝指示へと言葉を解放するジェスチャーだと言ってよい。だが、語の有する意味＝指示関係のそのような終わりのない「ずらし」——「彷徨」——のみを、この鍵語は示唆しているのではない。すでに見たように、そうした「遊動性」、「浮動性」の背後に、そのような「遊動性」を孕む「空」＝「存在」の無根拠性という「無」が口を開けていたのだが、このaは世界（と、それを「地」として支え・包括する「空」）の底にそのようにして口を開けたままの「無」の深淵に通じてもいるのだ。

しかし、この点は当のデリダ自身においても、必ずしも明確ではない。したがって、井筒がデリダを言わば「水平」化して解釈することには、それなりの妥当性があると言うこともできる。彼が*différance*を「相移」と訳すとき、この水平性は際立つ。あくまでそれは、意味＝指示関係の相の**移**

行なのである。ここには「存在」の底の脱落（「剝脱」）は、その兆候すら見えない。こうして井筒は、デリダを「「沙漠」をさまよい続ける「ユダヤ人」」（Ⅷ－92）と同定するに至る。だが、ことここに至ると、いったん立ち止まらないわけにはいかない。そもそもデリダは、「「ギリシャ」でもなく「ユダヤ」でもな」（Ⅷ－80）い地点にあくまで身を持そうと欲していたのであって（井筒もそのことを指摘していた）、彼を「ユダヤ人」に帰着させるわけにはいかないからだ。むしろ井筒は、彼が次のように書くとき、一旦その地点で立ち止まるべきだったように思われる。

Différance の a は耳には聞えない。音もなく、ひっそりと、**墓場のように**、それはある。（Ⅷ－92）

墓場、あるいは死

そうなのだ。デリダのこの鍵語には、墓場の、死の臭いがするのだ。正確には、それは二重になった死の臭いである。一つには、全てはエクリチュールという痕跡、生成の動向から切り離されて一旦死んだもの、この意味での死骸（むくろ）に端を発する。何かが何かとして限定されて姿を現わすためには、それは死して骸《むくろ》と成らねばならないのだ。世界は、何もの／ごとかとして姿を現わすそのたびごとに、実は死んでいる（失われている）のである（しばしば私たちは、そのことに気付かないのだが）。だが、ここにはもう一つの死の臭いが、絡み付いている。それは、このようにしてそのたびごとに失われる世界の現出に、その媒体として常に付き添い・それを目撃している当の者＝私自身の死だ。

言うまでもなく、この私も世界の現出のそのたびごとに死んでいるのだが、そこに次の・新たな現出が（なぜか）訪れるかぎりで、その内に死の亀裂を孕みながらも曲りなりに同一者たりえている。いや、正確に言い直そう。同一者であるかのように見える。だが、その新たな現出がもはや二度と訪れないことが、いつあってもおかしくないのだ。このことは、世界の現出＝存在に根拠がない（無）、つまり「たまたま」そうであることの一つの当然の帰結に過ぎない。このようにして私は――世界のそのたびごとの現出を目撃する当の者は――、おのれ自身の死に直面することを通じて、「無」を垣間見る。「無」という事態が可能であることに、自身の身を以って曝し出されると言ってもよい。かくして différance の a は、墓場を通して自らの死へ、更にはそれを通して「無」へと通じているのである。おのれの死の底に垣間見られた「無」が、「彼方」が、デリダに終わりなき彷徨を余儀なくさせたのだ。井筒が先のように書くとき、彼はこの事態に向き合う必要があった。

ところが彼は、この地点から踵を返して、空海的な「阿」字、イスラーム的な「アッラー」へとまっしぐらに赴く。すでに見たように、それらは最初の（原初の）文字（言葉）であり、そのかぎりでそこから全ての意味が、「存在」が姿を現わす母体である。それらはすでに、「空」の上に描き出された最初の分節なのだ。事態のこの次元においては、死は（したがって「無」は）決定的な意味をもたない。それはせいぜい、何かとして限定＝分節されて存在者として姿を現わしたものが、限定＝分節を失って再び「空」へと**戻る**ことに過ぎないからだ。その「空」からは、それが「空」であるかぎり、再び三たび…何かが限定されて姿を現わすだろう。このかぎりで、死は、存在のドラマに差し挟まれた一つのエピソード以上のものではないのである。もちろん、井筒が空海的「阿」字、イスラーム的「アッラー」に向かうのは、さまざまな分節線すなわち記号によって指し示されたものたちから成る（一見堅固な）存在秩序を解体して新たな存在の生成へと向かうためであるにしても、だ。その証拠にと言ってよいかどうか分からないが、井筒「東洋」哲学において、死が、そしてそれを通して「無」が、「存在」との鋭い緊張関係とその異質性において思考の事柄と成ったことはなかった。[6]

デリダ自身において事情がどうだったかは、井筒の場合ほど明確ではない。デリダが死と、それを通して「無」に直面した可能性を示唆するものが、ないわけではないからだ。例えば、彼が「根源的解読不可能性（illisibilité radicale）」に言及するときがそれだ。井筒はそれを、次のように記述する。

> この「根源的に解読不可能な」文字が、一体、何であるのか、その秘密をデリダは我々に明かさない。おそらく、それは、この「解読不可能な（エクリチュール）〔ママ〕のなかで自らを告知する存在が、自らを書きながら、しかも自らの名の彼方にある」からなのであろうか。（Ⅷ‐102、傍点強調井筒）

だが、「自らの名」――たとえば「アッラー」あるいは「阿」字――「の彼方」とは、もはや**文字ではない**のではないか。もはや文字ではないそれに**仮に**与えられた「名」、文字の形をしていながら実は文字でないもの（この意味で、それを「**偽**名」と言ってもよい）、それが「無」という「根源的に解読不可能な」文字なのではないか。それがいかにしても読むことができないのは、それはもはや文字たりえないからなのだ。デリダは、おのれの思考を駆り立てて止まないものがこの次元に由来することに気付いていたのではないか。大した根拠ではないが、彼の書くものにはいつも死の臭いがするからだ（対して井筒には、この臭いがない――死に言及するときですら――と言ってもよい）。もう少し証拠らしいものを挙げよう。それは、彼が絶えず厳しい批判をぶつけながらも最後まで密接な関係を保ちつづけた二人の哲学者が、ハイデガーとレヴィナス（一九〇六―一九九五）だったことだ。前者はおのれ自身の死が孕む問題を徹底して問うことを通じて私が「無の無力な根拠」であることを示したのだし、後者は私に終わりなき応答＝責任を命ずるものこそ「他者」（「存在」の「他者」であるかぎりでの他人）にほかならないと論じたのだった。[7]

ここで、イスラームの聖典『コーラン（クルアン）』という言葉の語根を成すQ、R、，という三つの子音が「「朗誦する」とか「読誦する」〔…〕意味を表わす純正なアラビア語の語根」（Ⅶ－243）であり、したがってそれは「読誦すべき聖典」を意味すること、そしてまた、イスラームの祖ムハンマド（五七一頃―六三二）に下された最初の啓示の言葉とされるものが、同じ語根から成る「誦《よ》め（iqra'、イクラア）、〔…〕」であること（『コーラン』96章、1～2節）を想い起してもよいかもしれない。読まれるべきものとは、テクストにほかならない。イスラームにおいては、初めにテクストありき、なのだ。分節化されて意味をもったもの、すなわち読まれるべきものがなぜか存在するのであり、このことが世界の、全ての「端緒（アルケー）」を成している。存在に亀裂が走り、分節線が引かれること、それが世界の起源なのだ。だが、この亀裂はいったいどこから存在に到来したのか。イブン・アラビーに端を発するイスラームの存在一性論における神と「無」の関係をめぐる錯綜した議論が示していたように、この問いに最終的な答えはいまだ見いだされていない。「無」という解読も理解も不可能な仮の（あるいは偽の）名だけが、この問いに対峙している。本書の見るところ、デリダの思考の根底にあって彼を終わりなき読解へと駆り立てているのは、このことへの驚き、あるいは戦慄にほかならない。

纏めよう。言葉が分節化＝限定によって世界に意味をもたらす原点に絶えず立ち帰ること、すなわち「空」という無限定なものへの絶えざる還帰としての「砂漠における彷徨」、これが井筒の捉えるデリダである。

私が彼〔デリダ〕の理論に非常に興味をそそられるのは、まさしく、この〔存在論的拠点を喪失した痕跡群の限りない〕〝遊動《プレイ》〟という理念のためなんです。〔…〕流動、流転、何ひとつとして、固定したものはない、ありとあらゆるものは、ただただ、動き回っている〔…〕彼のこのイマージュ体験こそ、私が、デリダの思想の中で、最高に面白いとみなしているもの〔です。〕（Ⅷ－305、「ランドルトとの対談」）

作家の日野啓三が指摘するように、デリダを解釈する井筒は、実は自分自身を語っているのだ。[8] だが、デリダをそうした「彷徨」に駆り立てていたのは、「空」の底にぽっかり口を開けた「無」という、もはや思考がいかにしてもそこに入っていくことのできない次元に絶えず覚醒することだったと、本書は考える。先に述べたように、そのことだけが、思考にその本分を全うすることを可能にするからである。

第Ⅲ章

〈いま・ここで＝現に〉

a)「本質（マーヒーヤ）」と「存在（フウィーヤ）」

「存在は本質の偶有である」

本章で考えてみたい問題の鍵を握るのは、イブン・シーナ（アヴィセンナ）の次の命題である。「存在は本質の偶有である」。この命題は、西洋中世のスコラ哲学において、大きな論争を生み出すことになった。真に実在していると言えるのは、はたして「本質」なのか、それとも「存在」なのか、をめぐる論争である。だが、イブン・シーナ並びにイスラーム哲学の側からすれば、この論争は初めから彼がこの命題で提起した問題を誤解している。したがって、この命題で彼が提起した問題がいかなるものなのかをあらためて明らかにするところから、考え直さなければならない。この間の事情を井筒は、次のように述べる。

〔「存在は本質の偶有である」。〕だが実は、「偶有」〔…〕という語で彼〔イブン・シーナ〕が果して何を意味したのか、それが問題である。トマス・アクウィナス（一二二五―一二七四）を始めとして西欧中世の哲学者たちはこれを範疇論的偶有の意味に取った。つまり ens in alio（何か自分以外のものの中に宿るところのもの）の意味に取って、この理解の上に立ってアヴィセンナ〔＝イブン・シーナ〕に賛成したり反対したりした。（V‐110）

ここで言う「範疇論的偶有」を更に説明して、

白さとか赤さなどのように、実体（例えば花）に対して、言わば外から偶有してきてそれに宿る属性〔のことであり、その場合…〕偶有は現成するために〔自分以外の in alio〕その場所〔＝基体〕を必要とするが、基体の方では、〔…〕現成するためにその偶有を必要とはしない。(ibid.)

先の命題においてイブン・シーナの言う「偶有」をこのように理解することは、「根本的誤解」である。なぜなら、

もし存在がこのようなものであるとすると〔このような意味で偶有であるとすると〕、〔…〕本質は存在が偶有する以前にすでに何らかの意味で、あるいは何らかの形で存在していなければならない、という奇妙なことになってしまう〔からである〕。存在しない本質が存在している、というのである。(Ⅴ-111)

つまり、存在が、花にとっての白さのような偶有だとすると、白さなしにも花は現成するのだから（赤い花も、黄色い花も存在するのだから）、（白さという特定の）偶有なしに花は存在する、つまり、花は存在なしに存在する、という奇妙なことになってしまうのである。この誤解を、すでに十三世紀のイスラームの哲学者ナスィール・ッ・ディーン・トゥースィー（一二七三年没）が指摘しているとして、彼の一文が引用される。

「この誤解は、元来本質なるものが、まだ存在しないうちから外界に何らかの形で存立していて、そこへ存在がやって来て宿るのだという考えに基いている。だが、この考えそのものが間違っているのだ。なぜなら、本質が（何らかの形で）存立していると考えるのは、すなわち本質が存在しているということに他ならないから〔だ〕。」（V-111、傍点強調は井筒の訳文による）

では、イブン・シーナが先の命題において「偶有」ということで考えていたのは、いかなる事態だったのか。井筒は、次のように述べる。

偶有としての存在は、他の一切の偶有と根本的に違っている。〔…〕他の全ての偶有はそれの宿る基体に後行する、すなわち基体がそこにあって始めて偶有は宿る場所を見出す〔…〕。〔…〕ところが存在は、同じく偶有であるにしても、その基体に先行するのである。（V-113〜114）

ここから井筒は些か性急に、次のような結論に移行する。

先ず存在があり、存在のみがあり、それが本質によって様々に限定され変様するのである。というよりは、存在が様々に自己を限定し変様しつつ顕現する。（V-117）

だが、ここでいったん立ち止まろう。イブン・シーナにおける「存在の偶有性」が「極めて特異な性格を示す」（V-113）にしても、そしてまた「先ず存在があり、存在のみがあ」る（V-117）のだとしても、それが「偶有」であるとは、どういうことだろうか。井筒は中世後期のシーア派の哲学者モッラー・サドラー（一五七一―一六四〇）の解釈を基に、きわめて抽象的な概念的思惟の次元での概念操作を経て本質と存在が分離され、その分離された本質を「可能的存在者」として捉え直したとき初めて、その本質に「存在が偶有する」と言えるのだとする。だが、それはあくまで「概念的思惟の領域においてのみ」（Ⅴ-117）の話であって、「概念化以前の実在界においては事態は正に逆」（Ⅴ-117）であって、存在が全てに先行するとして、右の引用文に述べられた結論に至る。本書が疑問に思うのは、イブン・シーナが問題提起した「偶有」とはこうした概念的操作を経た後で漸く意味を成す議論に過ぎないのかどうかという点である。そうであるに過ぎないなら、ここで井筒がしている「概念化以前の実在界」の話は、「偶有」ということとは何の関係もなくなってしまう。

この点に関して、井筒は例えば次のように言う。

> 存在といっても、ここでは存在の概念が問題なのではなくて、存在という**リアリティー**が問題なのだということ〔…〕。〔…〕イスラームの存在一性論学派が第一義的に関心を寄せたのは、概念ではなくて**リアリティーとしての存在**〔…〕いわば形而上学的**体験**のうちにおのずから顕現してくる宇宙的生成力あるいはそれの根源〔なのである〕。（Ⅴ-518〜519、傍点強調井筒）

このように、「存在の概念」と「存在というリアリティー」を対置した上で後者に些か強引に議論の土俵を限定してしまうと、肝心の「偶有性」はそこでは何ら重要な役割を演じないことに（せいぜい二次的な役割しか演じないことに）なってしまう。実際、井筒の議論においては、「本質」の側から眺めれば「存在」は「偶有」だが、「存在」の側から事態を捉えれば（「存在というリアリティー」においては）そうではないということになる。はたして、そうなのだろうか。更に問題だと思うのは、「存在というリアリティー」に議論の土俵を限定する仕方が、「形而上学的**体験**」の有無によって為されてしまう点だ。こうなると、その「体験」をもったことのない者はそもそもお呼びでない、ということに成りかねない。しかも、井筒に依ればその「体験」は「神秘」体験[1]なのである。神秘家にしか分からない議論と成ってしまっては、それはもはや哲学の自己否定である。

「神秘」は、そのような限定された・特殊な体験をもった人にしか近付けないものではないと本書は考える。それは例えば、かつてウィトゲンシュタイン（一八八九―一九五一）が『論理哲学論考』で次のように述べたとき、考えていたものだ。「6・44　世界がいかにあるかではなく、それがあることそのことが神秘なのだ」（傍点強調ウィトゲンシュタイン）。このように述べるウィトゲンシュタインを、本書は神秘家とは考えない。重要なのは、「そのこと」がなぜ「神秘」と呼ばれるかなのだ。この点を考える上で、「存在」の「偶有性」をめぐるイブン・シーナの問題提起の内に重要な示唆を看て取ることができる。件《くだ》んの「偶有性」が単に「本質」の側のみならず、「存在」そのものの次元にまで及ぶ射程をもっているからだ。次のように考えてみてはどうか（念のため申し添えれば、以下の議論は井筒「東洋」哲学にとってはこのように考えるべきではなかったかという観点から為されるもので、イブン・シーナ哲学の正統的な解釈を標榜するものでは全くない）。

私たちの現実においては、つまり、何かが何かとして現象することを以って成り立っているこの世界においては、「がある」（存在）は「である」（本質）と切り離すことができない。何か「である」ことなしに、何か「がある」というわけにはいかない。総じて「がある」（存在）ということが意味をもちえない。だが、そうであるにも拘わらず、その「何かである」ところの「何か」は、必ずしもそれでなければならないわけではなく、別のものであってよいし、現に別のものでありうる。例えば、あなたが本書をその上に拡げているその机は、必ずしもその机でなければならないわけではなく、別のものであってもよかったはずだ。本をその上に載せることができればそれでよいのだから、場合によっては机ですらなく、ミカン箱でもよかったかもしれない。また、あなたがいま本書をその上に載せているその机が気に入らなかったら、もっと洒落た新しい机に買い替えることだってできる。

そうであるのなら、そのかぎりで「何かである」こと（本質）——例えば、「机である」こと——は、「何かがある」こと（存在）——「机がある」こと——と切り離される。井筒も、次のように述べている。

　存在と本質の区別。それは、何かがあることは何かが何かであることとは全く別だということにすぎない。（V‐85、傍点強調井筒）

より正確に言い直せば、「何かがある」における「何か」は、その当のもの「がある」こと自体を規定するものではない。「がある」ところの当のものは、**何であってもよい**のだ。これは、「存在」の根差す次元が「本質」の存立する次元と異なることを、そして「本質」の方は**何であってもよい**そのかぎりでそれに「存在」が「先行する」ことを意味する。しかも、この次元において「存在」の向こうには（「存在」に「先行する」ものは）もはや何もない。つまりイブン・シーナは、「存在」のこの特異な異次元性と根底性を発見したのであり、かの「存在は本質の偶有である」というテーゼはそのことの宣言なのだ。井筒の次の報告は、「存在」のこの異次元性と根底性を述べたものと解することができる。

> アヴィセンナ〔＝イブン・シーナ〕は晩年の著書の一つの中で、存在は偶有ではあるけれども、白さとか赤さとかいうような普通の偶有とは根本的に違うきわめて特殊な偶有だ、なぜなら普通の偶有はものが存在していてはじめてそれに生起してくるのに反して、存在という偶有だけは、それが生起することによってはじめてものが存在者になるのだから、と明言して〔いる。〕（V－523、傍点強調井筒）。

では、その異次元に位置する存在が「偶有」であるとは、いかなることか。彼が発見した「存在」の根差すこの次元は、この現実のものはやこれ以上遡れない根底であり、その向こうにはもはや何もなかった。すなわち、「無」。思考が「存在」の異次元性と根底性を発見したことを以って、思考は同時に（かつ、初めて）「無」ということが（なお）可能であることに開かれる（覚醒する）。**なぜか**全ては「ある（存在）」のであって、「ない（無）」のではないことに、思い至るのだ。そしてこのとき、この「なぜか」に答えは**ない**こともまた、明らかになる。もし、このことを納得させてくれる根拠（原因なり理由なり本質なり目的…）が見いだされたとすれば、それはすでに「存在」する何ものかであって、「無」ではないからだ。例えば、「存在」が何かによって惹き起こされたのだとすると、それを惹き起こしたもの（存在の「原因」）が「存在」するのでなければならない。或いは、世界が「存在」することが必然的なのだとすると、それを必然とする何らかの「理由」が「存在」するのでなければならない（「本質」や「目的」…に関しても事情は同様である）。「存在」と「無」の分岐ないし選択が問われているところで「存在」を以って答えても、答えにならない。なぜ「存在」なのか、が問われているからだ。この次元において、根拠の脱落は原理的なものなのだ。[2]

斯くして、「存在」には根拠がない。この根拠のなさが、イブン・シーナの言う「偶有性」なのである。世界は、「なぜか」分からないが、**たまたま（偶々）**「存在」しているのだ。「たまたま（偶）」の「存在（有）」、すなわち「偶有」である。「なぜか」分からないという意味で、それは「神秘」であるとも言える。この「神秘」に彼が与えた名前が、「偶有性」なのだ。それは、根拠の脱落以外の何ものでもない。次の井筒の発言は、この意味での「神秘」に関わると解釈する余地がある。

> イブン・アラビーに始まってモッラー・サドラーにおいて発展の頂点に達する存在一性論〔は…〕花が花であること、つまり花の本性は、それ自体としては存在となんの関係も〔ないと論ずる。〕こういう意味に解された花の本性を術語的には「本質《マーヒーヤ》」（māhīyah）と言〔う。〕そしても し、存在とは本来的に関係のない本質としての花が、それでも事実上いまここに存在しているとすれば、それは存在的エネルギーがどこか外から本質にたまたま生起してきた〔…〕からである、とこういうふうに考える〔…。…〕このような考え方によれば、存在は本質にとって、**ある不思議な偶成的な出来事**〔…〕（V－517〜518、傍点強調井筒）

「存在」は「偶有的」な――「たまたま生起し」た、「偶成的な」――「ある不思議な…出来事」なのだ。この「不思議さ」が、「神秘」なのである。したがって、それは厳密な意味でのそれでなければばならない。通常の意味での偶有性は、「不思議」でもなければ何でもないからだ。例えば、この花が赤かったり白かったりすることには、**それなりの**理由なり原因（すなわち根拠）がある。特定の色素をもつよう指定する遺伝的要因（原因）が存在するのだし、受粉して子孫を残すために（目的）虫たちが見付けやすい目立つ色でなければならない（理由）のだ。ところが、「ある」ことそのこと（＝「存在」）には、右で考察したように、根拠を見いだすことが（原理的に）できない。だからこそ、それは「不思議」なのだ。

そして、「本質」も根拠の一形態以外の何ものでもない。だからこそ、「本質」にとって「存在」は「不思議」なのだ。同じことを逆から言えば、「本質」にとって「存在」が「不思議」なのは、「存在」に「本質」（という根拠）の権能が一切及ばないからなのだ。ここでは「偶有性」が、「本質」にとって〈あってもなくても、どちらでもよいもの〉という消極的・派生的意味（そのいずれであっても、本質の存立と権能は維持され続けている）から、〈本質の存立と権能がそれによって左右されるもの〉という積極的・本源的意味へと決定的に変容している。この変容の下で初めてイブン・シーナの命題「存在は本質の偶有である」は、「存在」と「本質」の異次元性並びに「存在」の「本質」に対する根底性（「本質」は「存在」の一形態なのだから）の宣言となる。そして、そのときあの「不思議さ」――あの「神秘」――は、単に「本質」にとってばかりのものではなくなる。それは全てにとって、「存在」自身にとっても、なぜ「存在」なのかの根拠が不在の「神秘」なのである。

この「神秘」の中で、本書が第Ⅱ章で取り上げた（言葉の厳密な意味での）「無」に「存在」が触れる。「存在」に根拠が不在なら、それは「なく」ても――「無」でも――よかったからだ。ここは思考の到達した最終的な地点、究極の地点であり（したがって、それは何か特殊な「体験」ではない）、思考はもはやそこから先へ（向こうへ）進むことができない（ただし、そこから引き返すことはできる。そして、どのように引き返すのがよいかについて、なお思考の余地があるのだった。この点については、あらためて論ずる）。同じことを逆から言えば、この「偶有性」こそ、全てがそこから始まる地点、万物の「端緒（アルケー）」なのだ。想い起せば、そもそも哲学は、思考は、（古代ギリシアにおいて典型的であるように、しかし必ずしもそこに限定されることなく、つまり「東洋」哲学全般において）万物の「端緒」の探究だった。

有「本質」か、無「本質」か

以上のような（「本質」と次元を異にする）「存在」問題への井筒の関心は、主著『意識と本質』の内にも見え隠れしている。タイトルにもあるように、この主著は私たちのこの世界の存立にとって「本質」が決定的な役割を演じていることを、「本質」は実在すると考える有「本質」論の諸説の検討を通して明らかにすべく書かれた。ところが実際には、その検討の合間合間に、「本質」など実在しないとする無「本質」論——典型的には老荘思想と大乗仏教（密教と禅）——がかなりの分量で取り上げられており、こちらは「本質」によって分節化（すなわち、限定）される以前の「渾沌」や「空」といった（無限定な）「存在」こそこの世界の実相だと考えるものなのだ。井筒自身は、有「本質」論の特質を言わば裏側から際立たせるために、それと対蹠的な位置に立つ無「本質」論を取り上げるとしているが（Cf. Ⅴ-173）、その取り上げようはどう見ても単なる引き立て役ではない。「存在」問題に強い関心をもつが故に、井筒は無「本質」論に惹き付けられ、それを無視することができないのだ。

だが、他方で彼は、「本質」がそこにおいて形成されてくる源泉である「言語アラヤ識」の探究に多大の精力を傾けて倦むところを知らない。そもそも、言語哲学者としての彼の原点はここにあった。しかし、そうだとすると、無「本質」論が虚妄の源泉として斥けるこの「言語（アラヤ識）」に対する彼自身の態度――それを肯定的に捉えるのか、否定的に捉えるのか――はどうなるのか。本書の知る限り、彼はこの点に関して自らの態度を明確にしていない。つまり、有「本質」論に哲学上の理があるのか、あるいは無「本質」論の方に理があるのか、それとも第三の途があるのかを正面から論ずることなく、言わば棚上げにしたままなのである。

第Ⅱ章で論じたように、遺著『意識の形而上学――『大乗起信論』の哲学』においてアラヤ識を無「本質」（「心真如」）と有「本質」（「心生滅」）を媒介するものと位置付ける（「和合識」）『起信論』に彼が注目したことを、この第三の途を彼が探ろうとしていた証拠の一つと見ることは可能である。だがこの試みは、結局のところ、「本質」によって分節化されたものが無「本質」（＝無分節）な「空」という存在エネルギーに根を有していることを以ってその「存在」（＝実在性）を確保する点を示すにとどまり、分節化の原理である「本質」が実在するか否かについては何も述べていない。『意識と本質』の終わりの方で、井筒は両者の対立を（孔子と老荘の対立に託して）次のように整理している。

「本質」論の領域において、孔子と老荘との間に見られるこの鋭い対立。いったい何処から、それは来るのか。何がこんな激しい対立を惹き起すのか。注意すべきは、この対立が、意識論的に見て、同じ次元で、いわば同じ平面上に並ぶ二つの思想的立場の横の対立ではないということである。横の対立ではなくて、縦の対立、つまり両者の思想展開の原点が、それぞれ別の意識層にある、ということだ。

一方は「本質」の実在性を主張する。他方は「本質」など実在しない、存在は「渾敦」だ、と言う。だが、「本質」をはさんで、肯定的と否定的、右と左に分れて対峙するのではない。実は、表層意識の存在観と深層意識の存在観との対峙なのである。すなわち、日常的、経験的意識に現われる存在風景と、非日常的、観照的意識体験として現出する存在風景とが、有「本質」、無「本質」という形で対立するのだ。（Ⅵ－296）

だが、このように整理された対立に彼自身がどのような態度を取るのかは、やはり示されていない。しかも、この整理は同書での彼の行論と必ずしも整合しない。以下で見るように彼は有「本質」論を三つの型に分けて論じてゆくのだが、その内の第一型と第二型は「本質」の在りかを深層意識に見ているからだ。仮に最深層（のみ）が無「本質」で、それ以外の深層は有「本質」なのだとしても、そのことを以ってしては「本質」の実在性をめぐる問題は決着しない。最深層の無「本質」性がそれ以外の層における有「本質」性をどのように担保するかが、定かでないからだ。このように、この問題に関する彼の対応は定まっていない。しかし、『意識と本質』の行論の中に、彼がどのような途に進もうとしていたのかを探る手掛かりはすでに存在しているようにも見える。そこで以下では、こうした観点から同書の議論を辿り直してみることにしよう。

フウィーヤ・マーヒーヤ・タビーア

議論の出発点は、本居宣長（一七三〇―一八〇一）である。彼は抽象的概念・普遍者としての「本質」を徹底して排し、「物にじかに触れる、そしてじかに触れることによって、一挙にその物の心を、外側からではなく内側から、つかむこと」（VI－32、傍点強調井筒）を説く。「それが「物のあはれ」を知ることであり、それこそが一切の事物の唯一の正しい認識方法」（ibid.）だと言うのである。つまり、言葉の真の意味での「本質」、すなわち〈事物をしてまさしく**そのもの**たらしめているもの〉は、そのものの抽象的概念規定ではなく、当のそのものにじかに接することの中で初めて得られる。宣長による事態のこうした把握を井筒は、「存在者をその「前客体化的」具体性において、真に具体的な個物として、成立させる実在的核心こそ、本当の意味での「本質」だとする立場」（VI－35）と纏めている。

井筒は、この意味での「本質」を「人が原初的存在邂逅《かいこう》において見出すままの事物の、濃密な個体的実在性の結晶点としての「本質」」（VI－36）とし、「人間の意識の分節機能によって普遍者化され一般者化され、さらには概念化された形でそれらの事物が提示する「本質」」（ibid.）に対置する。前者は「ものの個的リアリティー、〔…〕リルケ（一八七五―一九二六）の言葉を借りて言うなら〔…〕「実在界」（Realität）の次元に成立」する「個体的「本質」」であり、後者は「ものの普遍的規定性〔…同じくリルケの言葉を借りて言うなら〕「事実界」（Wirklichkeit）の次元に成立」する「普遍的「本質」」である（ibid.、傍点強調井筒）。

そこで、「本質」を初めからこの二つに区別して議論を展開するイスラームに一旦議論の土俵が移され、十五世紀イスラームの哲学者ジョルジャーニーからの一文が引かれる。

> いかなるものにも、そのものをまさにそのものたらしめているリアリティーがある。だが（ここで注意すべきは）このリアリティーは一つではなくて二つであるということだ。その一つは具体的、個体的なリアリティー〔…〕であって、これを術語でフウィーヤという。もう一つは普遍的リアリティー〔…〕で、これをマーヒーヤと呼ぶ。（Ⅵ－37、傍点強調井筒）

前者は**これ**あるいは**それ**を意味するhuwa（フワ）に抽象性を示す接尾辞-iyah（イヤー）を付けて作り出された言葉huwiyah（フウィーヤ）であり、ものの「**これ**性」を表わす。後者はmā huwa?（マー・フワ「それは何か」）という疑問文に同じく抽象性を表わす接尾辞を付けて作られた言葉mā-huwa-īyah → māhīyah（マーヒーヤ）であり、ものの「**何**性」を表わす（Cf. Ⅵ－38）。

この区別を踏まえた上で、或るものを真にそのものたらしめているのはいずれの「本質」かが争われることになるのだが、ここで井筒は「西暦十世紀—十一世紀、哲学界の大物としてイスラーム思想の史的形成の過程に決定的役割を演じたアヴィセンナ（イブン・スィーナー）」（Ⅵ－42）に注目する。先に見た、「存在」の「偶有性」をめぐる議論で問題提起した、あのイブン・シーナである。彼は、或るものを真にそのものたらしめるには普遍的「本質」（すなわち「マーヒーヤ」）が決定的に重要だと考えるのだが、単にそれにとどまらず、この普遍的「本質」の更に手前に、「それ自体としては**まだ**普遍的ではない、ましてや個体的でもない」（ibid.、強調井筒）いわば前普遍的「本質」、「つまり普遍者として限定される以前の、最も根源的、原初的「本質」」（ibid.）を想定し、それに究極の実在性を付与する。それは「タビーア（tabīʿah、「本性」と訳される）」と名付けられるのだが、この「タビーア」こそが或るものを真にそのものとして「あら」しめる、と云うのである。だが、普遍者でもなく個体でもない究極の実在とは、いったい何のことか。イブン・シーナ自身は「タビーア」について、これ以上の立ち入った説明ないし解明を与えていない。言ってみれば、彼は「本質」について、普遍性でも個体性でもない次元であらためて問題を提起したのである。

　この問題提起に応ずる動きを、井筒は俳人芭蕉（一六四四―一六九四）の内に見出す（井筒は、「日本の哲学は古典文学の中にある」[3]と考えていた）。松の松たる所以、竹の竹たる所以、すなわち松の「本質」、竹の「本質」、これを芭蕉は「本情」と呼ぶ。だがこの「本情」は、芭蕉によれば普段の私たちの意識の表面には現われてこない。それぞれの「本情」に達するためには、物を私の外に見る「私の意識」――これを芭蕉は「私意」と呼ぶ――を離れて、「物に応じ」「物に入る」のでなければならない。これが、よく知られた「松の事は松に習へ、竹の事は竹に習へ」の真意なのだ。松に入って松に成り切ること、竹に入って竹に成り切ることを通して初めて、ほかならぬその松が松で「ある」こと、その竹が竹で「ある」ことが感得される。このとき、「その微《び》――すなわち、普段は隠れて見えない松の「本情」、竹の「本情」――が顕われる」というのである。そのとき、「物の見えたる光」が――その物がその物である所以が――射すのだ。だが、そのときは長く続かない。私たちは再び、「物と我と二つ」に分かれた日常の意識に戻ってしまう。したがって、詩人はその一瞬を逃さず、言葉へと結晶させなければならない。「物の見えたる光、いまだ心に消えざる中《うち》にいひとむべし」。「その境に入って、物のさめざるうちに取りて姿を究」めなければならないのだ（以上、VI―53～56）。

　こうした芭蕉の俳諧論を、井筒は次のように捉える。

〔松の「本情」、竹の「本情」と云った〕普遍的「本質」を普遍的実在のままではなく、個物の個的実在性として直観すべきことを彼は説いた。言いかえれば、マーヒーヤのフウィーヤへの転換を問題とした。マーヒーヤが突如としてフウィーヤに転成する瞬間がある。この「本質」の次元転換の微妙な瞬間が間髪を容れず詩的言語に結晶する。俳句とは、芭蕉にとって、実存的緊迫に充ちたこの瞬間のポエジーであった。（Ⅵ－53〜54）

〔…〕不変不動のマーヒーヤの形而上的実在性〔…〕が感性的表層に生起してフウィーヤに変成する、まさにその瞬間にそれを捉え、そうすることによって存在の真相をマーヒーヤ、フウィーヤの力動的な転換点に直観しようとする〔…〕。（Ⅵ－56）

イブン・シーナが「普遍者でもなく個体でもない究極の実在」として導入した「タビーア（本性）」を、芭蕉は普遍者（マーヒーヤ）が個体（フウィーヤ）に「転換・転成」する瞬間において看て取ったというのである。だが、井筒の理解によれば、芭蕉もまたこの転換の極点においては、始めからマーヒーヤ（「事実界」）を虚構として斥けてフウィーヤ（「実在界」）へと一直線に向かっていったリルケと同じく、「即物的直視」をこととする「個体」派である（Ⅵ－56）。芭蕉の俳諧論の極点をマーヒーヤからフウィーヤへの「転換・転成」として捉えるかぎり、そういうことに成る。ここで本書が一抹の疑念を抱くのは、イブン・シーナがマーヒーヤでもフウィーヤでもない（この二者択一ではない）次元で提起したはずの問題を、井筒はいつの間にか二者択一の次元に差し戻してしまってはいないか、ということである。

先に引用した文中にある「普遍的「本質」を普遍的実在のままではなく、個物の個的実在性として直観すべきこと」（VI－53）という表現も、この二者択一図式が濃厚である。だが、本書の理解に依れば、「物と我と二つ」に分かれた「私意」を離れて、「物に応」じ、「物に入りて、その微の顕われ」た瞬間は、普遍的「本質」が個的実在性に「転換・転成」したのではなく、両者が「重なり合う」或る新たな次元が開かれたことを示唆する。井筒自身も、それを普遍的「本質」が「透明」に成ることとして捉えていたはずなのだ（例えば、Cf. VI－113）。「透明」に成ることは、それが個体へと「転ずる」ことではない。イブン・シーナが提起した、「普遍的でも個体的でもない」究極の実在たる「タビーア」とは、両者が重なり合い・透明と成るこの次元に関わるものではなかったかと本書は考える。

だが、『意識と本質』でのこの後の彼の議論は、「個体」派の対極に位置する「マーヒーヤ実在論〔…すなわち〕普遍的「本質」の実在論〔…〕の幾つかの基本的形態を〔…〕マラルメのイデア追求的詩論を出発点として〔…〕東洋哲学の古典的伝統のうちに探」（Cf. VI－57）る作業に移行する。結局のところ、マーヒーヤかフウィーヤかの二者択一図式の上で、議論は進むことになるのである。

有「本質」論の三つの型

この作業は、普遍的「本質」（マーヒーヤ）実在論を三つの型に分け、そのそれぞれを井筒の言う共時的構造化の観点から対比しつつ検討するという仕方で進行する。この検討が、『意識と本質』と題された同書の行論の柱と成るのである。まず、その三つの型とはどのようなものなのか、見てみよう（Cf. VI－67〜68）。

第一の型
普遍的「本質」は存在の表面（層）ではなく深部（層）に実在するのであり、それを看て取るためには、非日常的な深層意識を修練を通して獲得しなければならない。その典型として、宋学（宋代の儒学）の「格物窮理」が挙げられる。

第二の型
普遍的「本質」はやはり意識の深層に、或る種の根源的イマージュ、元型として実在する。同書の別の箇所は、この型を次のように記述している。「詩的想像力、あるいは神話形成的想像力によって深層意識のある特殊な次元に現われる元型《アーキタイプ》的な形象を、事物の実在する普遍的「本質」として認める一種の象徴主義的「本質」論〔…であり、その典型は〕グノーシス、シャマニズム、タントラ、神秘主義、等々〔…に認められる〕」（VI－173、傍点強調井筒）。密教の曼荼羅、ユダヤ神秘主義のセフィーロートも、この型に属するものとして分析の対象とされる。

第三の型
普遍的「本質」は、表面（層）において理知的に認知しうる仕方で実在する。典型的にはプラトンのイデア論がそれであり、古代中国の儒学（特に孔子の正名論）や古代インドのヴァイシェーシカ派も検討される。

では、実際の議論は、これらの検討を通じてどのように進行するのか。井筒は、これらから何を読み取ろうとするのか。

第一の型の分析は、「事物を経験的存在の次元で殺害して永遠の現実性の次元に移し、そこでその物の「本質」を実在的に呼び出す「絶対言語」(le Verbe)」(Ⅵ-73、傍点強調井筒)を追究した十九世紀フランスの象徴派を代表する詩人マラルメを議論の導入とする。

> 執拗に自己を主張してやまぬ日常的事物、経験的世界を埋め尽す無数の個物、の感覚的現実性が抹殺され、そこに成立する絶対的非現実性の空間に、『イジチュール』的「真夜中」の闇のさなかに、ある異次元の現実性が開顕する。永遠に変らぬ普遍的「本質」の現実性が。(Ⅵ-73)

ここでマラルメが「経験的世界を抹殺」して取り出した「異次元の現実性」こそ、この第一の型が捉える「本質」の位置する場所なのであり、この「本質」の在りようを理論的に展開したのが中国宋代の儒者たち(程伊川〔程頤一〇三三—一一〇七〕、朱子〔朱熹一一三〇—一二〇〇〕ら)の理学だとされる。この考え方の中核を井筒は、程の「格物窮理」に見る。すなわち、それは「経験界にある事物、事象を観察し省察して、それらに内在する先験的「理」を窮め、窮め尽してその果てに、ついに突如として万物の唯一絶対の「理」に翻入する道を〔…〕意味する」(Ⅵ-82)。「存在界の事物には必ずそれぞれに「本質」(「理」)がある」(Ⅵ-84)のだが、通常それは事物の奥深く(深層)に潜んでいて表に現われない。この「本質=理」を看て取るためには、「静坐」の修行を通して「心外すなわち存在界のざわめきを鎮め」、続いて「次第に静まり澄みきった心の全体を挙げて経験的世界の事物を見詰めつつ、それらの事物の「本質」（複数）を一つずつ把握していき、或る段階まで来たとき、この「本質」追求のいわば水平的な進路を、突然、垂直的方向に転じて、一挙に万物の絶対的「本質」（単数）の自覚に到達しようとする」（Ⅵ－76～77）「窮理」の途へと進まねばならないとされるのである。

イスラーム「原子論」

こうして、普遍的「本質」の実在を説く第一の型（それは事物と意識の深層に実在するとされた）の分析をひと通り終えた後、議論はいきなり脱線する。そうした普遍的「本質」の実在を真っ向から否定するイスラームの「原子論」が取り上げられるのである。すでに初期のイスラームに胚胎していた原子論は、この現実を時間的にも空間的にも互いに非連続な（単に隣接しているに過ぎない）個々の原子（もはやそれ以上分解できない、一つの単位）の集積体として捉える。そして、この原子には何らそれに固有の性質といったものがない（「無特質」）と考える。すなわち、その原子を当の原子たらしめている「本質」などないのである。例えば、

> 火に紙を近付ければ紙は燃える。だが必然的にではない。火に触れた紙が燃えないことも可能である。ではなぜ我々通常の経験上の事実として、火に触れた紙が燃えるのか。それは自然的世界の慣習（'ādah）にすぎない。そういう自然的慣習があるだけのこと。要するに、つきつめて考えれば、ただ偶然の出来事だ。（Ⅵ－105～106、傍点強調井筒）

このように原子論は論ずる。Aという出来事（例えば、紙が火に触れる）と、それに引き続いて起こ

ったBという出来事（紙が燃える）の間の関係をいくら仔細に調べて見ても、両者の間に必然的な結び付きは見られない（確かに、紙が火に触れても、燃えないことがある）。見られるのは、ただ時間的・空間的に隣接しているという事実のみだ。そうであれば、Aに引き続いてBが起こったのは、偶々《たまたま》そうだったに過ぎない。紙は、火に触れれば燃えるという固有の性質（「本質」）をもっているわけではないのだ。のちに西洋近代の経験論を代表することになる哲学者ヒューム（一七一一―一七七六）の、因果律の否定へと直結する議論である。初期イスラームの原子論は世界の根底にこうした偶然性を認めることで、そこに神の意志が働く余地を見出す。Aに引き続いてBが起こる必然性は全くないにも拘わらずAに引き続いてBが起こったのであれば、それは神がそうなることを欲したからなのだ。

井筒はここで、初期イスラームのこの原子論を引き継ぎ大成したアル・ガザーリー（一〇五八―一一一一）と、それに対立する有「本質」論者にしてアリストテレス主義者の大立者イブン・ルシド（ラテン名アヴェロイス）の「論争」（ルシドによるガザーリー批判）という形で原子論に言及するのだが、井筒自身がどちらかに軍配を上げるわけではない。では、なぜここで有「本質」論に鋭く対立する「原子論」を取り上げたのか。ルシドの有「本質」論――全てが「本質」によって然るべく規定されていることから形而上学的決定論へと展開し、斯くてこの世界への神の介入の余地を奪いかねない危険を内包する――がその後西洋中世に受容されてパリ大学を中心とするラテン・アヴェロイズムと呼ばれる一大思想運動へと発展し、それに対するカトリック教会による異端宣告と弾圧を呼び起こした事実に触れることで、井筒は自らの意図を次のように説明する。

私はただ、「本質」の有無という一見単純でなんの問題もなさそうなことが、文化的枠組み次第で、いかに重大な思想的事態を惹起し得るかということ、そしてまたそのことの具体的な一事例の検討を通じて、文化的パラダイムに色付けされた意識のあり方によって、「本質」の問題性そのものがさまざまに変るということを指摘しておきたかっただけだ。（VI－110）

だが、本書の見るところ、ここで井筒の関心を密かに——と言っておこう——惹き付けていたのは、むしろ無「本質」論に立つ原子論から帰結するこの世界の存立の根源的偶然性ではなかっただろうか。本書がすでに論じたように、なぜか知らぬが世界が端的に「ある」ことそのことからのみ全ては始まるのだとしたら、全ての根底を成すその「ある」ことそのことは、もはや何の根拠ももたない、すなわち「偶々そうである」としか言いようがなくなる。このような仕方で露呈する、世界の根源的偶然性である。そして井筒も、ここでイスラーム原子論の核心がこの偶然性にあることを確認するのを忘れない。「原子論者たちは徹底した偶然主義の立場を取る。存在界を完全な偶然性の世界と見るのである」（VI－103）。

イスラームにおいては、この偶然性——それは、もはやなぜ世界がそのようであるかを理解不能とする——を神（の意志）が埋めることで、それは問題としては背後に退く。ところが、同じく無「本質」論に立つ禅はもはや神を立てないことで、世界のこの偶然性——まさしく無「本質」性——を鋭く露呈させる。そして、イスラームの「原子論」論争に引き続いて井筒が更に脱線を敢えてするのは、この禅を取り上げることによってなのである。「本質」の実在性をめぐって考察を重ねるべき同書において、「無「本質」的存在分節」（VI－114）こそ私たちのこの世界の在りようだと喝破する禅を論ずる長大な考察がこれに続くのだ。禅を論ずるこの考察は、全集版で六十頁を優に超える。これにイスラーム「原子論」論争を取り上げた二十頁弱の考察を併せて、八十頁が『意識と本質』において無「本質」論を考察する「脱線」に充てられているのだ。これは、同書の四分の一超を占める分量である。世界の無「本質」性への井筒の傾斜が並々ならぬものであることを示す数字、と言ってよい。

井筒に依れば、禅の最終的な境地は、彼が「無「本質」的存在分節」と名付けた事態において極まる。それがいかなる事態であるかを論ずるのが、ここでの「脱線」の眼目である。だが、ここで論じられるこの事態は、本書の見るところ、単に禅の最終的な境地であるにとどまらず、井筒「東洋」哲学が目指す最終的な到達点でもある。言ってみれば、井筒はここで、禅に仮託しておのれの哲学が向かうべき方向を探っているのだ。したがって、ここは脱線に見えて、実は脱線ではない。脱線の振りをして本音を語っている、と言ってもいいかもしれない。

だが、なぜ、わざわざそんな「振り」をしなければならないのか。それは、『意識と本質』という仕方で「本質」を前面に押し立てた同書の枠組み——井筒が自らに与えた枠組み——の故なのだ。この枠組みは、「言語アラヤ識」という意識と存在の深層に、さまざまな「本質」の下で世界を分節化して現出へともたらす機能の源泉が潜んでいるという、言語哲学者としての井筒の原点を成す洞察が彼に与えたものである。言語アラヤ識の探究は、取りも直さず「本質」の由来を尋ねることに等しい。つまり、言語哲学者としての井筒は、世界を実に多様な「本質」の下で現出へともたらす言語アラヤ識の働きの豊かさに魅了されたのだ。そしてまた、そのような多様な「本質」の下で百花咲き乱れるこの世界の眩いばかりの豊饒に心を奪われたのだ。

些か議論を先取りして言えば、この方面の探究は、この「脱線」に後続する同書の第二の部分、すなわち有「本質」的存在分節の第二の型の分析において、遺憾なく発揮されている。分量的にもこの分析には、同書で最も多くの頁（全集版で百十頁に上る。これは全体の三分の一を超える分量である）が割かれている。同所は、内容的にも井筒哲学の「表の顔」と言ってよい、面目躍如たる箇所である。これに対して、これから本書が触れる禅についての考察は、『意識と本質』の枠組み上「脱線」——井筒自身は「相当な廻り道」（VI-172）と表現している——と位置付けられるとはいえ、彼の「東洋」哲学の最終的な到達地点を指し示しているという意味で、言わばその「裏の顔」を成している。しかも、この「裏の顔」の真の姿を、当の井筒自身必ずしも明確に意識していない節があるのだ。それがどのような問題を提起しているのかが顕わとなったとき、井筒哲学は更に先へと推し進められなければならない事情もまた、明らかになるだろう。本書のこの第III章は、その更なる歩みに向けてのスケッチでもある。

もう一点、ここでの井筒による禅の分析に立ち入る前に、確認しておきたいことがある。井筒はしばしば、「東洋」哲学において意識と存在は区別されず、分離し難く絡み合った仕方で捉えられるという趣旨の発言をしている。今触れた「言語アラヤ識」が「意識と存在の深層」に位置付けられるのはその典型的な例だが、ほかにも次のような例がある。「ここで特に注意されなければならないのは——といっても、実はこれは宋学だけでなく、東洋哲学の大部分に共通する顕著な特徴であるのだが——意識と存在、内と外、は密接な相関関係にあり、窮極的には全く一つであるという、今述べた宋学の基本的考え方である」（VI-77、他にVI-81、86では「意識即存在」と表現している）。あるいは、「〔…〕東洋哲学においては、認識とは意識と存在との複雑で多層的なからみ合いである」（VI-304）。『大乗起信論』を論ずる先の『意識の形而上学』では、次のように言われる。

「真如」の仮名性《けみょう》を説く『起信論』の一節に、「唯是一心、故名真如」〔唯だ是れ一心のみ、故に真如と名付く〕とあった。「真如」と仮名される存在の窮極相を「心」と同定する。要するに、存在と意識とを同定するのだ。『起信論』の哲学においては、意識と存在とは互いに広袤《こうぼう》を等しくする。およそ「識」の介入しない「有」は、始めから全くあり得ないのだ。（X－512）

両者が分かち難く「絡み合」って「密接な相関関係にある」のはその通りだが、どうしてそうなのかについて、必ずしも十分説得的に語られてはいないように思う。本書はこの点について、次のように考えている。

何かが何かとして姿を現わす（現象する）とき、そこには必ず「こちら」から「向こう」へ向かう動向と「向こう」から「こちら」へやって来る動向との交錯が見られる。前章a節で考察した「力の攪乱」である。こうした力と力の拮抗のないところでは力は言わば「素通り」してしまって、何ものも姿を現わすに至らない。こうした拮抗の生ずる場所が、〈いま・ここで＝現に〉なのだ。ここで注意しなければならないのは、「意識」と「存在」がそれぞれ独立にあって、然るのちに両者が交わるのではないという点である。二つの動向が交錯する場が開かれて初めて、その交錯の「こちら」側と「向こう」側がその両端に開け、交錯する地点に何ものかが姿を現わす。これが、〈いま・ここで＝現に〉が全ての根底を成すということなのだ。

そのとき、交錯の「こちら」側を例えば「意識」、「向こう」側を例えば「存在」と便宜的に呼んでいるに過ぎないのである。したがって、「向こう」側が常に「外界」と呼ばれるものとはかぎらないし（例えば、夢や幻も「向こう」から「こちら」へとやって来る）、「こちら」側も常にいわゆる「内面」

とはかぎらない（「こちら」から「向こう」へ向かう動向がいったいどこからやって来るのかを、私たちは知っているだろうか）。いずれにせよ、こうした「こちらから」の動向と「向こうから」の動向の交錯があって初めて「存在」が「意識」されるが故に、いわゆる「意識」といわゆる「存在」は、絡み合って分離し難いのである。

無「本質」的存在分節

本題に入ろう。無「本質」的存在分節とは、どのような事態なのか。井筒はそれを、分節(Ⅰ)→無分節→分節(Ⅱ)という図式で説明する（Ⅵ－136、図4参照）。この図式の各項は、それぞれ青原惟信（?―七四〇）の言う「山を見るに是れ山、水を見るに是れ水」、「山を見るに是れ山にあらず、水を見るに是れ水にあらず」、「山を見るに祇《た》だ是れ山、水を見るに祇だ是れ水」（『続伝燈』22、『五燈会元』17、Ⅵ－139）に相当する。

第一段の分節(Ⅰ)は「常識の見る普通の世界のあり方」（Ⅵ－141）であり、私たちが「普通の人の普通の目で、自己の外なる世界を眺めている」（Ⅵ－139）ときに生じている事態である。「山は山であり、川は川。世界は有「本質」的にきっぱり分節されている。同一律と矛盾律によって厳しく支配された世界。ここでは、山はどこまでも山であって川ではない、川ではありえない。山は山の「本質」によって規定され、川はまた川の「本質」によって規定されているからだ」(ibid.)。すなわち、「山を見るに是れ山、水を見るに是れ水」。つまり、分節(Ⅰ)の次元における山水は「有「本質」的に分節された山と川である」（Ⅵ－138）。

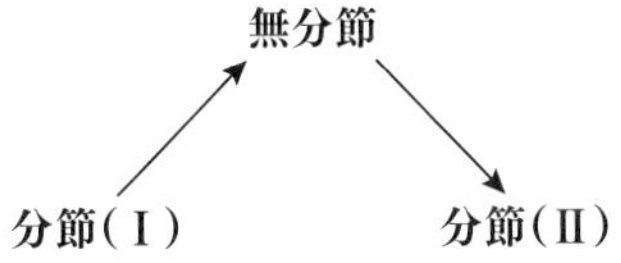

図4

つづく第二段（無分節）は、禅者が修行を通して、「本質」による分節が意識によって産み出された幻影に過ぎないことに気付き、世界の実相は「無（分節）」にほかならないと観ずる段階である。「第一段階であれほど強力だった同一律と矛盾律が効力を失って、山は山でなく、川は川でなくなってしまうのだ。山も川も、あらゆる事物が、「本質」という留金を失う。それまで、いわゆる客観的世界をぎっしり隙間なく埋めつくしていた事物、すなわち「本質」結晶体が融けて流れだす。存在世界の表面に縦横無尽に引きめぐらされていた分節線が拭き消される。もはや山は山**である**という結晶点をもっていない。川は川**である**という結晶点をもっていない。つまり、山はもう山ではないし、川はもう川ではないのだ。そして、そんな山や川を客体として自分の外に見る主体、我、もそこにはない。すべてが無「本質」、したがって無分節、もっと簡単に言えば、「無」なのである」（VI－139～140、強調井筒）。すなわち、「山を見るに是れ山にあらず、水を見るに是れ水にあらず」。

第三段で禅者は、再び分節化されたこの世界に戻ってくる。「第二段階で一たん無化された事物がまた有化されて現われてくる。第一段階の世界と一見少しも違わぬ事物の世界が目の前に拡がる。山を見れば、それは以前と同じく山であり、川を見れば、相も変らぬ川。〔…〕分節は全部また戻ってくる。しかし、分節は戻るが、「本質」は戻ってこない。存在分節があるからには、もはや無一物の世界ではない。山は山として存在し、川は川として存在する。山もあれば川もある。だが、それらの山や川には「本質」がない。言い換えれば、それらの山や川は「本質」的凝固性をもたない山であり川である」（VI－140～141）。すなわち、「山を見るに祇だ是れ山、水を見るに祇だ是れ水」。つまり、山は単に（「祇だ」）山に見えるに過ぎず、川は単に川に見えるに過ぎないのだ。とはいえ、山が山に見え、川が川に見えること自体は、何ら以前と――分節（I）のときと――変わるところがない。

これを井筒は、「分節(Ⅱ)の次元に現成する山水は無「本質」的に分節された山と川なのである」(Ⅵ-138)と説明する。世界をこうした無「本質」的分節の相で観ずることが、禅の目指す最終的な境地なのである。この境地においては、あらゆる存在者が互いに「透明」に成ると井筒は言う。「分節(Ⅱ)の次元では、あらゆる存在者が互いに透明である。ここでは、花が花でありながら——あるいは、花として現象しながら——しかも、花であるのではなくて、前にも言ったように、花のごとし(道元)である。「……のごとし」とは「本質」によって固定されていないということだ。この花は存在的に透明な花であり、他の一切にたいして自らを開いた花である。〔…今やこの〕花は、頑な自己閉鎖を解き、身を開く」(Ⅵ-158、傍点強調井筒)。

透明に成るとは、存在者がおのれを他に対して開く「開放性」(ibid.)であり、分節化されていても「本質」に囚われることのない「自由」(Ⅵ-167)な分節と成ることにほかならない。この「自由」を、道元は「解脱」と表現している。「しるべし、解脱にして繋縛《けばく》なしといへども、諸法住位せり」。これを井筒は、次のように解説している。

> これは分節(Ⅱ)における諸物の本源的な存在の仕方を言い表わしたものだ。諸法住位、つまり、水は水の存在的位置を占め、山は山の存在的位置を占めて、それぞれ完全に分節されてはいるが、しかしこの水とこの山とは「解脱」した(無「本質」的)水と山であって、「本質」に由来する一切の繋縛から脱している。(Ⅵ-168)

宏智《わんし》禅師が「水清くして底に徹す。魚の行くこと遅遅たり。空闊《ひろ》くして涯《かぎ》りなし。鳥の飛ぶこと杳《よう》杳《よう》たり」（『坐禅箴』、VI－158）と述べるとき、「この魚は、道元のいわゆる「魚行きて魚に似たり」の魚、この鳥は「鳥飛んで鳥のごとし」の鳥」なのだ（ibid.）。魚は魚として分節されていても、それに囚われることなく悠々と水中を泳ぎ回り（「遅遅たり」）、鳥も鳥として分節されていても、大空を自由に飛翔する（「杳杳たり」）。「「本質」で固めてしまわない限り、分節はものを凝結させない」（VI－159、傍点強調井筒）のであり、万物の間を「「粘綴《ねんてつ》無き一道の清流」（どこにも粘りつくところのない、さらっとした一道の清流）」（ibid.）がさらさらと、自在に流れて止まないのだ。[4] 本書もすでに触れた、華厳の言う「事事無礙」とはこのことにほかならない（第II章a節、参照）。

華厳との関連で、ここで見逃してはならないことがある。これもすでに触れたことだが、井筒の言う「無」「本質」的存在分節」が生ずるときのその分節は、華厳が言う「挙体性起」という仕方で為されるという点だ。分節化が「挙体性起」という仕方で為されることが看取されたとき、分節化された各々の存在者は、分節化されているにも拘わらず、互いに「透明」に成るのである。「いわゆる現象界、経験的世界のあらゆる事物の一つ一つが、それぞれ無分節者の全体を挙げての自己分節なのである。「無」の全体がそのまま花となり鳥となる」（VI－163、傍点強調井筒）。どういうことか。

これを井筒は、次のような図を使って説明する（VI－163、図5参照）。「いま仮に、全体として覚知された「無」、すなわち無分節、を一つの空円をもって表わすとすると〔図、上部〕、その空円に充満する全エネルギーが分節の平面上において〔図、下部〕a（花）となり、またb（鳥）となって現成する〔…〕」。現実にaであり、bである限りにおいては、aとbとはたしかに分節だが、この分節は、分節（I）の場合のように存在の局所的限定ではない。すなわち、現実の小さく区切られた一部分が断片的に切りとられて、それが花であったり鳥であったりするのではない。現実の全体が花であり鳥であるのだ」(VI－163～164)。「無」ないし「空」という全体が（すでに論じたように、禅は両者を区別しない)、分節線を「透かして」その向こうに、あるいはその下地に「透けて」見えるが故に、分節でありながら分節でない、あるいは分節と無分節が同時に看て取られるということが可能となる。「全体顕現だから、分節であるにもかかわらず、そのまま直ちに無分節なのである」(VI－165、傍点強調井筒)。

これもすでに論じたことだが、このとき分節化されて姿を現わした個々の事物は、単に個別の事物であるのではなく、おのれの輪郭の内に（おのれを象《かたど》る分節線の内に）他の全ての事物を蔵している。それら全てのものとの関連の中で初めて、その輪郭（分節線）がそのようなものとして定まったからであり、この関連が少しでも変化すれば、それに連動しておのずと輪郭もまた姿を変えるのだった。「無」ないし「空」という全体が輪郭の向こうに透けると同時に、その輪郭の内には他の全てのものの輪郭が織り込まれ・畳み込まれてもいるのだ。この後者の側面を、華厳は「縁起」(「依他起性《えたきしょう》」)と呼んだのだった。「すべてのものがそれぞれ無分節者の全体そのままの顕露であるがゆえに、分節された一々のものが、他の一切のものを内に含む。花は花であるだけではなくて、己れの内的存在構造そのものの中に鳥（や、その他の一切の分節）を含んでいる。鳥は鳥であるだけでなくて、内に花をも含んでいる。すべてのものがすべてのものを含んでいる。〔…〕道元の語るごとく、老梅樹の一枝にただ一輪の花開いて天下は春爛漫。まさに「老梅樹の忽開花のとき、花開世界起なり」(『正法眼蔵』五十三、梅花)で

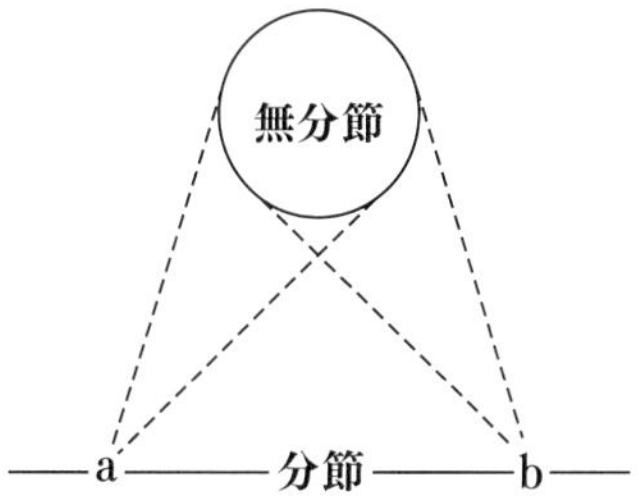

図5

ある」（VI-166、傍点強調井筒）。

　ここで井筒は「無分節者がそっくりそのまま、「本質」を介入させずに顕露するのだから、全存在がいわば水である」（VI-169）と述べているが、この表現は誤解を招く。この箇所にかぎらず彼は、諸所で無「本質」的分節は「「本質」を介入させない」と論じているが、事態は正確には「本質」（が産み出す分節化の輪郭線）が「透明」に成ることだから、「本質」がいかなる意味でも「介入」しないということではない。**もの**を**もの**として凝固させ、身動きできなくしてしまうかぎりでの――あくまで、こうした限定された意味での――「本質」が（を）「介入（さ）せず」ということでなければならない。「本質」が何らかの仕方で機能しなければそもそも分節ということは不可能であり、そのときには無分節者という一箇の全体がそのようなものとして分節線を「透かして」看て取られることすら不可能となってしまおう。

　無分節者に分節の亀裂が入り、分節化された個々のものがそのようなものとして姿を現わすことを通して（これが「無分節者の自己分節」〈Cf. VI-170〉である）、無分節者もまた無分節者としておのれを顕わにするのである。したがって、無分節者にとっても、「本質」は決定的に重要な役割を果たしていると言わなければならない。そうでなければ、禅者が再び分節の世界に帰って来なければならない必然性も見失われてしまうだろう。先に引用した道元の言葉「しるべし、解脱にして繋縛なしといへども、諸法住位せり」は、「…といへども、諸法住位せり」と述べる後半を不可欠のものとして有しているのである。ここで「法」とは、「本質」のことにほかならない。禅を語るときの井筒は、必要以上に「本質」を貶めているように見える。

　同様のことは、彼が道元に依拠して、禅の最終的境地を「水〔という無分節の全体が〕、水〔というおのれ自身」を見る」ことだと論ずるとき（Ⅵ－171～172）にも生じている。

「水、水を見る」。ここに分節（Ⅱ）はその幽玄な深みを露わにする。本来、分節なるものが、コトバの意味作用と密接不離の関係にあることはさきに詳説したところであるが、「水、水を見る」の境位は、人間の言語的主体性の域を超えている。そこに水を見る人間がいないから、「人、水を見る」のでなくて、「水、水を見る」のだ。すなわち、人間がXを見て「水」という語を発し（あるいは、頭に浮べ）、水として分節されたXに水というものを見る、のではない。水が水そのもののコトバで自らを水と言う（「道著」する）のだ。水のこの自己分節を「水、水を見る」という。水そのもののコトバで、とは無分節者自身のなまのコトバで、ということ。（Ⅵ－171～172、傍点強調井筒）

「水が水そのもののコトバで」「無分節者のなまのコトバで」「自らを水と言う」とき、「そこに水を見る人間がいない」と言ってしまっては、これもまた誤解を招く。

確かに、無分節者が無分節者として看て取られるとき、人間がその「主体」でないことは井筒の言う通りである。しかし、そこに人間という言葉を発する者が介在していなければ、無分節者が「自らを…言う」こともまた不可能なのだ。言ってみれば、人間は「水が水を見る」ことにとって不可欠の媒体として、その場面に常に居合わせている。ちょうど、分節を惹き起こす「本質」なしには、その分節を透かして無分節者がおのれを顕わにすることもないのと同様に、である。この意味で、私たち人間もまた、無分節者がおのれを顕わにするために不可欠のものなのだ。

本章の冒頭ですでに論じたように、ここでおのれを顕わにした無分節者とは、「(裸の)ある」、つまり何であろうと何か「がある」こと以外ではなかった。「(が)ある」ことそのこと、すなわち、本書の言葉で言えば〈いま・ここで＝現に〉と云うことが、全ての根本なのである。そして、全ての根本を成し、およそあらゆるものがそこに蔵されているこの「(が)ある」は、何かが何か「**である**」ことを通して初めて、その根本性を明かすのだ。言うまでもなく、ここで何かが何か「である」ことを可能にしているもの、それが「本質」なのである。「本質＝(で)ある」を通して、当の「本質」とは全く次元を異にする「存在＝(が)ある」が透かし見られ、そこに新たな問題の次元が開かれるのだ。井筒が好んで引用する道元の「而今《にこん》の山水」が言う「而今」を、本書は〈いま・ここで＝現に〉の意に解する。井筒は、次のように述べている。

「而今の山水」は〔…〕「ともに法位に住して」、つまり山は山という一定の存在的位置を占めて、たしかに山であり、川は川というそれとは別の存在的位置を占めて川であり、それぞれに分節されていながら、しかも各〻が存在の形而上的始源の直接無媒介的発現として、**いまここに現成しつつ**、経験的世界の只中で、「尽十方世界」的な全存在的機能、「究尽の功徳」、をそれぞれの形で発揮している〔…〕。「而今の山水」は、現にそれぞれ山と川として分節されているにもかかわらず、山であること、川であることから超出して(すなわち、それぞれの「本質」に繋縛されることなしに)自由自在に働いているのだ〔…〕。(VI－137～138、傍点強調井筒)

ここで「自由自在に働いている」ものこそ、「である」の向こうに透かして見られた「(が)ある＝

存在」なのである。およそ全ては（「尽十方世界」）この「而今の山水」にその源泉を汲んでいるのであり、それが「而今の山水」の「究尽の功徳」なのだ。古代以来数千年に及ぶ長い思考の果てに、インド・中国・ギリシア・イスラームを経て、中世の西洋スコラ哲学において「本質（essentia）」（「である」）と「存在（existentia）」（「がある」）の分離が完了するさまを見届けたとき（正確には、すでに見たように、この分離はそれが西洋中世に伝えられるに先立って、イスラームのイブン・シーナ＝アヴィセンナにおいてほぼ完成されていたのだが）、井筒自身もまた、この新たな問題次元の前に、少なくとも一度は立ったはずなのである。

元型とイマージュ

『意識と本質』に戻ろう。こうした長大な「脱線」——それは「脱線」ではなかったのだが——を経て、ようやく議論は有「本質」論の第二の型の検討に移る。この型は、第一のそれと同様、「本質」を意識と存在の深層に実在するものとして捉える。その上でこの第二の型は、その実在の仕方を「元型」と呼ばれる「具象的普遍者」と、そこから発生する「想像的イマージュ」に看て取る。「具象的普遍者（concrete universals）」という用語はフィリップ・ウィールライト（〈一九〇一—?〉Philip Wheelwright: "The Burning Fountain"）に由来し、彼はこれを「抽象的普遍者（abstract universals）」に対置する。すぐ後で触れるゲーテへの言及も、彼から来ている（Cf. VI‐198）。つまり、第一の型が「本質」を深層に実在する「抽象的」で、容易に「概念」へと展開する「普遍者」と捉え、それを訓練や修行を通じてあくまで学問的な知として看取しようとするのに対して（宋学がその典型だった）、第二の型は「本質」を、それ自体は無意識の闇に沈んでいて見えない「元型」とそこから発出する何らかの形象性を帯びた多様なイマージュ群の内に探ろうとするのである。のちにあらためて触れるが、井筒の考える「言語アラヤ識」もこの第二の型の中に位置付けられるものであり、彼の見るところ「東洋」哲学の多くが何らかの仕方でこの型と関わっている。

　明らかなように、この型こそ井筒「東洋」哲学の檜舞台であり、膨大な数の言語に精通した彼の面目が遺憾なく発揮される場所にほかならない。ここで井筒は私たちにその「表の顔」を見せるのであり、先にも触れたように、この型の分析が『意識と本質』の中核を占める。そこで分析の対象として取り上げられるのは、古代中国のシャーマニズム（例えば屈原〈前三四〇頃～前二七八頃〉の『楚辞』）とその哲学化である老荘思想（とりわけ荘子）、インドに発してチベット・中国を経て日本に及ぶ密教的仏教（この中には我が国の真言宗の祖・空海も含まれる）、ユダヤ教神秘主義の一派カッバーラー、イスラーム思想におけるスフラワルディー（一一五五頃～一一九一）系の照明哲学、はたまた西洋近代において「根源現象（Urphänomen）」について語ったゲーテや「元型」を「集団的無意識」の内に看て取るユング分析心理学、「想像界（mundus imaginalis）」について語るフランスの世界的イスラーム学者アンリ・コルバン（〈一九〇三―一九七八〉井筒の年上の同僚と言ってよい）、再び古代中国の「易」などなど、文字通り古今東西に亘って縦横に議論が展開する。

　そのそれぞれについては直接同書に当たっていただくに如《し》くはないし、それらを論評する資格も才能も本書にはない。ここで試みたいのは、それら縦横無尽の議論を通して浮かび上がってくる井筒哲学の骨格に注目することである。すでに述べたように、この第二の型の根本に位置するのは「元型（archetype）」である。井筒も自らについて「「元型」を一種独特の「本質」と考える私自身の立場」（VI-238）と述べているように、それは井筒哲学にとっても根本に位置する。その「元型」を彼は、ユングに依拠しつつ次のように説明する。

「元型」はそれ自体ではなんらの具体的形をもたず、未決定、未限定で不可視、不可触。「集団的無意識」または「文化的無意識」の深みにひそむ、一定の方向性をもった深層意識的潜在エネルギー〔…〕である。（Ⅵ－198〜199）

同じ一つの「元型」が、文化ごとに違う顕現形態をもつばかりではなくて、同一文化の圏内においてさえ、多くの違ったイマージュとなって現われる。（Ⅵ－199）

第二の引用から明らかなように、それ自体は「不可視、不可触」な「元型」から、形象性を伴なったさまざまな「(想像的) イマージュ」が姿を現わしてくるのであり、「元型」自体は分節化の方向性を予め定める一種の「動向」（「深層意識的**潜在エネルギー**」）のようなものとして捉えられている。この意味で、ユングは「元型」を「魂の構造規制素」(die Strukturdominanten der Seele を井筒はこのように訳している。Cf. Ⅵ－199）とも言う。意識がどのような方向へと向かって世界を分節するかを規定するもの、というほどの意味である。そして、次のように言われる。

人はただ、己れの深層意識領域に生起するそのような複数のイマージュ群の底に、一つの「元型」的方向性を感得するだけである。そして一つの「元型」的方向性でつながれたそれらのイマージュ群が、存在を特殊な形で分節し、その分節圏内に入ってくる一群の事物の「本質」を象徴

的に呈示する。（VI－199～200、傍点強調井筒）

「元型」によって方向性を定められた多様なイマージュ群が明確に分節化されて象徴として機能するに至ったとき、意識と存在は表層に達するのである。したがって、「元型」から発した多様なイマージュ群自体はいまだ深層にあって明確な輪郭をもたず、刻々とその形を変える運動体である。例えば私たちが夢や幻として体験するものが位置するのは、この領域であると言ってよい。井筒はしばしばこの運動体を、「八方に触手を伸ばす」「アミーバー」に喩えている。

〔…〕浮遊状態〔にあり…〕まるで一瞬一瞬に形姿を変えるアミーバーのように伸び縮みして、境界線の大きさと形を変えながら微妙に移り動く意味エネルギーの力動的なゲシュタルト〔…〕意味生成の過程的状態〔…〕（VIII－401～402）

まだ明確な意味をなしていない、形成途次の、不断に形を変えながら自分の結びつくべきシニフィアンを見出そうとして、いわば八方に触手を伸ばしている潜在的な意味可能体〔…〕唯識の深層意識論が説く「種子《しゅうじ》」〔ビージャ〕、意味の種〔…〕「言語アラヤ識」〔…〕（VIII－403～404）

この運動体が蠢く領域を渉猟し、いまだ言葉ならざるものが次第に明確な輪郭を得てついに言葉が発せられる現場を取り押さえようとする井筒の中に、学者というよりも詩人的才能を見出すのは、先にも引いた作家の日野啓三である。

〔…〕詩人こそ言葉がゆらめき出る意識と身体の最も深い場所に身をおきつつ、人間と世界と宇宙の全体を根源的に生きる人のことである。その意味で科学でさえ詩の一部分だ。いわゆる学問も。[5]

彼はこのように述べて、こうした詩人的才能が遺憾なく発揮されたものとして井筒の次の文を引用し、「これはいわゆる学者の文章ではない」と断言している。

縺《もつ》れ合い、絡み合う無数の「意味可能体」が、表層的「意味」の明るみに出ようとして、言語意識の薄暮のなかに相鬩《せめ》ぎ、相戯《たわむ》れる。「無名」が、いままさに「有名」に転じようとする微妙な中間地帯。無と有のあいだ、無分節と有分節との狭間《はざま》に、何かさだかならぬものの面影が仄かに揺らぐ。（Ⅷ－172）

ここには、英文学者にして詩人の西脇順三郎（一八九四―一九八二）に憧れて慶應義塾の文学部に移籍した若き日の井筒（彼はもともと経済学部の学生だった）の関心が奈辺にあったかが、ありありと示されている。有「本質」的存在分節の第二の型を追究する井筒の姿を的確に捉えた、炯眼と言ってよい。

「さだかならぬものの面影が仄かに揺らぐ」こうした「薄暮」を通り抜けて、何かが何かとしておのれに固有の明確な輪郭を得たとき、世界は一気に晴れ上がり、すなわち開＝披かれる。井筒の敬愛した師・西脇の次の詩句を、この場面の光景に準《なぞら》えよう。彼の和文処女詩集 Ambarvalia 劈頭に置かれた、「天気」と題された詩だ。

（覆《くつがへ》された宝石）のやうな朝
何人か戸口にて誰かとさゝやく
それは神の生誕の日。

何という晴朗さだろう。この晴朗さは、「存在」の上に「本質」によって引かれた分節線が「無」の残照を浴びることで初めてもたらされる、と本書は考える。[6]

意識と存在の構造モデル

『意識と本質』の井筒に戻ろう。元型とイマージュに関わる彼のこうした面目躍如たる一連の考察を経て、井筒は意識と存在の構造を次のような図にモデル化してみせる（VI－206、図6参照）。

図のAが表層であり、それ以下はすべて、基本的に深層を形成する。Mと表示された斜線部分（一番広い領域を与えられている）は、「「想像的」イマージュの場所」(ibid.) だ。右で述べたように、ここではいまだイマージュは明確な輪郭を得て定着するには至っておらず、刻々と姿を変える多様な群れを成している。逆に言えば、これら多様なイマージュ群から一定の形象が象徴として姿を現わしたとき、そこに例えばさまざまな説話やお伽話、伝説や神話の体系が成立する。井筒はこの間の事情を、「元型」イマージュの「説話的自己展開性」（VI－239）として説明している。「「元型」イマージュを中心として、そのまわりに他の「想像的」イマージュが結集し、自然にそこに物語が形成されていく」(ibid.)。これらは、表層Aの一番基底となる部分を成していると言ってよい。いつからとも知れぬ昔から言い伝えられてきた説話や神話をもたない民族はないことが、このことのよい傍証となるだろう。さまざまな事物が知覚の対象としてくっきりした姿を現わすのはその更に上の層においてであり(神々や伝説上の存在は、すでに明確な形象性を具えていても知覚の対象ではない)、抽象的な概念の体系などはこのA領域の最も上層部分に当たるだろう。

　これに対して、なお深層にとどまってさまざまなイマージュが群れとなって流動するM領域は、「東洋」哲学の長い伝統の中でさまざまな仕方でその形象化が試みられてきた。それらの中でとりわけ井筒が注目するのが、密教における曼荼羅とユダヤ神秘主義カッバーラーにおけるセフィーロートである。曼荼羅もセフィーロートも、刻々と姿を変えて流動して止まない運動体(あの「アミーバー」である)としてのイマージュを幾つかの段階と型に分けて一つの構造体として提示したものと言える。

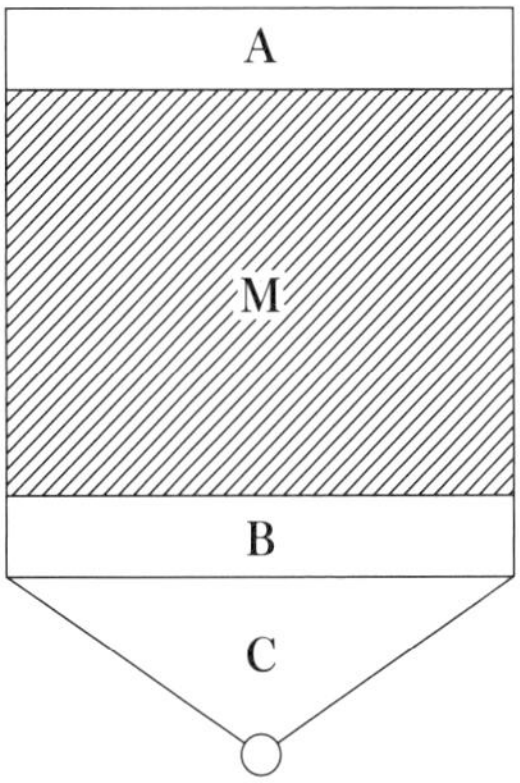

図6

意識のM領域を満たすすべての「元型」イマージュと、それに伴う副次的イマージュが、整然たる秩序にずらっと並んで、一つの全体構造をなし、全体構造として機能する。真言密教の両界マンダラやカッバーラーの「セフィーロート」構造体などのことを私は考えている〔…〕。(VI-242)

「元型」的「本質」の形象図、〔…〕それが「マンダラ」だ。（VI－245）

マンダラは、第一義的には、意識のM領域に顕現するすべての「元型」イマージュの相互聯関システムである。（VI－246、傍点強調井筒）

このように、M領域は、（すぐ後で述べるように）いまだイマージュですらない「元型」——それは、このM領域の更に下層のBの内に存在するとされる——がさまざまなイマージュを纏って生起してくる場所なのである。先にも述べられていた通り、「元型」がイマージュを纏うその仕方は実に多様であり、文化的制約を最も豊かに被るものでもある。次の発言は、「元型」自体がすでにそうであると指摘している。「〔…〕強い「文化的枠組み」〔カール・ポッパー〕の制約を受けていることが、「元型」的「本質」の一つの大きな特徴なのであって、この見地からすれば、「元型」的「本質」は、ある特定の文化的コンテクストに密着した深層意識が事物の世界に認知する「本質」である〔…〕」（VI－237）。したがって、「「元型」体験は、必ずしもマンダラ体験という形を取るとは限らない」（VI－247）。カッバーラーのセフィーロートは、「元型」体験のユダヤ的形態なのである。

シンボルとは、カバリストにとって、神の内面が外面に現われるに際して取る根源的イマージュ形態を、人間が、人間の側から眺めたものにほかならないのであって、こうして、一切の事物を含む世界は、神の自己顕現プロセスを指し示す無限大のシンボル体系として完全に神話化され

る。（Ⅵ－249、傍点強調井筒）

ここで言う「シンボル（象徴）」は、単に表層（A）に現われ出たかぎりでのそれではなく、その本来の領域をイマージュの場所としてのM領域にもつものにまで拡大されている。そればかりではない。それはM領域を更に下降して、もはやイマージュですらない「元型」の領域であるBにまで届かんとする射程すら与えられている。

カバリストによれば、神（あるいは神的実在）は巨大な、絶対無限定的な存在エネルギーである。この存在エネルギーは内から外に向かって充溢するが、その充溢には幾つかの発出点が始めから用意されており、発出点の各〻において、無限定のエネルギーが原初的に限定される。それが、カッバーラーの見る「元型」である。「元型」は数限りなく様々なイマージュを生み出していく。神の内的構造を原初的に規定するそれらの「元型」をカッバーラーの術語で「セフィーロート」という。〔…この語は〕「セフィーラー」〔…〕の複数形。「数える」という意味の語根SPRの派出形の一つで、「数」を意味する。（Ⅵ－249〜250）

「数」ということであれば、カバリストたちを遥かに遡る古代ギリシアのピュタゴラス（学派）が想起されてよい。彼（ら）は世界の根源《アルケー》＝始源（archē）を「数」の内に見たのであり、その「数」は「東洋」哲学的に言えば「元型」（archetype）なのである。

こうして議論は、「元型」の成立する場所であるB領域にまで下りてゆく。すでに見たように、ここは世界に最初の分節化がもたらされる場所であり、井筒の考える「言語アラヤ識」はこの次元に当たるとされる（VI－206）。そこは、唯識の言う「意味的「種子《ビージャ》〔しゅうじ〕」」が「種子」特有の潜勢性において隠在する場所」（ibid.）とも言われる。あるいは、古代中国の「易」は、「陰・陽を最も根源的、第一次的な「元型」とし、それら二元の数学的組み合わせによって、先ず八卦、次いで六十四卦という次第に複雑な「元型」群を組織的に展開させていく」（VI－237）。更に言えば、本書がすでに論じた「阿」字（空海）――世界に到来する最初の言葉であり、大日如来の口から発せられる――、イスラーム哲学が想定する「有無中道の実在」（イブン・アラビー）、これから更に詳しく見るカッバーラーにおける第一の文字「アーレフ」、これらもまたこのB領域に位置付けられる。

今見たように、存在の最初の分節の仕方がすでに文化ごとに異なっているが（「元型」の文化拘束性である）、「ただ、どの文化においても、人間の深層意識は存在を必ず「元型」的に分節する、そういう意味で「元型」は全人類に共通なのであり、またそういう意味でのみ、人間意識の深層機構自体に組み込まれた根源的存在分節として「元型」なるものが認められる」（VI－237）と井筒は論ずる。付言すれば、ここで議論は「人間意識」に限られているが、本書がすでに第I章で論じたように、存在に分節がもたらされることで何ものかが姿を現わすこと――「現象」の成立、すなわち世界が開＝披かれること――自体は「生命」という存在秩序の成立と共にすでに始まっていると考えることができるのだから、最初の存在分節である「元型」は「（生物）種」による拘束をも受けていると考えるべきだろう。井筒やポッパーが強調する文化による拘束は、生命における環境拘束性（「環境」をもたない生物は存在しない）の一形態なのである（〈「個体」とその周りを取り囲む「環境」〉という系《システム》の成立が「生命」という存在秩序の成立にとって不可欠の条件の一つであることについては、斎藤慶典『生命と自由』

で詳しく論じた）。

いずれにせよ、このB領域において、存在に分節化という最初の亀裂が入る点は動かない。空海における「阿」字が、存在に穿たれた最初の開口部の在りようを説得的に表現していることについてはすでに論じた。ここでは、同様の事態がカッバーラーではどのように捉えられているかに注目しよう。ユダヤ教を育んだヘブライ語は子音（のみ）を意味の第一次的形成素（語根）とする。その子音の数は全部で二十二個であり、「これら二十二の子音のシステム（アルファベット）の第一位を占めるのが「アーレフ」」（Ⅵ‐228）である。したがって、カッバーラーにおいては、この「アーレフ」が存在に走った最初の亀裂とされる。「全存在がここから生起するのだ」（ibid.）。本書が注目するのは、この「アーレフ」が「阿」字（ア音）――言うまでもなく、最初の母音――以上に、それが存在に走った**最初の**亀裂であることを象徴的に示している点である。

「アーレフ」は、「「ア」という〔最初の〕母音そのものの発音を起す開始の子音」（ibid.）なのだ。それは、「まだ「ア」ですらない、「ア」の発声の始点」（Ⅵ‐229）であり、「この微かな音（第一「文字」が、他のすべての「文字」、つまり全アルファベット、の根源とされる」（ibid.）のである。井筒によれば、「元来、「アーレフ」（'alef）とは、「ア」に限らずすべての母音の発声の最初に来る喉頭音で、母音の発音に際して先ず声帯が緊張する、その音」（ibid.）であり、「音声学的訓練のない人の耳にはほとんど無音にひとしい。ラテン文字に転写する時は、例えば'aのように，印を附加してそれの存在の指標とする」（ibid.）。そうだとすると、それは存在に最初の亀裂が走るその「予兆」のようなものなのだ。存在のエネルギーがもはやこれ以上もち堪《こた》えることのできない限界にまで昂まり、ついに破裂するに至るその開始の瞬間である。

この破裂を以って、存在分節が始まる。「「アーレフ」はそれ自体ではなんらの意味ももたない。しかしそれ自体ではなんら特定の意味をもたないことによって、逆にあらゆる意味をそれはもつ。すなわち、「アーレフ」の一「文字」が、自己展開して他の二十一個の「文字」となり、こうして成立した二十二「文字」は相互に組み合わされることによって、無限数の語を創り出していくのである」(ibid.)。ひとたび存在に走った亀裂は以後次々に増殖していくのであり（亀裂が亀裂を呼ぶのであり）、そのようにして無限の分節を、すなわち無数の存在者を現出にもたらすのだ。

このB領域において世界に最初の分節をもたらす「元型」的「本質」について述べた井筒の文章を、ここで引用しよう。

〔…〕「元型」的「本質」は、〔…〕具体的普遍者。すなわち、それは、意識・存在のゼロ・ポイント、「無」、が「有」に向って動きだす、その起動の第一段階に現成する根源的存在分節の形態であって、当然、あくまで概念化を拒む。それはただ、深層意識的に、象徴体験的に、生きられなければならないものだ。（VI－236、傍点強調井筒）

「元型」がいまだ明確な輪郭を以って意識されることのない、それどころかいまだイマージュですらない、意識の最も深いところに沈んだ最初の亀裂であるなら、それが「あくまで概念化を拒む」ものであり、「ただ、〔…〕生きられ」るしかないものであるのはよい。それが、引用文の冒頭で触れられた「**具体的**普遍者」ということだろう。

しかし、「意識・存在のゼロ・ポイント、「無」、が「有」に向って動きだす、その起動の第一段階に現成する根源的存在分節の形態」という表現はどうだろうか。ことは、図6の最下部にCとして図示された部分に関わる。この部分は、井筒に依れば「無意識の領域。全体的に無意識ではあるが、B領域に近付くにつれて次第に意識化への胎動を見せる。Bに近接する部分は、「易」哲学的に言えば、「無極而太極」〔朱子〕の「太極」的側面に当る、とも言えよう」（VI－206）、と説明される。「太極」的側面とは、「無極」が端的な「無」を示すのに対して、それが反転して「有」化する「存在」の側面である。そして、このC領域がそこに収斂する最下の一点が「意識のゼロ・ポイント」だという(ibid.)。

そうだとすると、この「意識のゼロ・ポイント」――それは、先に触れた「意識」と「存在」の相関の原則に照らせば、「存在」の「ゼロ・ポイント」でもある――の向こうに（図6で言えば、何も描かれていない更にその下方に）言葉の厳密な意味での「無」の次元が拡がっているはずである。「ゼロ・ポイント」とは、そこに**おいて**「無」から「有」への転換（反転）が生じ、斯くしてそこ**から**「存在」が発出してくる点なのである。実際、井筒も同書の他の箇所で、「意識のゼロ・ポイント」を「意識の無の極点であって同時に意識の有の始点」（VI－86）と説明している。そうであれば、図6のC領域の**全てが**「太極」的側面を表示しているのであって、先の引用にあったように「Bに近接する部分」だけが「太極」的側面を示すのではない。そして、更にひとつ前の引用にある「「無」、が「有」に向って動きだす、その起動の第一段階」とは、このC領域のことではないか。だが、そうであれば、この「起動の第一段階＝太極」においては、いまだ何らの分節も現われておらず、ただただ存在エネルギーが充満している状態、すなわち、本書の言う「空」をこのCは図示しているのである。そして、CとBを分かつ線上で、「根源的存在分節」、すなわち、最初の「文字」たる「阿」字ないし「アーレフ」が発せられるのだ。少なくとも**私たちにとっては**、事態はそのようであるはずである。

ところが、カッバーラーにおいては、実は、事態はそのようで**ない**。と云うのも、セフィーロートという原初の存在分節（複数）は、全て（先の「第一の文字」「アーレフ」も含めて）「神の内部の出来事」とされるからだ。井筒から引用しよう。

カッバーラーにおける「セフィーロート」の流出はすべて神の内部の出来事である。神から、というより神以前の無から発出する「セフィーロート」は、〔…〕内に向って、神の内なる世界を構成していく。神自身を内的に構造化するのだ。（Ⅵ‐262、傍点強調井筒）

してみると、カッバーラーの言うセフィーロートは全て図6のC領域の内部に位置するのであって、それは本来井筒の考えていた「言語アラヤ識」の内部の出来事ではないことになる。同じことは、イブン・アラビー（並びにその流れに属する存在一性論）が論ずる「神の自己思惟」――神が、おのれの内に創造への意志を認めること――についても当て嵌まる。それはC領域での出来事なのだ。そしてその場合、彼の言う「有無中道の実在」もまた、「元型」成立の場所とされたB領域に位置するのではなく、このC領域に移されることになる。そして、カッバーラーに戻れば、神の内に、あるいは神の奥底に、神がそこから存在に至る「無」（「**神以前**の無」）への開口部が開けている。それが、件《くだ》んの「ゼロ・ポイント」なのだ。

事態をこのように複雑にしているのは、私たちにとっての「元型」をその深層において捉えようとする思考と、それに先立つ「存在への動向＝存在エネルギーの充溢」、すなわち「空」の内にすでに分節化に向けての歩みを看て取ろうとする思考の拮抗だろう。その深層において捉えられた私たちにとっての「元型」を、それに先立つ「空」の次元に投影したものが、カッバーラーにおけるセフィーロートであり、存在一性論における「神の自己思惟」であると言ってよいかもしれない。有「本質」的分節（の第二の型）を論ずる井筒の分析に、事態のこの錯綜が影を落としている可能性があるのだ。

因みに、神を立てない禅においては、この種の錯綜は生じないことを確認しておこう。C領域の内には存在エネルギーの昂まりのみが認められるのであって、そこにはいまだいかなる分節も生じていない。すなわち、端的な「空」である。分節が生ずるのは、存在エネルギーが昂じてついに「空」が破れるとき、すなわち世界がB領域に移行した後のこととなる。そこが言語アラヤ識の座なのであり、そこにおいて世界が何ものかとして姿を現わすのである。

だが他方で、禅においては「空」が全ての根源なのであって、その「空」の彼方に「無」の次元が開けている可能性が視野に入ることがない。少なくとも井筒の解釈においては、件んの「ゼロ・ポイント」はすでに存在への動向が充満しており、「空」と「無」の差異が際立つことがない。「無」が「空」の観点からのみ見られている、と言ってもよい。尤も、神の奥底に神以前の「無」への開口部を看て取るカッバーラーにしても、その「無」はやはり神の観点から、つまりは「有＝存在」の観点から見られている点は動かない。本書が提案するのは、存在する神の観点からではなく、この「無」を「空」の根底が脱落している可能性として思考することなのである。このとき、件んの「ゼロ・ポイント」は、「空」の底が抜けている事態をも示唆するものと成る。

井筒に依れば、「渾沌」（それは、本書の言う「空」の次元に位置する）を表わすギリシア語「カオス」（χάος）の語根「カ」（χα-）は、もともと何かがパックリ口を大きく開けた状態を意味〔する〕」（Ⅸ－303）と云う。そうであれば、それはむしろ、「空」の底に口を開けた「無」の深淵を示しうるものだったかもしれない。だが、それを井筒は「大きく開いた空洞、空隙。イメージとしては、中が暗くて、覗きこんでも、そこに何があるのか、さだかでない、無形、不分明な、底の知れない広い深い穴」（Ⅸ－303〜304）とした上で、これを直ちに「原初の**質料的マッス**」（Ⅸ－304）としてしまうのである。ここには、（「空洞」「穴」から「質料的マッス」への）一つの飛躍と先取りがある。始めから、この開口部を「存在」の眼で見ているのである。

「概念実在論」

井筒「東洋」哲学の真面目が遺憾なく発揮された有「本質」的分節の第二の型の分析は、同時にその哲学の根本に潜む「問題」性――なお思考さるべき「問題」が埋もれているという意味での「問題」性――をも孕んだものであることを明らかにした今、本書も井筒と共に有「本質」的分節の最後の型である第三のそれの分析へと進もう。

この分析は、これまでの第一の型と第二の型の分析と比べて、至って簡明である。全集版で、僅か二十頁そこそこの分量でしかない。これは『意識と本質』全体の十分の一に遥かに及ばない分量である。前二者の型が「深層」に位置する「本質」に関わるものとして立ち入った分析を要求していたのに対して、「本質」がすでに「表層」に現われているとする第三の型が言わんとするところはさして立ち入った分析を加えなくとも明らかだと云うのだろうか。あるいは、「本質」の在りかを深層に認める井筒にとって、第三の型の議論は問題の核心にいまだ迫り切れていない不十分なものに映ったからでもあろうか。

有「本質」的存在分節の第三の型は、表層意識によって捉えられる普遍的「本質」が外的・客観的に（意識の外に・それ自体で）実在すると考える。この考え方のよく知られた実例として井筒がまず挙げるのが、プラトンのイデア論と孔子（前五五二—前四七九）の正名論である。両者は「永遠不易の普遍的「本質」の実在性を信じ、それによって紛乱する感覚的事物の世界を構造化し秩序付けようとする根本的態度」（VI－286）を共有する。眼前に咲き乱れる花たちをそのようなものたらしめているのは「花」とは何であるかを規定する「花性」であり、この「花性」の故に眼前の花たちは紛れもなく実在するものと成っているのだ。したがって、この「花性」が花の実在性の源泉であり、それが花の「本質」なのである。斯くして、それぞれの事物の「本質」の内実を明確に意識へともたらす（知る）ことが、それぞれの事物を真にそれに相応しい仕方で存在させることに成る。

ここからプラトンは、「本質」の内実を正確に捉えた知者によって私たちの世界は統べられるべきだとする『国家』論へと進み、孔子は「名」の指し示す「実」（内実）を「正しく」捉えることで（「名」を「正す」ことで）乱れた世を立て直さねばならないと論ずる。こうして、いずれも「本質」を〈それ自体で存在する実在の源泉（真の在りか）〉と捉えることから倫理的かつ**政治的**帰結を引き出し、それを前面に押し立てることに成る。そこで井筒は、有「本質」的分節の第三の型の**哲学的**な基本的骨格がより前面に現われたものとして、古代インドに発するニヤーヤ・ヴァイシェーシカ派の所説を取り上げる。この学派は、「名」によって指示される「実」を外界に実在する普遍的「本質」として理解する」（VI－298、傍点強調井筒）点で、この第三の型を代表するものとされる。外界に実在するのは単に個別者ばかりではなく、「普遍者もまた外的に実在するものであって、人は個別者に内在する普遍者を、個別者とともに知覚するのである」（VI－299、傍点強調井筒）。個別者をまさしくそのようなものとして実在せしめているのがこの普遍者であるのだから、それはこの個別者以上の外的実在だと言ってもよい。普遍者の外的実在、「本質」の外的実在（外界にそれ自体で存在すること）を主張する点が、この第三の型の根本なのである。これは、西洋中世スコラ哲学における「概念実在論《レアリスム》」（しばしば「実念論」とも訳される）の考え方に等しい。

この点を確認することを以って、『意識と本質』はその分析を終える。分析を終えた井筒は、「東洋」哲学においては存在と意識が分かち難く絡み合っていることに再び言及して、次のように述べる。「意識と存在のこのからみ合いの構造を追求していく過程で、人はどうしても「本質」の実在性の問題に逢着せざるをえない。その実在性を肯定するにせよ否定するにせよ、である」（VI－304）。すでに確認したように、この問題に井筒がどう応ずるのかは定まっていない。一方で有「本質」的存在分節の第二の型に依拠しつつ更に議論を深めていこうとする姿勢を見せつつ、他方で「本質」の実在性を否定する禅の議論に多大の関心と並々ならぬ共感を寄せてもいる。この意味では、同書は問題を提起した上で、それを考えるための材料を呈示したにとどまっているようにも見える。

この点に関して、井筒をよく知る論者たちの間にも見解の相違がある。倫理学者であり、道元にも造詣の深い頼住光子は、井筒の最終的境地を無「本質」的存在分節、すなわち禅に見ている。

> 踏み込んで解釈するならば、井筒にとって、最も根源的な立場は、絶対無分節の体験に基づく本質否定の立場である。井筒が、生涯をかけて追究した神秘哲学の極致は、深層次元における絶対無分節の体験的把捉とその哲学的表現である。[7]

しかし、彼女自身ここで断っているように、それはかなり「踏み込んで解釈」した上でのことである。井筒自身が「本質」の実在性を明確に否定したわけではない。その意味では、仏教学者・末木文美士の次の見解は穏当なものと言える。

> 井筒は、「本質」を認めない禅と、〔「本質」の深層における「元型」的実在性を認める〕第二の型の神秘主義にもっとも強く共感しているようで、〔「本質」の表層における実在性を外界に認める〕第三の型には比較的冷淡である。[8]

これは『意識と本質』に関わる発言であり、井筒の最終的な境地についてのものではないが、井筒「東洋」哲学の全体を眺め渡してみても、無「本質」的存在分節か有「本質」的存在分節かについて決定的な発言が見当たらない以上、井筒の「共感」が二つに割れたままであることは確かである。本章は、この二つの「共感」を繋ぐ途を井筒の中に見出し、以って井筒「東洋」哲学が向かうべき方向を提示すべく試みる。

井筒が同書で「本質」と「存在」の分離をイスラームと西洋スコラの到達点として見届けたことは、先に確認した。そして、そこで顕わとなった「存在」をめぐる問題に彼の関心は向かおうとしているかにも見えた。ところが、なぜか井筒はそこで立ち止まったまま、本書の知るかぎり、そこから先に進もうとはしない。少なくとも、主著においてはそうである。[9]「本質」の実在性をめぐる問題にあらためて自らが向かい合うにあたって、どのように問題を立て直したらよいか、考えあぐねているようにも見える。だが、この先に、問題の新たな展開が待ち受けているのではないか。思考＝哲学は（「東洋」哲学は）、おのれがそこに立ち止まっているわけにはいかないことに早晩気付かされるのではないか。ことは、禅の言う「還相《げんそう》」の、本書が（そして井筒も）まだ論じていない側面に関わる。「事」を解体して「理」へと立ち戻る「往相」に対して、「理」から「事」へと展開する過程の論理を解明する「還相」については、第I章で論じた。だが、「事」という分節化された世界に立ち戻るにあたって、そこではまだ論じられていない別の問題――別の途筋――があるのではないか。そして井筒自身も、その新たな展開に事実上足を踏み入れているようにも思われるのだ。

b)〈いま・ここで＝現に〉

「存在」の「独一性」

だが、この新たな展開に立ち入るためには、それに先立って触れておかねばならない論点がある。前章で、イスラームのスーフィスト、バスターミーがインド哲学に導かれて（「空」とは厳密に区別される）「無」に出会っていたかもしれない可能性について論じた。そのバスターミーの議論の中に、もう一つ注目すべき論点があった。「ある（存在）」ということの「独一性《タウヒード》」をめぐる議論である。もともとイスラームにおいては絶対者である神の唯一性・独存性を表わしていたこの語が、バスターミーにあっては「神に対応する人間の側の内的独存性を意味する」（X－317、傍点強調井筒）ように成ったと云うのである。この意味でのタウヒードに人が達するのは、次のような過程を経てのことだとされた。

〔…〕現実の人間的実存は、肉体との結合の故に、物質的世界に由来するありとあらゆる属性を帯びている、そういういわば外的覆いを一枚一枚〔…〕剝ぎ取っていく〔…〕そしてついに最後の一枚をも脱ぎ捨てて全裸状態、つまり絶対純粋の状態、になりきる時、それを「タウヒード」の状態というのである。（Ⅹ‐317〜318）

あるいは、次のようにも言われる。「〔…〕ひたすら自己に所属すると考えられるもの（属性）の「剝ぎ取り」につとめ〔…〕我の絶対的な純粋本性を求めつつ、ついに、我の無化に至る」（Ⅹ‐358、傍点強調井筒）。言うまでもなく、ここで言われている「我の無」は厳密な意味でのそれではなく、端的な「ある」のことだから、むしろ「空」にほかならない。したがって、そのような『我』は「本来〔…〕不変不動、**無記名**である私」（Ⅹ‐399）とも言われる。そのような「全裸」で「絶対純粋」な「ある」における「私」が、「独一性」すなわち「言葉の厳密な意味で〈ある＝存在〉と言ってよい唯一のもの」「それしかないもの」とされるのである。

私は常にさまざまな属性（「…**で**ある」）と共にあるが、そのような属性を具えた人物が私でなければならなかった理由はどこを探しても見当たらない。このときの「私」は、そうした諸属性とは別の次元に位置していると言うことができる。この「私」は端的な「…**が**ある＝存在」であり、それがここで言う「無記名である私」、「全裸」で（つまり、すべての属性を脱ぎ捨てた）「絶対純粋」な「ある」における私だ。これを『臨済』は「無位の真人《しんにん》」と表現する。井筒によれば、「無位」とは「絶対無限定（無固着的）〔で…〕自由無礙な柔軟性」（IX－410）である。

赤肉団上《しゃくにくだんじょう》に一無位の真人有り。常に汝等諸人の面門《めんもん》より出入す。未だ証拠せざる者は、看よ看よ。（『臨済』、ibid.）

今の論脈に合わせて自由に訳せば、次のようにでもなろうか。「たまたまこの肉体を具えた人物の下に、端的に「ある」（＝「がある」）ところの私がいる。この私は、いつでもお前たちの面前を自由無礙に出入りしているのだ。まだそのことに気付かない者は、この私をよく看よ」。したがってこの「私」は、もはや「神**の**」それでも「人間の側**の**」それでももはやなく、**全てが**〈いま・ここで＝現に〉「ある」ことそのこと、**端的な**（一切の限定なしの）「ある」だと言ってよい。およそ何かが「ある」ということの全てがそこに源泉を汲んでいるような、「ある」だ。そのような「ある」は、どう考えても**唯だ一つしかない**というのである。

興味深いことに、この〈端的にして全ての源泉たる「ある」〉、すなわち「全存在世界の根源的リアリティ」（X－306）であるブラフマンは、インド哲学において「絶対に取り消されることのあり得ないもの」とされている。この規定は、ふつう「幻影」と訳される「マーヤー」が「取り消し可能なもの」であることと対比して為されている。つまり、私たちがこの世界において出会う、それぞれに「名と形」を具えたさまざまな事物事象は全て「取り消し可能なもの」であるのに対して、そうした多様な事物事象が「そこから」姿を現わし、そこにそれらが「ある」ことの源泉を汲んでいる〈端的な「ある」〉は「絶対に取り消されることがあり得ない」というのである（Cf. X－390 f.）。

どんな経験によっても、いかなる他のものによっても**絶対に取り消されることのあり得ないもの、**それは**唯一無二、ブラフマン**である。ということは、ブラフマン以外の一切が取り消し可能なものであるということにほかならない。（X－393、傍点強調井筒）

この「絶対に取り消されることがない」という性格は、間違いなくかつてデカルト（一五九六―一六五〇）が（インド哲学から見れば、遥か後世のデカルトが）その方法的懐疑――少しでも疑わしさが残るものは全て「偽」と看做して斥ける――の末に到達した、あの「絶対に疑いえないもの」に正確に対応している。デカルトにとってそれは、「〈いま・ここで＝現に〉私に対して何かがそのようなものとして姿を現わしているということ、そのこと」にほかならなかった。このとき私に対して姿を現わしている当のものの方は（そして、それらに相対している私ですら）、それが現われているその通りのものであるか否かは疑いうるのに対して（つまり、それらが身に着けている「属性」は「取り消しうるもの」であるのに対して）、〈**現に**〉それらがそのようなものとして姿を現わしていること、**そのことの**方はもはやいかにしても疑うことができない、すなわち「絶対に取り消すことができない」とされたのである。[10] 十七世紀の西洋でデカルトが到達した地点は、遥か古代にインド哲学が到達していたブラフマン（ないしブラフマンとアートマンの合致）の再来だったかもしれないのだ。

この「絶対に取り消すことができない」ものの**唯一性**は、世界がそのつどごとに絶えず一から全て創造されるような仕方で成り立っているとする「創造不断」論と結び付けられるとき、より明確になる。もし世界がそのつどそのつど、そのたびごとに一から全てが立ち上がるという仕方で成り立っているのなら、そのたびごとにそれら全ては失われて、**二度と同じものは現われない**ことに成るからだ。世界は、そのつど「新しい」のだ。このことは、世界がそのつどそれかぎりのもの、この意味で他に替わるものがない唯一のものであることを示唆する。だが、そう言いうるためには、世界がそのつど「空」に還帰するのでは**ない**のでなければならない。一旦限定を失って「空」に戻ったものが再び三たび限定を被って「事」へと回帰するのなら、全ては一にして同じものであり続けることになるからだ。そのときには、そのつどの「新しさ」は相対的なものに過ぎなくなる。

もし、そのつどが語の厳密な意味で全き「新しさ」を体現しているなら、ひとたび失われたものはもはやかつての「空」（という同一者）に還帰するのではなく、永遠に失われるのでなければならない。すなわち、「無」に帰するのでなければならない（ここで「帰する」とは、還帰を意味し**ない**ことに注意してほしい）。だが、私たちの眼は、「事」の解体が無限定の「空」の闇へと還帰することなのか、無限定ですらない端的な「無」に「帰する」ことなのかを区別することができないのだ。どちらも、私たちには〈「何」も「ない」〉ことでしかないからだ。とはいえこのことは、いずれの可能性をも開いたままに保持する。斯くして、そのつど現に姿を現わしては消えてゆく世界の、その〈現に〉ということにおける唯一性は、「純粋な可能性」の内で、そしてその内でのみ、あくまでも存立し続けるものであることが明らかになる。〈現に〉という仕方での世界のそのつどの成就は、**ひょっとしたら**それに固有にして唯一の色が着いているの**かもしれない**のだ。この可能性の内に姿を現わしたのが、ノウィーヤとしての「存在」なのである。

フウィーヤ（西洋中世スコラ哲学においては、ヘッケイタース haecceitas と訳される）であるかぎりでの「ある＝存在」は、言葉の厳密な意味で「それしかない」もののことだ。同時に、「ある」と言いうる全てが、それからのみその「ある」ことを引き出しているようなもののことだ。「もの」と言ってもそれは物体＝存在者ではないから、「こと」（或る事態）と言った方がより正確だろう。それは、〈いま・ここで＝現に〉という**こと**なのだ。そこから全てが始まるのだから、それ以外には何（ごと）もないのだから、それは何の根拠もなしに〈**ただ（端的に）**「ある」〉。しかもそれは、いつも何らかの内実（「ある」ことの**いかに**）と共にしかないのだが、その内実もろともいつの間にか（あっという間に）失われて、そのつど新たに〈ただ「ある」〉。少なくとも今のところ――誰かがこの文章を読んでいるかぎり――、そうだ。

だが、そうだとすると、それがそのつど〈現に〉そうで「ある」ことを証言できるのは、それに〈現に〉立ち会った（立ち会う）者しかいないことにならないだろうか。ところで、それに〈現に〉立ち会うのは、誰か。私もそうだし、他人たちもそうなのか。分からない。唯だ一つ確かなことは、**少なくとも**私は〈現に〉立ち会っているということだ。より正確に言い直せば、いま・ここで〈現に〉という**ことがある**のだけは、確かだ。そして、そのことを言いうるのは、ひょっとして私だけかもしれないのだ。「はい、確かにそうです（そうでした）」と言うことのできる者、それが私なのである。

このとき、その内実（「**そう**です（**そう**でした）」）を携えて、この証言はいったいどこに向かって為されているのか（「そうです」は「そう」と「である」の二つから成り、前者が「内実（いかに）」を、後者が「存在（ある）」を表わす）。そうで「ある」ことそのことに向けて、としか言いようがない。何しろ、それ以外の何ものもない＝それしかないからだ。あるいは、こう言うべきかもしれない。そうで「ある」ことそのことにはもはや最終的に何の根拠もなかったのだから（それは――「ある」のではなく――「なくてもよかった」のだから)、何の根拠もないことそのことに向かって「でも、なぜかそうなのです(そうだったのです)」と証言しているのだ。すなわち、最終的にはそれは「無」に向かって証言しているのである。

創造不断

「存在」の「独一性」をめぐる議論と、その「存在」はそのつどごとに一から全てを立ち上げる「不断の創造」によってもたらされるとする「創造不断」論を結び付けて展開した上述の議論の歩みを、井筒のまさに「創造不断」と題された論考[11]から読み取ることは決して不可能ではない。見てみよう。

同論考は、前半でイスラームのイブン・アラビーを、後半で禅の道元を取り上げ、いずれもがこの世界の在りようを不断の創造によるものとして捉えていることを示すという構成になっている。前半では、アラビーと同じイスラームの詩人にして文学者ハマダーニー(九六九―一〇〇八)がそのさまを、静かに燃え続ける炎に喩えていることが引き合いに出される。「瞬間瞬間に現われては消える無数の違う炎の、ひとつらなりの姿〔…〕それこそまさに、神を除く他の一切の存在物の必然的なあり方なのである」(IX-143)。私たちにとって時間は連続的であり、その連続する時間の中で同一のものが一定期間存続しては消え去ってゆくように見えるが、それは一種の錯覚だと言うのである。そこで井筒は、唯識に言及する。

> 日常的意識にとって、ある一定の期間、存在し続けるかのごとく見えるAは、実は、互いに酷似した一連のもの($A^1 \to A^2 \to A^3 \to A^4 \to \cdots\cdots A^X$)なのだ、というのが唯識の見方である。(IX-158、傍点

強調井筒）

A^1、A^2、A^3…は、私たちには酷似して見えるが故に同一のAがそこにあり続けていると思われるのだが、実は、似てはいても互いに別ものなのだ、というわけである。この「一連のもの」を井筒は、「**非連続的**存在単位の連鎖」（ibid.）とも説明している。これを道元は、「山が歩く」と表現する。私たちには同一の山がそこに存在し続けているように見えても、実際は時々刻々に、似てはいても別の（すなわち「新しい」）山が生起しているのである。「青山《せいざん》の運歩《うんぽ》は、其疾如風《ごしつにょふう》よりもすみやか」。「山は疾風の如くすみやかに歩いている」、つまり、私たちが見ている間にもあっと思う間《ま》もなく（疾風の如くすみやかに）別の・新しい山が姿を現わし、更にまた別の山が姿を現わし…といった（まるで歩いているかのような）具合なのだ（Cf. Ⅸ－144）。同じことを道元は、「薪」を引き合いに出して次のようにも述べる。「しるべし、薪は薪の法位に住して、さきあり、のちあり。前後ありといへども、前後際断せり」（『正法眼蔵』、「現成公案」）。「さき」の薪と「のち」の薪の間は「際断」されており、両者は別々の薪なのである。薪は「刻一刻、新しく薪である」のだ（Ⅸ－148〜149、傍点強調井筒）。先にも述べたように、「世界はそのつど新しい」（本書、222頁）のである。

そうであるなら、何かが「ある＝存在する」とは当の何かが時間の変転の中で同一であり続けるということではなく、そのつどの時ごとにその何かが姿を現わしては消えてゆくということなのである。「時の念々起滅は、同時に、有〔ある＝存在する〕の念々起滅でもある」（Ⅸ－107、傍点強調井筒）のだ。「存在するとは時すること」（Ⅸ－152、傍点強調井筒）なのであり、これを道元は「有時《うじ》」と表現する。「有」すなわち「存在」と「時」すなわち「時間」は、同じことなのである。「ある一つのもの（A）について「Aが存在する」と言えるなら、当然、「Aが（Aとして）時する」とも言える」（IX－169〜170、傍点強調井筒）のだ。道元自身は、次のように述べる。

> いはゆる有時は、時《じ》すでに有《う》なり。有はみな時なり。〔…〕しかあれば、松も時なり、竹も時なり。〔…〕山も時なり、海も時なり、時にあらざれば山海あるべからず。（『正法眼蔵』、「有時」）

松も竹も山も海も薪も…「念々起滅する前後際断〔された〕瞬間の、非常非断のつらなり」（IX－155〜156）から成り立っているのであり、「薪である」ことの内には無数の「新しく薪である」ことの瞬間が孕まれているのである。これを道元は、「有時経歴《きょうりゃく》」と称する。「新しく薪である」ことの無数の「経歴《へめぐり》」、それが「有時」なのだ。何かがそのつど姿を現わし＝存在することの内には、私たちの眼には同一物に見えるものがこれまで経てきた無数の生起と消滅の痕跡（歴史）が刻まれており、かつこれから生ずるだろう出来事への動向が兆している。

したがって、想起（される過去）や予期（される未来）が時間の連続性を前提していると考えるのは誤りである。時間が連続しているから、何かを記憶することができ、かつての出来事を反復できるのではない。失われてもはやないものを、時を隔てて（前後際断）、あたかもこの際断を乗り越えるかのようにあらためて創造しうるほどまでに現出の強度が昂まったが故に、時間があたかも連続体の如きものとして、そのつどの現出の中で（そのたびごとに）樹立されるのである。反復とはこのことであり、したがってそれは創造にほかならないのだ。ハイデガーなら、これを「既在（Gewesenheit＝**既**にないものを新たに存**在**し直すこと）」と呼ぶだろう。

いまだ現出しない未来に関しても、事情は同様である。いまだ存在しないものを、時を隔てて（前後際断）、あたかもこの際断を乗り越えるかのように先駆けて創造しうるほどまでに現出の強度が昂まったが故に、時間があたかも連続体の如きものとして、そのつどの現出の中で（そのたびごとに）樹立されるのだ。これもまた反復であり、したがってそれは創造にほかならないのである。ハイデガーなら、これを「先駆（Vorlauf）」としての「将来（Zukunft）」と呼ぶだろう。そして、先の「既在」とこの「将来」の生起する場が、「瞬視（Augenblick＝瞬きするそのたびごとに何かが、斯くして全てが看て取られること）」としての〈いま・ここで＝現に（da）〉なのである。

斯くして、いや増す「既在」と「将来」の厚みを纏って、それらを通して、何ものかが姿を現わすことになる。現前がそのたびごとに深まるのであり、この深みは遂に太古の昔から永劫の未来にまで達する。それればかりではない。〈いま・ここで＝現に〉生じている〈何かがあること（存在）〉は、空間的にもその何かの内に更に別の何かを、そしてその外にも別の何かを孕んでいる。あなたの眼の前に拡げられた本は幾つもの頁を、それらの頁は幾つもの文章を、それらの文章は幾つもの文字を…孕んでおり、その本の手前にはあなたが座り、そのあなたの座を取り囲むように書斎が拡がり、書斎は地球上の一地点としてそのまま宇宙空間に繋がっている。このように、無限小から無限大に至る全空間が、〈いま・ここで＝現に〉そのつど開＝披かれるのだ。

明らかなように、そのつどの存在の創出は、創出のそのたびごとにおよそ存在しうる全てに及ぶのであり、これを華厳は「挙体性起」・「挙体全動」と表現していた（Cf. Ⅸ－109）。何かが何かとして姿を現わすそのたびごとに「全存在世界」は「一挙開顕」するのであり（これを「一切一挙」totum simul＝全てが一から一挙に立ち上がると表現する）、「同時炳現《へいげん》」する。名高い華厳の「胎蔵マンダラは〔…

この」全存在世界の一挙開顕の図像的、あるいは絵画的呈示にほかならない」(Cf. IX－153～154)。井筒はこれを、次のように記述する。

ただ一物の「有時」(存在・時間)のなかに、宇宙に拡がる一切の「有時」(存在・時間)の全エネルギーが凝集されている。「有時」とは、一物一物の「有時」でありながら、しかも同時に、全存在世界の「有時」である〔…〕。(IX－171)

道元は、全てをその内に孕んでそのつど生起するこうした〈いま・ここで＝現に〉を、「而今《にこん》」と呼んだ。これを井筒は解説して曰く、

「而今」としての「現在」は、一瞬一瞬に「尽時」〔…すなわち〕すべての時を尽くす〔先の本書の言い方では、太古の昔から永劫の未来にまで達する〕。〔…〕そして、「現在」が、時々刻々に「尽時」〔…〕であるということは、とりもなおさず「現在」が、時々刻々に「尽有」〔…〕であるということでもある〔広大無辺の宇宙に存在する全てがそのつどの時に含まれている〕。「尽時」「尽有」の「現在」。(IX－168)

そして、道元から次の一文が引用される。「時時の時に尽有尽界あるなり〔そのつどそのつどの時は、全ての存在を尽くし、世界の全てを尽くす〕」(IX－173)。「而今」は「一花開いて〔全〕世界〔が〕開く場所」(IX－172)なのである。ところで、「而今」におけるこうした「有時」の生起は、その根本に

おいて「忽然《こつねん》生起」である点が見過ごされてはならない。井筒は同論考で「時即有の忽然生起」について語るが（Ⅸ－148、傍点強調井筒）、そこではこの「忽然」は時間の瞬間性・そのつど性・「際断」性を示すものと解釈されている（Cf. ibid.）。しかし、それは単に「際断」性を示すのみならず、そのつどの今における全存在世界の生起が何の根拠もなしに突如として起こるものであること（世界生起の根本的偶然性）をも示しているはずである。何度も触れたように、「而今」という〈いま・ここで＝現に〉以外の何ものも言葉の厳密な意味で存在していないからだ。そこに全てが含まれているのであれば、そこの生起自体に先立つものは（根拠であれ何であれ）ありえないのだ。この点への洞察が、少なくとも井筒には見られない。だが、この洞察なくしては、〈世界は「なくてもよかった」〉という仕方で開示される「無」の次元が思考の前に開かれることはないのだった。

そのことの当然の帰結として、瞬間ごとの世界の生起と同時に起こる「無への還帰」を、井筒は「無分節化」（すなわち、本書の言う「空」への還帰）としてのみ捉えることになる。以下は、同論考の前半で彼がアラビーの存在一性論を解釈するくだりである。

絶対無分節的一者の、現象的多者性へ向っての自己分節、そしてまた逆に、こうして生起した現象的多者の自己**無分節化**。瞬間瞬間に繰り返される「慈愛の息吹き」〔神の世界創造をイブン・アラビーはこう表現する〕のこの**永遠の往還**〔…〕。（Ⅸ－139）

ここには、同じものの「往還」のみがあり、永遠に失われて二度と還帰することのない唯一のものの影すら見出すことはできない。これも先に論じたように、私たちの眼は瞬間ごとに失われる「存在」が無限定態としての「空」へと還帰するのか、それとも無限定ですらない端的な「無」に帰すのか（この場合の「帰す」は還帰を意味しないのだった）を区別できないのだが、こうした区別不能な二つの次元の可能性が井筒の視野に入ることはないのだ。

吾有時

しかし、唯一なるものへの肉薄が彼の思考に全く欠落しているわけでは必ずしもない。それは、井筒が道元の「吾有時《ごうじ》」という思想に注目するとき垣間見られる。まず道元だが、彼は次のようにして「有時」と「吾」を結び付ける。

尽界にあらゆる尽有は、つらなりながら時時なり。有時なるによりて、吾有時なり。（IX－182、傍点強調井筒）

文の前半は、先ほど来論じている世界の瞬間ごとの創造について、すなわち「創造不断」について述べている。この世界に存在する全ては、そのつどそのつどの世界創造の「前後際断」された連なり（「時時」）にほかならないのである。これを承けて、後半は次のように言う。したがって、存在（有）と時間（時）は同じ事態なのだが（「有時」）、世界がそのようであるのは（そのようにして全てが生起するのは）そこに「吾《われ》」、すなわち「私」が関わっているからなのだ。「吾有時」とは、「吾」と「有」と「時」が同一の事態であることを示している。およそ「存在」するところの全てが「時間」として存在するのは、「私」の下において、そして「私」の下においてのみだ、と言うのである。同様の指摘は、禅においてしばしば現われる。「尽大地是れ**汝が自己**」（雪峯義存）。「山河大地日月星辰、総べて**汝の心**を出でず。三千世界は都来《すべて》是れ**汝が箇の自己**なり」（黄檗希運）（いずれも、IX－409）。

道元は続ける。「わがいま尽力経歴にあらざれば、一法一物も現成することなし、経歴することなし〔…〕」（IX－183、傍点強調井筒）。私が〈いま・ここで＝現に〉力を尽くさなければ、何も（「一法一物も」）存在するには至らないのである。太古の昔から永劫の未来にまで達する時間が開ける（「経歴する」）こともないのだ。ここで私は、全てがそのたびごとに存在へと至ることの**媒体**として機能している、と言ってもよい。道元のこの発言を井筒は、次のように纏める。「「我」の挙体全動的「尽力」によって（「わが尽力」）、存在と時間とが「有時」（存在・即・時間）として現成する」（IX－109）。その上で、華厳の曼荼羅を引き合いに出して、解説を加える。「根源的非時間マンダラの中心点は「空」だった。これにたいして、**非**時間マンダラの現象的展開形態としての時間フィールドの中心点は「我《われ》」。〔…〕非時間的マンダラの中心点が、そのまま時間的展開の次元において、「我」として働く」（IX－178、傍点強調井筒）。

何かが何かとして姿を現わす（「事」として「性起」する）以前の、未だ無限定態にとどまる「空」という〈存在エネルギーの充満状態〉の内に、およそ存在しうる全てが孕まれている。その「図像的、あるいは絵画的呈示」（IX－154）が、（胎蔵界）曼荼羅だった。それは「性起」以前であるが故に、なお「非時間的」である。この「空」が限定を被って「何」かとして姿を現わすのは、そのつどそのつどの瞬間においてだった。すなわち、時間の中で初めて何かが存在するところのものとして姿を現わす。これが、「性起」にほかならなかった。こうして成立する「時間フィールド」の中心に位置するのが（中心で機能しているのが）、「我＝私」なのである。非時間的なものを時間的なものへと「展開」するにあたって、「我＝私」の「尽力」が不可欠なのだ。
こうして井筒は、同論考の末尾で次のように結論する。

道元の構想する時間論は、「我」を機能先端として、刻々に新しく現成していく「有時の而今」〔…〕の相続に窮極する。（IX‐184）

「創造不断」を「我」に接続した所で、彼の議論は終わる。だが、ここから新たな議論が始まらなければならないのではないか。ここで、世界のそのたびごとの現出に不可欠のものとされた「我」とは、いったい誰なのか。それは何者なのか。ここで「我」とはその「尽力」を以って世界を時間として開＝披く「機能先端」にほかならないことに鑑みれば、「我」と名指されたそれは、いかなる**事態**なのか。これら一連の問いに、井筒が正面から向かい合った形跡はない。しかし、ここで問われている事柄に、井筒は決して無縁ではない。無縁ではないどころか、『意識と本質』において「本質」と「存在」の分離を見届けたとき、彼がおのれの思考の向かう先に見据えていたのは、「フウィーヤ／ヘッケイタース」としての「存在」、すなわち「端的ないま」「それだけが言葉の厳密な意味で〈ある＝存在〉と言ってよい唯一のもの」、本書の言葉に言い換えるなら〈いま・ここで＝現に（da）〉だった可能性が高いのだ。彼がバスターミーの「独一性《タウヒード》」――一切の属性を剝ぎ取った、端的に「ある」ことそのことであるような「私」の在りよう――に注目していたことを、その証拠の一つとして挙げることもできるだろう。

「純粋な可能性」としての「無」

世界は「そのつど」という仕方でのみ「存在」へともたらされ、存在するものとなる〈道元の「有時」は、このことを述べていた〉。そして、この「そのつど」が、そこから全てが存在を汲み取る「それしかない」唯だ一つのもの――「独一」的なもの（バスターミー）――であり、それが少なくとも「私」の下で〈いま・ここで＝現に〉生起していることだけは確か（「絶対に取り消しえない」）なのだ。このようにして「存在（有）」と「時間（時）」と「私（吾）」は、言葉の強い意味で「ある」と言ってよい唯だ一つのものであるかぎりで、同一の事態であることが明らかになる。道元の言う「吾有時」は、唯一性ないし「独一性」という紐帯によってこれら三者を結び付けているのだ。

だが、この「それしか存在しない」「独一」的なものはたちどころに失われ、**別の**「それしか存在しない」ものに取って替わられる。世界は、そのつど「新しい」のだった。問題は、この「新しさ」である。そのつどたちどころに失われる「それしか存在しない」ものが、その「何」としての限定を失うことで再び「空」という無限定な「存在エネルギー」、すなわち単なる力の塊へと還って行くのであれば、それが別様の限定を得てあらためて「何」かとして姿を現わしたときの「新しさ」は相対的なものにとどまる。**同じ**「空」が形を**変えて**姿を現わしたのである以上、そこに絶対的な「新しさ」は認められないからだ。「ある」という点では、何ら変わるところはないのだ。

では、そのつどの「新しさ」が絶対的なものと成るのは、どのような場合だろうか。明らかなように、何かが何かとして姿を現わしたその「時」が（その「存在」が、その「私」が）、ひとたび失われたら最後、二度と姿を現わさない場合以外ではない。これを本書は〈「無」に帰す〉と表現し、「空」（という無限定態）へと「還帰」することと区別したのだった。この「無」においては、無限定な「存在エネルギー」という力の塊を想定するいかなる余地もないのだ。したがって、もし思考がこの「無」に直面したなら、そのとき思考は全き機能不全に陥る。思考を通じて理解しうる何ものも、そこには「ない」からだ。同じことを逆から言えば、なお何かが理解可能なら（想定可能なら）、そこにはその理解可能なものが思考の対象として「存在」しているのであり、それは「無」ではない。

　ということは、思考はおのれが直面しているものが「無」だと確言することもできない。確言できるためには、「無」が何で「ある」かが理解されていなければならないからだ（言うまでもなく、そのときには「無」は正反対の「ある＝存在」へと転倒されてしまっている）。これが、思考が機能不全に陥るということなのである。だが、（驚くべきことに）思考は機能不全に陥ってなお、為しうることが（おそらく、唯だ一つ）あるのだ。ここで唯だ一つ思考にとって可能なのは、**ひょっとしたら**ここでおのれが直面しているのは「無」なの**かもしれない**、と考えることなのである。

　もちろんこのことは、そこで思考が直面しているものが実は「無」でない可能性を排除しない。単にその時点で思考に能力が不足しているがために理解できないに過ぎず、思考が努力して能力を身に付ければそれが何であるかが理解できるのだ。だが、思考が何か理解不能なものに向き合っているかぎり、そこでおのれが向かい合っているものが原理的に（事柄の本性からして）理解できないもの、すなわち「無」である可能性もまた、排除されないのである。思考が「無」に直面しうるとすれば、それはこの可能性の内において以外ではない。そしてこの可能性は、どこまでも可能性としてしか存立せず、何らかの現実性において事態が決着を見るということが（これまた原理的に、つまり事柄の本性からして）ない。決着したと言えたときには思考はそれを理解してしまっており、したがってそれは「無」ではないからだ。「無」を「無」として保持するためには、思考は決着の付かない状態に耐え続けなければならない。この未決着状態の内でのみ保持されるものを本書は、「純粋な可能性」と呼ぶのである。すなわち、思考は「純粋な可能性」においてのみ、「無」と出会いうる。

　思考がこのような可能性に開かれる際立った場面が、少なくとも二つある。一つは「私」の死――すなわち、〈いま・ここで＝現に〉が失われること――に思考が直面するときであり、もう一つは他人の下で〈現に〉何が起こっているかに直面するときだ。ひょっとするとそれらは、思考が決して理解しえないものかもしれないのだ（繰り返すが、このことは、実はそれらが理解可能である可能性を排除しない）。そしてそのとき、そのときにかぎって（思考が理解しえないものに、すなわち「無」に直面したときにかぎって）、〈いま・ここで＝現に〉姿を現わしている世界の全ては、「唯だそれだけが現にある」と言ってよい唯一のものと成る。なぜなら、ひょっとしたら「無」ということが可能かもしれないからだ。〈いま・ここで＝現に〉姿を現わしている世界の全ては、それがひとたび失われたら最後、二度と姿を現わすことがない、すなわち「無」に帰すかもしれないのだ。同じものが（形を変えて、姿を変えて）再び・三《み》度《たび》…、あるいは他人の下で姿を現わすということが金輪際ないのだとすれば、それは、それが姿を現わしたそのかぎりのものとなるのである。

　井筒は、或る論考で「輪廻転生を否定するイスラーム」について触れ、それを「**一回性**への感受性」と解釈している（Cf. Ⅶ－505 f.）。これは「空」ではなく、「無」への感性である。そうであれば「終末」を、（神の下での永遠の生への機会《チャンス》としてでなく）「無」に直面する「時」と解釈する余地が生まれる。「誰も他人の身代りになれず、取りなしも容れられず、償いも取って貰えず、誰にも助けて貰えない日のことを畏れ憶うがよい」（『コーラン』第2章45節、Ⅶ－527）。ここに姿を現わしている代替不可能性が、「一回性」――すなわち唯一性――と繋がる可能性があるのだ。

そして、そのような「一回的」なものが少なくとも〈いま・ここで＝現に〉姿を現わしており、その現出に不可欠の媒体として立ち会っているのが私なのだとすれば、少なくともその私はこの「姿を現わしたそのかぎりのもの＝唯一のもの」の現出に立ち会った者としてそのことを証言し、以って失われるものに確かに応ずることができる。「応ずる」と言っても、それは「はい、姿を現わしたそのかぎりのものに確かに立ち会いました」と私の名の下に肯定することで、「無」に帰す（帰した）ものに向かい合うこと以上ではない。だが、この向かい合いによって、そのままではただ失われるだけだったものが、少なくとも一旦はどこかで受け止められたことに成る。この受け止められることにおいて、失われる（た）ものは少なくとも一回は（妙な言い方だが）「反芻され＝味わわれ」（「享受され」と言ってもよい）、そのかぎりで、ただ失われるのとは異なる次元に移行することに成る。

証言

だが、それがどう「異なる」のかを言うことは難しい。そのまま素直に、「得も言われぬものと成る」と言っておこう。失われる（た）ものを、失われる（た）もの**として**（これが「反芻」である）「無」に向けて差し出す一種の挨拶のようなものだ、と言ってもよい。そのような挨拶を、少なくとも私はすることができるし、してもよいのだ。そうすることで何が変わるわけでもないとも言えるし、それまでとは決定的に「異なる」とも言える。ことは、禅における分節(Ⅰ)と分節(Ⅱ)の間の異同に些か似ている。そこでの分節線が「透明に成る」ことと、ここでの「受け止めることにおいて反芻される」こととが、対応するのだ。これが、この「証言」の内実なのである。

本書は、例えば井筒が次のように論ずるとき、彼の内でこの「証言」が実際に遂行されていたのではないかと考える（「風景」、慶應版全集第Ⅸ巻所収）。彼は深夜に執筆することを長年の習慣としていたそうだが、そんな或る夜、ふと窓外に眼を遣ると雲一つない晴天の空に一輪の月が輝いている。その光景を眼にした彼は、「千古一輪月」という言葉と共に次の寒山詩を思い出す。

寒山頂上月輪孤
照見晴空一物無

寒山の頂の上に唯だ一輪の月が懸かり、晴れ渡って一物もない夜空を煌々と照らしている（その裏には、「このようにどこまでも澄み渡って唯だ一物もない――「空」である――のが、この世界の真の姿なのだ」との思いがあるだろう）。千古の昔より変わらぬ、唯だ一輪の月だ。このとき井筒の見ている月は、「千古」という長く深い時間の厚みを通して、姿を現わしている。これを承けて、彼は次のように書く。

> 今ここに現前する現在という時間的・空間的極点、を生きる実存的意識の充溢の中に、かつてこの同じ空間に生きた人々の経験の総体を巻き込みながら、ただ一回限り生起する、そして果てしなく広がる、意味イメージの空間が、瞬間から瞬間へと非連続の連続として現成していく。（Ⅸ―348、傍点強調井筒）

エクリチュール（書き遺された文字）を介しての、そのつどの瞬間――〈いま・ここで＝現に〉

――における反復（反芻）であり、その反復の中で同じ「一輪の月」が「千古」の時間を纏って――同じ月を見詰めた「人々の経験の総体を巻き込みながら」――現われ出るのだ。と同時に、その月が「ただ一回限り」で失われることもまた看て取られている。井筒は、そのような月の証人として、これを（寒山詩を反復しつつ）書き留めたのだ。この証言の内には、そのようにして姿を現わした月を受け止めるその場の微かな振動が余韻のように響いていないだろうか。この余韻（これを本書は、先に「享受され」「味わわれる」と述べた）が、月を見詰める井筒の感慨として、この文を読む私たちに伝わってくるのだ。

　彼は別のところで、この余韻を「けり」という「日本語の助動詞」（IX－288、本段落の引用はすべて同所）の内に看て取っているように思われる（「気づく」、慶應版全集第IX巻所収）。その論考で井筒は、この言葉には「「気づき」の過去性」が「構造的に結晶している」としてそれを「三つの主要な意味」へと析出するのだが、それらは「㈠過去、㈡はじめて何かに気づく、㈢詠嘆」だとされる。「そうだった（過去）のか（詠嘆）」と「気づ」いて驚くとき、私たち日本人は「けり」と述べて来たと云うのである。或る事物――例えば、雲一つない夜空を隈なく照らし出す一輪の月――がそのようなものであることに――「千古一輪月」であることに――ふと私たちが「気づく」とき、当の事物のそのようなものとしての現出にして到来（井筒の言う「過去」性だが、むしろ「現在完了」のようなものだと言った方が分かりやすいかもしれない）がそこにおいて受け止められた場が、その受け止めることにおいて振動するのであり、この振動（これを本書は先に「余韻」と呼んだ）が「詠嘆」という形を取るのだ。この一連の事態が、「けり」という言葉に結晶する。斯くして、例えば次のような歌が生まれる。ここで井筒が引くのは、貫之である。

世の中はかくこそありけれ吹く風の
目に見ぬ人も恋しかりけり　（Ⅸ－288、傍点強調井筒）

このとき「けり」の内で響いている「詠嘆」の情は、藤原敏行が秋の「到来」に「気づ」いて「驚く」ときのそれに等しい。

秋来ぬと目にはさやかに見えねども
風の音にぞ**おどろかれ**ぬる　（Ⅸ－289）

井筒はここで「気づかれた事柄の意外性の喚《よ》び起す**内的衝撃**」（ibid.）について語るが――それが「驚き」にほかならない――、何ごとかのそのようなものとしての到来が受け止められたときその場に生ずる振動がこの「衝撃」なのであり、この「衝撃」が惹き起こした波紋が、先に本書が述べた「余韻」なのである。「ただ一回限り」のものの到来に「気づ」き、「おどろ」いたとき、私はその余韻の中で「はい、確かにそうです（でした）」と呟かずにはいられないのであり、この呟きは到来した事態に私が正面から向かい合うことで発せられる以上、すでに証言なのだ。井筒が『千古一輪月』について語り、日本語の「けり」について語るとき、彼はそれらが〈いま・ここで＝現に〉「ただ一回限り」姿を現わしたことを証言しているかもしれないのだ。

井筒の眼差しが最終的に向き合っていたのが、この〈いま・ここで＝現に〉だったことを窺わせる議論に、もう一つ触れておこう。『碧巌録』四十に登場する南泉普願《なんせんふがん》禅師（七四八―八三五）が庭に咲く一株の花を指しながら「世人のこの一株の花を見る見方はまるで夢でも見ているようなものだ」と述べた話を引いて、井筒は次のように論ずる。

世人の目に映る感覚的花は花性をその本質として動きのとれぬように固定されたものである。花の花的側面だけはありありと見えているが、花の非花的側面は全く見えていない。つまり花を真に今ここに咲く花として成立させている本源的存在性が見えていないのだ。このような形で見られた花は夢の中に現われた花のように実は取りとめもないものだ、と〔南泉禅師は〕いうのである。（IV‐175、傍点強調井筒）

眼前の花を〈いま・ここで＝現に〉咲く花として現前せしめている「ある」（「本源的存在性」）こそ、禅が向かい合わんとする究極の事態であること、そしてその〈いま・ここで＝現に〉「ある」ことに全てが源泉を汲んでいるさまに、井筒の思考はぴたりと照準を合わせている。

もう一つだけ、本節を閉じるにあたって触れておいてもよいと思われることがある。すでに本書も井筒と共に何度も検討したイブン・アラビーの所説の中にあった〈「有・無不定」の――存在するとも存在しないとも言えない――「第三の範疇」〉をめぐる議論である。おさらいをしておこう。存在論上の（「存在者 ens」の）三つの範疇の内、「第一」のそれと「第二」のそれは以下の如くである。

その第一は「絶対的存在」〔…〕であって言語もこれを語るに由なく思惟もこれを考えるにすべ

なき時空を絶せる久遠の実在である。これは無制約的絶対者、他のなにものにも依存することなく純粋にそれ自らによって存在する者、万物の根源にして万物に存在を賦与し、万物を管理支配するところの創造主である。

第二の範疇は神によって存在するもの、すなわち限定されたる有であり、宇宙の森羅万象である。この第二範疇は第一の範疇たる絶対者によって二次的に生じたもの、此の宇宙の非有より有への移行を人は「創造」という。（Ⅰ－470）

ここで「絶対的存在」とされる第一の範疇の深奥に「神の彼方」を、神すら「無」化される地点をアラビーが見ていたことについては、先に論じた。これに対して、第二の範疇に属するものは全て、何かとして限定されて姿を現わしている存在者である。この両者の間に、つまり、最終的には「無」に極まるものと「存在＝有」の間に、両者のいずれでもなく、かつ両者のいずれでもあるような、「無」と「有」を媒介するような（奇妙な）ものをアラビーは置き、それを存在論上の第三の範疇とするのである。

本書は、この議論の中でアラビーが向かい合っていたのは、実は〈いま・ここで＝現に〉ではなかったかと考える。尤も、アラビー自身はおのれの向かい合っているものが〈いま・ここで＝現に〉と表現すべきものであるとは考えていなかったために（井筒もまた然りなのだが）、この「第三の範疇」について述べる彼の言葉が〈いま・ここで＝現に〉に正確に対応するわけではない。だが、アラビーが次のように論ずるときそこに姿を見せているのは、**それ**のみが言葉の厳密な意味で「ある」と言うことができ、かつ全てが**それ**にのみ源泉を汲んでいるところのもの——本書はそれを〈いま・ここで

＝現に〉として捉えてきた——にあまりにもよく似ていないだろうか。

井筒はこの「第三の範疇」を「「有りともいわれず無しともいわれぬもの」、思惟され得る最も普遍的観念、**ありとあらゆるものの母体**〔これはすなわち、全てがそれに源泉を汲むものの意にほかならない〕」（I－470）と説明した上で、アラビーから次の文を引用する。

有であるとも無であるともいえないもの、また無始的とも有始的（偶有的）ともいえないものである。それは無始の過去より在るところの真実在と共に在るものであるから、宇宙に対して時間的に先とも後とも決定出来ないのである。〔…〕このものには全体もなければ部分もなく、増減なく、無始にして無終、宇宙の根源である。かくてこの第三範疇は宇宙の絶対的可知的なる諸観念の観念であって、無始的なるものに在っては自らを無始的に示現し、偶有的なるものに於ては自らも偶有的なものとして現われる。このものを以て宇宙なりとなすも真であるが、これを以て至高至尊なる永遠の真実在とするもまた正しい。併し乍らこれを以て宇宙にあらず、真実在にあらずというもこれまた真なのである。すなわちこのものは、絶対的にして最も普遍的、実有偶有を共に包括し、存在者の数だけ数を有するが、しかも諸存在者の分割により自らは分割されることなく、諸概念の分割と共に分割され、存在者でもなく非存在者でもなく、宇宙ではないがやはり宇宙である〔…〕。（I－470～471）

長文でもあり難解な文章だが、これを〈いま・ここで＝現に〉を参照軸に置いて読み解いてみよう。〈いま・ここで＝現に〉は**そこにおいて**全てが存在するもの（存在者）として姿を現わす**場所**の如きものだから、それ自体は存在者ではない。したがって、それは「有である」とは言えないが、さりとてそれが生起しなければいかなる存在者も存在しないという意味では単なる「無」ではない。この意味で、それは「有であるとも無であるともいえない」。またそれは、そのつど姿を現わしてはいつの間にか失われる「瞬間」的な性格をもつ非連続体だから、連続する時間の流れの中でいつか始まり、いつか終わるといった在り方をしていない。もちろん、ずっと存在し続けるものでもない。すなわち、「無始的とも有始的（偶有的）ともいえない」。

それが生じなければ何ものも存在せず、かつ現に世界が存在している以上、それは世界にとって「必然的」（無始的）であるが、そのつど生起する〈いま・ここで＝現に〉は次にもそれが生起することを何ら保証しない「忽然念起」だから――「いつ、どこからともなく、**これという理由もなしに**、突如として吹き起る風のよう」[12]（X－512）なものだから――「偶然的」（偶有的）でもある。事態のこの次元では、普通であれば対立する「必然」と「偶然」という二つの様相の区別が「潰れて」しまうのだ[13]。そして、世界が存在するところには必ずそれが生起しているのだから（「無始の過去より在るところの真実在と共に在る」）、「宇宙（＝世界）」に対して時間的に先とも後とも決定出来ない」。まさしく、それは「宇宙の根源」なのである。

全ては〈いま・ここで＝現に〉において初めて存在するに至るのだから「このものを以て宇宙（＝全て）なりとなすも真である」が、その〈いま・ここで＝現に〉はあっという間に失われて二度と戻ってこない以上「これを以て宇宙にあらず、真実在にあらずというもこれまた真なのである」。本書はこの後者の点を以ってバスターミーが「絶対的独在性（…は）まったくの欺瞞である」と述べた可能性があることを、先に検討した[14]。また、全てはこの〈いま・ここで＝現に〉に参与することで存在する以上、それら全てがそれを有しているとも言えるが（「存在者の数だけ数を有する」）、他方で、〈いま・ここで＝現に〉は言葉の厳密な意味でそれしか存在しない「唯一のもの」だから、「諸存在者の分割により自らは分割されること〔が〕な〔い〕」。

斯くしてアラビーは、およそ何かが「ある」こと――「実在」――の全てがそれに源泉を汲んでいるところのこのものを「実在〔中〕の実在」、「類〔中〕の類」、「最高類」とも呼ぶことになる（Cf. I-471 f.）。だが、この「全存在物の包括的母体」（アラビー自身の表現である。Cf. I-472）が決して何かとして存在する個々の存在者（「である」ところのもの）なしに「裸で」あることは出来ず、それら個別の本質によって象られた個々の存在者の輪郭を「透かして」のみ姿を現わすもの（「（が）ある＝存在」）である点もまた、正確に看て取られている。「個物が仮りに全く無かったとしたならば我々はそれを頭に考えることが出来ないであろうし、また反対に若しこのものが無いとしたならば我々は個々の存在者の本質を認識することができないであろう」（I-472）。

〈いま・ここで＝現に〉とアラビーの「第三の範疇」のこれほどまでの合致は、はたして偶然だろうか。

実は、井筒が〈いま・ここで＝現に〉に出会っていた可能性は、ほかにもある。初期の大作『神秘哲学』においてである（なお、今見た「第三の範疇」をめぐる議論は井筒において何度か繰り返されているが、その初出はこの『神秘哲学』にすら先立つ「アラビヤ哲学――回教哲学」（一九四八年）においてである）。典型的には、アリストテレスの「能動知性」と云う、古来難問とされてきた問題提起を解釈する部分がそれである。アリストテレス解釈と云う、膨大な研究の集積を踏まえる必要のある事柄だからここで詳論はしないが、井筒がその「能動知性」に与えた次のような解明は、本書がこれまで論じてきた〈いま・ここで＝現に〉にこれまた殆んどそのまま当て嵌まることだけを指摘しておきたい。その要点は、すでに何度も触れたように、〈いま・ここで＝現に〉が言葉の厳密な意味で「ある」と言える唯一のものであり、かつ、全てがそこに源泉を汲むものであること、そして、その〈いま・ここで＝現に〉それ自体においては当の全ては全体として一挙に現勢的だが――華厳の「挙体性起」を想起されたい――、その〈いま・ここで＝現に〉に個別主体〔多数の存在者の中の一人〕であるかぎりでの私は特定の観点（パースペクティヴ）からのみ参与するが故に、そのごく一部しか現勢化されず、残りの多くは潜在態にとどまること、以上である。

井筒は次のように論ずる。「〔…〕能動的知性を純粋な自体性に於いて見れば、それは永遠のエネルゲイア〔現勢態・顕在態〕であって、そこには潜勢ということは絶対にあり得ない。すなわち、それは〔…〕**純粋思惟の無限の現在**〔本書はこれを〈いま・ここで＝現に〉と捉える〕である。潜勢的要素は個別的人間に於いてはじめて入って来る〔私は一人の個別主体であるかぎりで、〈いま・ここで＝現に〉に特定の観点から参与する〕。そしてそれと同時に、受動的知性の問題が起るのである。神に於いては〔純粋な自体性においては〕、ヌース〔能動知性〕は永劫不断の現勢態にあるが、個的人間に於いては具体的対象の現前と欠如とに支配されて、あるいは現勢的でありあるいは潜勢的であって、しかも潜勢は必ず現勢に時間的に先行する。神に於いては絶対現勢であり、個的人間に於いては現勢・潜勢交替する――ヌースのこの実相を人は脱自的観照を通じて親しく自証することができる」（II－434）。「認識主体と認識客体とが同一現勢態をなす、そのことがとりもなおさずヌースのエネルゲイアなのである〔すべては〈いま・ここで＝現に〉において初めて「現に＝ある」〕」（II－436）。「能動的知性は本来「**非受動的**」であり、**いかなるものによっても感触されることはない**〔〈いま・ここで＝現に〉は全ての源泉である以上、それを惹き起こしたりそれに働きかけたりする何ものももたない〕故に、受動的知性はいささかもこれに働きかけることを得ず、またその必要もないのに反して、逆に能動的知性は受動的知性にたいして積極的に働きかける、いや、**受動的知性は能動的知性の協力なしには全然認識活動を行うことができない**〔全ては〈いま・ここで＝現に〉の生起において初めて姿を現わす〕〔…〕能動的知性がその本然の相というべき純粋無雑の離在状態にあるとき〔それ自体において見られたとき〕、それは**時間空間を超越した純粋現勢態**として、永遠から永遠にわたって不変不動の**宇宙的思惟**である〔〈いま・ここで＝現に〉は、**時間・空間も含めた全て**がそこにおいて姿を現わすところ――「宇宙的思惟」――である以上、それ自体は時間内の特定の時点でも空間内の特定の地点でもない〕。〔…〕そこでは全宇宙が一点一劃もあますことなく、直ちにそのまま現勢的であり、かつ全宇宙が**一挙に現勢的**であることによって、一切のものが深い根源的統一性に於いて思惟されている〔「挙体性起」である〕」（II－442 f.）。「神の思惟は永遠の現勢（エネルゲイア）であり窮極の完全現成（エンテレケイア）であって、そこには潜勢的ないかなるものもあり得ないが故に、それに包摂された一切の思惟対象は**全て一挙に皓蕩たる現勢・現成の輝きの内にある**。〔…〕これに反して、〔…〕人間的ヌースは**潜勢的に一切のものを含んではいる**が、それはあくまで潜勢的、可能的にであって、けっして現勢的現成的にではない。これらの潜勢的なものを現勢化することがすなわち思惟活動ノエースィスなのである」（II－445）。

こうした解釈に基づいて、井筒はアリストテレスの『形而上学』を引用する。「**潜勢が現勢に先行する**という考えはある意味では正しい〔〈いま・ここで＝現に〉の生起に個別主体として参与するかぎりでの私から見れば、そう言ってよい〕が、またある意味では正しくない。その点にかんしてはさきに述べたとおりである。しかし**（本源的には）現勢が先である**〔〈いま・ここで＝現に〉それ自体においては、こう言わねばならない」ということは、すでにアナクサゴラス（前五〇〇頃―前四二八頃）も神的ヌースが現勢であるとの説によって証言しており、かつエンペドクレス（前四九三頃―前四三三頃）も『愛』と『憎』の説によって、また運動の永遠性を主張する人々、例えばレウキッポス（前四四〇頃活躍）のごときも確証するところである（Metaph. XII, 6, 1072a)」（Ⅱ－438）。

ここでも、次のように言わなければならない。井筒の解釈するアリストテレスの「能動知性（ヌースの中のヌース＝究極のヌース）」が本書の言う〈いま・ここで＝現に〉とこれほどまでに合致するのは、はたして偶然だろうか。彼はその活動の最初期から、それと気付かぬ内に「存在（フウィーヤ）」と向かい合っていたのではないか。

c)「入鄽垂手《にってんすいしゅ》」

井筒がその「東洋」哲学探究を通して向かい合った最終的な地点は〈いま・ここで＝現に〉「ある」が生起するその瞬間である可能性について、本書前節は検討した。仮にそうだとして、この地点は思考に何を要求するだろうか。本書が最後に考えてみたいのは、この点である。この点について井筒は、分節化された有意味性の世界に戻ることだと論ずる。彼が禅を解釈するときにも、イスラーム哲学を解釈するときにも、更には華厳を解釈するときにも、分節化された世界へと戻ることの重要性を強調している点を、本書はすでに確認してきた。以下は、禅の場合である。

聖諦と俗諦

「山は山にあらず」は、〔…〕決して禅の究極の立場をあらわすものではない〔…〕。「山は山にあらず」という矛盾命題の指示する絶対無意味の次元から、〔…〕さらに翻ってまたふたたび「山は山」という有意味性の次元に戻らなくてはならない。〔…〕根源的非結晶体が結晶体に転ずる**形而上学的瞬間**を通じて山を見る〔のでなければならない〕。(Ⅳ－180)

分節化された「山」を「透かして」、それが〈いま・ここで＝現に〉「ある」ことそのことが、そして言葉の厳密な意味で「ある」と言いうるのはそれ以外にないことが、看て取られる。それが、この「形而上学的瞬間」である。山の背後に「ある」が透けて見えるのだ。この「瞬間」については、「聖《しょう》諦《たい》」と「俗諦《ぞくたい》」の区別の観点から、次のようにも述べられている。ここで、「聖諦」とは「存在の絶対非分節的次元」を、「俗諦」とは「言語的に分節された存在の次元」を指す(Ⅳ－187)。

禅的言語は必ず聖諦から発する。聖諦から発出した言葉は、**一瞬**俗諦の地平の暗闇にキラッと光って、またそのまま聖諦にかえる。この決定的な**一瞬の光閃**裡に禅的言語の有意味性が成立する。(Ⅳ－187)

ここでは、この現実の根底に〈端的な「ある」〉という無限定な「存在」を看て取る「聖諦」の側から事態が捉えられている。しかし、その「聖諦」から発せられる言葉が何を指し示しているかが理解されるのは、それが「俗諦の地平」に接する「一瞬の光閃」においてのことだとされるのである。「聖」は「俗」に接することの中でのみ「聖」たりうる、と言ってもよい。

以上のいずれの議論においても重視されているのは、「ある」は何らかの分節体を透かして**のみ**看て取られるのであって、それだけで・単独で看られる（思考の前に立ち現われる）ことはない点である。それだけでは、（それは何の分節ももたないのだから）何も見えないのと同じことになってしまうのだ。そこで井筒は、「無」字の公案――この現実の根底を「無＝空」と観ずる――よりも「庭前の柏樹子」の公案の方が禅の最終的境地をより的確に表現していると論ずることになる（Ⅳ－180 f.）。

或る僧に「禅宗の祖・達磨大師はどんな意図でわざわざインドから中国にやって来たのか（つまり仏法の最深の意義はどこにあるのか）」と問われた趙州《じょうしゅう》禅師（七七八―八九七）は、庭先の木を指して「ただぽつんと「柏の木！」と言った」（Ⅳ－171）と云うのである。「〔…〕禅的体験の究竟の次元から見れば、「柏樹子」のほうが無字よりも一歩を進めているといえるかも知れない」（Ⅳ－180）。なぜなら、「〔…〕絶対無限定者が**刻々に**柏樹という形で新しく自己限定していく」（Ⅳ－181）その現場に絶えず覚醒することが、禅の目指す「究竟の次元」だからだ。「庭のそこにある柏の木」が〈いま・ここで＝現に〉姿を現わしていること**そのこと**が、「究竟の次元」なのである。[15]

「庭前の柏樹子」に続いて井筒は、風穴延沼《ふけつえんしょう》禅師（八九六―九七三）の詩句を引く。

　長《とこしな》えに憶《おも》う江南三月のうち
　鷓鴣《しゃこ》〔鳥の名〕啼《な》くところ百花香《かんば》し（Ⅳ－181）

江南の春三月の鳥鳴き花咲き乱れる風景を或る人が想っている、それだけのありふれた情景にも見えるこの詩句には、私たちとそれを取り巻く環境の全てがあるがままに姿を現わしている。だが、それら全ては、「ある＝存在」がそのとき・その場で・そのようにしておのれを顕わにしたことの紛れもない証しなのである。

臨済は、四つの境地について論じている（Cf. IX－404）。「四料簡《しりょうけん》」という。すなわち、「奪人不奪境《だつにんふだつきょう》（人《にん》＝主体は姿を消し、それを取り囲む境《きょう》＝客体だけがある）」、「奪境不奪人《だつきょうふだつにん》（境は消え、人のみがある）」、「人境倶奪《にんきょうぐだつ》（人も境も姿を消す）」、そして「人境倶不奪《にんきょうぐふだつ》（人も、それを取り巻く境も、共にあるがままにある）」である。最後の「人境倶不奪」の境地こそ、禅の目指す「究竟の次元」だと、ここでも井筒は言う。先に引いた風穴禅師の「江南三月」の詩句は、この「人境倶不奪」の境地に立って「非分節を分節的世界の只中に露呈させ、また分節を即座に非分節に返した見事な実例」（IV－181）なのである。この地点に達するためには、「ふたたび「山は山」という有意味性の次元に戻らなくてはならない」（IV－180）のだ。

しかし、「有意味性の次元に戻らなくてはならない」のは、それだけの理由によるのだろうか。管見のかぎり、井筒はそれ以上のことは論じていない。先にも見た初期の大作『神秘哲学』でプラトンに依拠しつつイデア界から感性界への還帰――イデア界へ向かって上昇する「アナバスィス」「向上道」「観想面」に対して、感性界へ向かって下降する「カタバスィス」「向下道」「実践面」（II－286）――の重要性を強調するときも、なぜ還帰しなければならないのかについては次のように述べるにとどまっている。

だが、それにもかかわらず、彼は俗界〔＝感性界〕への下降を**強制されねばならない**のである。イデア観照が彼にとってどれほど幸福であろうとも、彼はこの超越的世界にいつまでも静止滞存することは**許されない**。存在究竟の秘奥を窮めた後、ふたたび俗界に還って、同胞のために奉仕すべき神聖な**義務**が彼には**負わされている**。〔…〕いったん人間的世界を離脱して実在界の堂奥に参じ、超越的生命の源泉に触れた人は、ここにまたもとの世界に降下して、今度はそこに自ら超越的生命の一中心として**働かなければならぬ**。地上に理想国家を**建設しなければならぬ**。洞窟の譬喩に従えば、坂道を登って外界に立ち出て、善のイデアを直視したかつての囚人は、充分にイデアを観照した後、すみやかに洞窟の底に還って来て、良きにつけ悪しきにつけ、囚人達と同じ労苦と栄誉とを**分たねばならない**のである（519Ｄ）。（Ⅱ－299〜300）

なぜ、この下降が「強制されねばならない」のか、イデア界にとどまることが「許されない」のか。「同胞のために奉仕すべき神聖な義務」は、いったい何に由来するのか。「地上に理想国家を建設しなければならぬ」のは、どうしてなのか。この点については、「けだし、プラトン的倫理に於いては、個人の魂が救済されても、ただそれだけに止ることは無意味であり、個人的救済の余徳は万人にわかたれて、全人類的救済に窮極するまではけっして止ってはならないのであった」（Ⅱ－300）と述べるだけなのだ。ここで井筒は、この結論をプラトンのみならず全ての神秘主義に拡大し、次のようにも述べる。「ただ往くだけで、もはや絶対に還って来ることがなければ、神秘主義は有害無益な独善主義にすぎないであろう」（ibid.）。だが、今問われているのは、その「全人類的救済」が「有害無益な独善主義」に陥らないための理路なのである。この理路を欠くとき、分節化された世界へ立ち戻らねばならぬと声高に叫ぶことは、今プラトンにおいて見たように、単なる道徳的お説教と化す。井筒もまた、この地点において道徳的説教師に変ずるのだろうか。

この点に関して、先に引いた末木文美士は重要な指摘をしている。なぜ「還相」なのかを論理的に呈示しないと、井筒が目指す最終的な境地は結局のところ「達人的な高尚世界に遊ぶ」ものに過ぎないとの批判を招きかねないというのである。[16] 井筒が「禅や密教を愛好しながら、浄土教にはほとんど触れない」という指摘も、[17] 重要である。我が国において、華厳を含む密教や禅が貴族や武家に尊ばれたのに対して、多くの民衆が支持したのが浄土教だったのは、それだけ浄土教が、高踏的な哲学談議に耽るよりも現世における救済がどのようにしたら得られるかに専心したからだろう。世界の真の在り方がどのようであるかよりも、とにもかくにも生きていかねばならないこの世でどう安心が得られるかの方が重要だ、というわけである。深層において看て取られる世界の真相と、表層に見える世界の在りようとを繋ぐ説得的な論理が呈示されないかぎり、この分裂は避けられないだろう。井筒があれほど重視した「分節(Ⅱ)」の次元も、その次元で実際にどのように振る舞えばよいのか、そしてそれはいかなる事情でそうなのかが示されないかぎり、画に描いた餅に成りかねない。

だが、同じことを逆から言えば、井筒「東洋」哲学が進むべき途は、まさにこの、「無(分節)」から「分節(Ⅱ)」へと立ち戻らなければならないのは**なぜ**なのか、そしてそのことを踏まえた上で、立ち戻ったその次元で**どのように**振る舞えばよいのかという問題に正面から取り組むことだと言ってよい。以下、本節は、この途筋の簡単なスケッチを試みることを以って、『「東洋」哲学の根本問題——あるいは井筒俊彦』と題した本書を閉じることにしたい。井筒の下でその「共時的構造化」の作業を経て取り出された「東洋」哲学がどのような問題をその根本において抱えているのかをすでに示した今、本書に残された課題は、その「東洋」哲学が進むべき途、より正確に言えば進みうる途の方向を示すことだけだからだ。進み**うる**その途の一つを、井筒の名前を離れて自身の思考の名の下に担うささやかな営みは、別書を以って提示した[18]。以下のスケッチを見て関心をもって下さる読者がおられれば、参照をお願いしたい。

俗、あるいは町という共同体

本書の見るところ、分節化された有意味性から成る「俗」な次元に立ち戻らなければならない理由は、単純である。私たちが生きている世界は、この「有意味」で「俗」な世界以外ではないからだ。いくら、それが「虚妄」であるとか「幻影」であるとか、更には「欺瞞」であるとか言われても、それが見えることに変わりはない。もはや何ものの影もない「無」を、厳しい修行を通して看て取った禅者といえども、常に何も見えないわけではなかろう。そう成ってしまったら、もはや生活することができなくなってしまうはずだからだ。これはすなわち、私たちが生きていくことのできる世界は「俗」な世界以外にない、ということにほかならない。そこ以外に、私たちが「ある」ことのできる場所はどこにもないのだ。なるほど分節は私たちに相対的なものに過ぎず、分節化されたものがそれ自体で存在しているわけではない。だが、その分節は、私たちには必要なものなのだ。なぜなら、その分節なくしては、私たちは生きていくことができないからだ。生命という存在秩序は分節を以って成り立っていることを、すでに本書は確認した（第Ⅰ章a節、参照）。

本書に依れば、分節化された「俗」な世界（「である」の世界）以外に可能な場所の候補は、あと二つしかない。一つは、分節を失って唯だ「ある」世界、すなわち「（が）ある＝存在」の次元だ。この次元が私たちの世界の根底を成していることは確かだが、それは私たちにとって「である」こと――分節――を透かしてしか看て取られることがない。私たちの世界は、〈「である」ところのもの「がある」〉という構造を以って成り立っているのであり、両者を切り離すことは出来ないのだ。私たちが個々の生命体であることを失ったとき、戻っていくのはこの次元である可能性がある。これを本書は、〈「空」への還帰〉と捉えた。「空」は、そこへと私たちが還帰すると共に、そこから再び何ものかが分節化されて姿を現わすことになる次元にほかならない。

もう一つの候補は、そのような「(が)ある＝存在」の根底にぱっくり口を開けている、端的な「ない＝無」の次元だ。この次元は、「ある」という事態そのものが成立しない可能性――世界はなくてもよかったのかもしれない――に思考が思い至るとき、開かれる。だが、開かれると言っても、もはや思考はその次元の中に入っていくことができない。その次元でなお思考が可能なら、それは「無」ではなく、思考し・理解しうる何かが「ある」ことになってしまうからだ。私が生命体であることを失ったときひょっとしたら入っていくことになるのは、この次元である可能性がある。これを本書は、〈「無」に帰す〉と表現した。「帰す」と言っても、そこに「居る＝ある」ことは出来ないのだから、これは端的な喪失である。ひとたび失われたら、もはや二度と姿を現わさないということが、可能かもしれないのだ。「唯一」ということはこの可能性と表裏一体であることを、確認しておこう。

ひとたび失われたらもはや二度と姿を現わさないものが〈いま・ここで＝現に〉姿を現わしたなら、そのかぎりでそれは唯一にして固有のものと成る。そして、そのようなものが姿を現わしたことそのことは、もはやいかにしても抹消できない。すなわち、それは永遠となる。かつて、ジャンケレヴィッチ（一九〇三―一九八五）もそのように論じた。[19] 井筒がマラルメに託して次のように書いたとき、彼はこのことを看て取ったはずだ。

存在の日常的秩序の中に感覚的実体（「輪廓」）として現われていた花が、発音された語《コトバ》のひき起す幽かな空気の振動と化して消え散っていく。花の「輪廓」の消失とともに、花を見ている詩人の主体性も消失する。生の流れが停止し、あらゆるものの姿が消える。この**死**の空間の凝固の中で、一たん消えた花が、形而上的実在となって、忽然と、一瞬の稲妻に照明されて、白々と浮び上ってくるのだ。花、**永遠**の花、花の不易が。（VI－74）

私が私「である」のを止めたとき、すなわち、私の下で何か「である」ことを透かして全て「がある」ことが立ち現われなくなったとき、私が移行する次元が先の「空」なのか、それともこの「無」なのかを、私の眼は見分けることができない。だが、思考は、その二つが別もの――別次元――であることだけは分かるのだ。したがって、このとき思考は、「である（分節）」を透かして「（が）ある（無分節）」を、更にその下にその「（が）ある」の底が抜けている可能性としての「ない（無）」を見ていることになる。井筒は「東洋」哲学の共時的構造の一つに「複眼（双眼）の士」を挙げていたが、本書に依れば、事態は「三重」になっている可能性があるのだ。斯くして私は、〈「空」への還帰〉と〈「無」に帰す〉の二つの可能性に開かれ続ける。

だが、繰り返せば、この二つはいずれも私が私「である」かぎり、そこに端的に身を置くことのない次元なのだ。私が私「である」かぎり、**ただ**「ある」ことはできず、もちろん端的に「ない」こともできず、「ある」とはいつも**何か**「である」ことなのだ。井筒があれだけ禅に強く傾斜しながらも、「本質」の実在性に関わり続けたことの意義はここにある。「本質」は、生命という存在秩序を成り立たせる基本原理なのだ。ここから、〈どのよう「である」のが（より）よいのか〉に取り組まなければならないという課題が生ずる。この意味でも、私たちは「有意味性の次元に戻らなくてはならない」のだ。

井筒は華厳の「縁起」という捉え方に関して、次のように述べる。「「本質」ぬきの分節世界の成立を正当化するためにこそ、仏教は縁起を説くのだ。だが、縁起の理論は、理論的にはいかに精緻を極めたものであっても、実践的にはなんとなくもの足りないところがなくはない。この現実の世界でわれわれが実際に交渉する事物には、縁起の理論だけでは説明しきれないような**手ごたえ**があるからだ」（VI‐22、傍点強調井筒）。ここで彼が言う意味での「手ごたえ」の由来は、生物（生命）にとって「本質」がもつ不可欠性に求められるべきだと本書は考える。

ところが井筒は、この「手ごたえ」を求めて禅に向かう。（先の引用に直ちに続いて）「大乗仏教の数ある流派の中で、この問題に真正面から、実践的に取り組もうとしたのが禅である、と私は思う」(ibid.、傍点強調井筒)。確かに禅は、日常生活の細部に亘って（箸の上げ下ろしから便所での尻の拭き方に至るまで）どのように振る舞うべきかを定めている（典型的には、道元の『清規《しんぎ》』[20]を見ればよい）。この意味で、井筒の言うように、禅は「実践」に徹している。だが、この「実践」の「どのように」は、あくまで日常に、つまり町に戻った**後で**の話だ。けれども、そもそも**なぜ**町に戻らねばならないかを、禅は提示しているだろうか。ここで本書が要求しているのは、彼が言うのとは逆に、町に戻ることの必然性を提示する**理論**なのだ。それが欠けていては、悟った禅者ならいざ知らず、そうでない私たち（少なくとも本書の著者）は、戻った町で**なぜ**そのように振る舞わなければならないのか分からず、途方に暮れてしまう。以下で本書がその概略を提示しようと試みるのは、その**理路**にほかならない。

この問題にこの意味で井筒自身が正面から取り組むことがなかったことはすでに見た通りだが、彼がこの問題に全く無縁だったわけではないことについて、本書は第Ⅰ章のc節で彼のロシア文学論を取り上げた際に触れておいた。彼のドストエフスキー論である。ドストエフスキー文学の核心は、私が世界の全てに対して最も「罪」がある、すなわち「責任」があるという洞察にあった。それを本書は、世界の全てを**担いうる**（と確かに言える者）は私しかいない、という意味に解した。「罪」が罪であり、「責任」が責任であるのは、それが私の「担う」もの以外ではないからだ。そして、それを担うことができるのは私しかいないとは、全てがそこにおいて姿を現わす唯だ一つの場所に〈いま・ここで＝現に〉立ち会っていると確かに言えるのが私しかいないからだった。このかぎりで、私は全てを担って、それを私の名の下に証言するのである。「はい、そうです（でした）」とそれを受け止め、肯定し、反芻するのだ。

だが、この証言は、具体的には私が何かをすることでしかありえない。世界がなぜか「ない」のではなく「ある」ことにただただ驚くばかりで何もせずボッとしていることも含めて、あるいは、相も変らぬ日常を繰り返すことも含めて、そうなのである。禅は、この証言を――本書はこれを、〈「無」に向けての挨拶〉とも表現した――、「入鄽垂手《にってんすいしゅ》」と表現しているように思われる。それは、ただぶらっと手を下げて（「垂手」）、人々が集まり暮らす町（「鄽」）に入る（帰っていく）ことだ、と言うのである。「俗」な世界とは、町のことなのだ。今述べた「何もせずボッとして」「相も変らぬ日常を繰り返す」ことをここで言う「垂手」に当たると解すれば、それはすでに何らかの私の振る舞いなのである。そうであらざるをえないのだ。しかも、始末の悪い(?)ことには、それは必ずや誰か他人に何らかの仕方で見られてしまうのだ。町には、必ず誰かが居るからだ。お前は何をボッとしてそこに突っ立っているのか、と問われざるをえないのである。

もちろん、それが何ら他人の邪魔にならないなら、許容されもしよう。だが、何らかの点で邪魔になるなら、いつも許容されるとはかぎらない。「無」へ向けての私の証言――「挨拶」にして「応答」――は(私のほかのあらゆる振る舞いと同様)、人々の集い暮らす共同体(鄽=町)の枠組みの中で規整されざるをえない。根本的にはどう振る舞おうと勝手だし・どうしようとそれが私の応答=証言と成ってしまうものが、根本におけるこの性格は変わらないまま(変えようがない)、その内実の具体性において規整される。その具体性は時と場所に相対的なものに過ぎないが、それでも〈いま・ここで=現に〉がたまたまその時その場所に重なっている以上、その時と場所においてはその規整に従わざるをえないのであり、それでよいのである。私は〈**何らかの仕方で**「ある」〉ことしかできないのだから、この「何らかの仕方で」とも付き合っていかざるをえない。しかもその内実――「何らかの仕方で」――は、(驚くべきことに)気に入らなければ(そのつもりになれば)ある程度変えることすらできる。つまり、この点で私は自由ですらありうる。これが、「町に居る」ということなのだ。

更に言えば、**ひょっとしたら**他人たちの下でも事情は同様**かもしれない**。もちろん、このことを確証することは――原理上――できないのだった。私の下で姿を現わしている〈いま・ここで=現に〉は、それだけが唯一、言葉の厳密な意味で「ある」と言ってよいものなのだから、その同じ「ある」が他人たちの下にも姿を現わしているかどうかは、私には確かめようがないからだ。同じことは、私自身の――唯一にして固有の――「死」についても言える。それは〈いま・ここで＝現に〉「ある」ことがもはや金輪際起こらなくなることかもしれないのだが（先に触れた、私が私「である」のを止めたとき移行する可能性のある第二の場合、すなわち〈「無」に帰す〉ときのことである）、私はそれがどういう事態なのか経験することができない。そのとき、私は不在（もはや「ない」）だからだ。そして、私の知らないそれが他人の下でも生ずるか否かを、当の私が確言することは不可能である。しかし、そうである可能性を排除することもできない（これが、「純粋な可能性」ということだった）。そうであるなら、私が再び入っていく「町（鄽）」は、根本においてどうすることもできず、かつどのように振る舞ってもそれが私に固有の応答＝証言に成ってしまうような者たちから成る共同体である可能性すら、あるのだ。この証言が根本において「無」へ向けてのそれであるなら、この共同体を「無の共同体」と名付けることもできるだろう。そして、今見たように、同時にそれは「死の共同体」でもある。

「無」の共同体

実は、この見えない「共同体」の紐帯が「無」、並びにそこへの一つの通路としての「死」であることには、前史がある。そもそも私たちのこの現実が、唯だ「ある」のではなく「何」かとして分節されて姿を現わすためには、無限定な「ある」の充実に亀裂が入るのでなければならなかった。プロティノスにおいて典型的に見出された、あの「発出」ないし「流出」をめぐる問題である。この問題に、本書は「無」を以って応じた。「存在」の充実が破れ、世界が何ものかとして私たちの前に開＝披かれるためには、「存在」が何らかの仕方で「無」に触れたのでなければならなかった。そもそも

「存在」が「存在エネルギーの充実」として「力」であること自体が、「存在」が「無」と何らかの仕方で接したことを示唆していたのだ。「力」とは、おのれを突破するものの謂いだからだ。

思考が、「存在」の無根拠性・偶然性という形で「存在」の底が抜けている可能性に思い至ったのは（イブン・シーナが「存在の偶有性」として問題化したのは、このことだった可能性があった）、この接触の別の表現だったと言ってもよい。このようにして思考が世界の根底に「無」を垣間見たとき（このことは、世界の根底に「存在」と「無」の接触を見ることに等しい――世界は「なく」てもよかったのに、なぜか「ある」という仕方で――）、この「無」と背中合わせの関係にある〈いま・ここで＝現に〉ということの「独一性」（バスターミー）――厳密な意味で「ある」と言いうる唯一のもの――を介して、当の思考が「証言」として歩むべき途が定まったのである。「東洋」哲学が世界の根底に、これまた厳密な意味での「無」を見出したとき、その進むべき途がおのずから定まる、と言ってもよい。最後に、この間の事情を勘案して、右で述べた「共同体」への歩みを言わば更に一歩手前まで遡って辿り直してみよう。この辿り直しを経ることで、この共同体が「無（と死）の共同体」でありうるとはいかなることかが、より明瞭になるだろう。

なぜか、「力」という「内から外へと向かう動向」が、全ての、世界の、根底に「ある」。この意味で、「力」と「ある」は同じ事態の二つの表現以外ではない。この「力」は、その内と外の極限（尖端）に「無」という問題次元を孕んでいる。あるいは、「無」という問題次元と接している。力が力であるかぎり、すなわち内から外へと向かう動向であるかぎり、そこ**から**力が湧出する地点と、そこ**へ**と力が向かう地点を有しており、かつこの両端は原理上、力すなわち「存在」ではありえないのだから、「無」と言うほかない。このようにして、「力＝存在」は「無」に対して開かれている。

そればかりではない。この力の中に亀裂が走り、力と力がぶつかり合うことで初めて、その衝突面に何ものかが「〈ある＝存在する〉ところのもの」として姿を現わす、すなわち現象する（「東洋」哲学に顕著な「意識と存在の相即」とはこのことだった）。この亀裂は、「力＝存在」の中に「力＝存在」でないものが入りこむことによってのみ可能となる。「力」がおのれを突破して「流出」するとは、このことにほかならない。「力＝存在」以外には何ものも「ない」のだから――それが、「無」の次元が開かれるということなのだから――、この突破は力がおのれにもたらしたものだと言うこともできるし、そのようにおのれの「冪（勢位）」を昂めて止まない力が存在すること自体は力が自らもたらしたわけではないのだから――その存在は根本的には偶然的なのだから――、この突破は力が「無」に触れることで生じたと言うこともできる。つまり、この突破という事態にあっては、**力が**おのれを**突破する**ことと、**力が**「無」に触れられることで**突破される**こととが、同じことになってしまうのだ。いずれにしても、ここに「無」という問題次元――理解を拒む次元――の可能性が開けたことだけは、確かなのだ。ここで「可能性が開けたことだけは確か」とは、「開けたの**かもしれない**」と同義であることを忘れてはならない。思考は、この地点にあってはもはや何ごとも理解の下で確言することは出来ないのである。おのれの不安定と動揺に耐えることしか、出来ないのだ。[21]

この突破の下で姿を現わしたものを、唯一にして全てとして証言するその証言が向かう先も――宛先がなければ証言は証言たりえない――、この「無」の次元に向けてのものたらざるをえない。「存在」を「存在」としてそれへと向けて呈示できる宛先は、「無」以外ではないからだ。だが、証言の宛先が「無」であるとは、向かう先が「ない」ことに等しいのだから、この証言がはたして証言たりうるか否かは、もはや思考が能《よ》く判断しうることではない。しかし、判断しえないことは、それを試みることを必ずしも妨げない。これが、可能性の次元において「無」が開かれたということなのだ。私は、おのれの証言を、それが聴き届けられるか否かは不明のままに、なお差し出すことはできるのである。

このようにしてそれへと向けて証言が差し出される「無」の次元は、私にとって、私の死の次元と重なる。私の死は、少なくとも私にとって、全てが〈「無」に帰す〉こと**かもしれない**からだ。ここでも、「かもしれない」が除去されることはない。それは、あくまで「純粋な可能性」の次元に位置するものだからだ。

ところが、**ひょっとしたら**他人も、その者自身の死に向かって（すなわち、「無」へと向けて）、彼／彼女にしかできない仕方で証言をしている**かもしれない**のだ。もちろん、これもあくまで「純粋な可能性」における話であって、確かなことは言えない。しかし、そのような他人たちと、「死」ないし「無」というその一点において結び付いた共同体を構想し、私がその共同体の一員として生きることは**可能**である。「死」の共同体、「無」の共同体と云うことが、可能なのだ。事柄の本質上、この共同体はそれとして姿を現わすことはない。原理的にありえない。いくら私がそれを「見る」と言っても、私一人ではそれは「共同体」たりえない。そして、他人の下で事態がどうなっているかは、知ることができない。それは「見えない」共同体なのだ。

そうであるにも拘わらず、この共同体を私が担い続けるには、どうしたらよいか。この問いに答えることは、実はそれほど困難ではない。そのような共同体があってもなくてもよい（何も変わらない）点だけを、堅持すればよいからだ。別の言い方をすれば、この共同体の可能性を損なうことだけは、回避しなければならない。もう少し具体的に言えば、そのような共同体を構想し（考え）、そこにおいて自らの証言を遂行する（「無」に向けておのれを差し出す）**自由**を保障するよう、私たちの共同体（「町」である）を構築しなければならない。これは、思考と行為の自由を、その共同体の**成員一人ひとりに等しく**保障すること以外ではない。共同体の成員の中の誰（どの人物）が私なのかを、予め決めることは出来ないからだ。私はなぜかたまたま二十一世紀の日本に生きる人物だが、老荘の時代の中国に生まれても、イブン・アラビーの時代のイスラームに生まれても、更にはそもそも生まれないことがあっても、ちっともおかしくなかった。道元が「吾有時」と喝破したように、「**私**（吾）が〈いま・ここで＝**現に**（時）〉**存在**する（有）こと」は一箇の不可分の事態であり、この事態が全ての源泉であるかぎりそれがそのようであることの根拠はどこを探してももはや見当たらないのだから、いつでも私が当のその人物であることを止めて別の人物が私であることが可能なのである。[22] 斯くして各人（物）をその自由の観点から平等に取り扱うこと、すなわち「自由」と「平等」が共同体を構成する基本原理と成る。

そして、ここで「平等」を要請しているのが「自由」である以上、かつてハンナ・アレント（一九〇六―一九七五）が述べたように、「政治〔すなわち、共同体の構築と維持の営み〕の存在理由は自由[23]」の実現なのだ。「町」（共同体）の中で生きる私が――「入鄽垂手」の私が――従事すべきは、このような意味での「政治」なのである。

私たちの現実の根底に「空」という無限定な「力」の充溢を観じ、その「空」の底が抜けている――すなわち「無」の――可能性に開かれた私が歩むべき途が「政治」だと述べたら、井筒は、井筒「東洋」哲学は、はたして啞然とするだろうか。

註

[序　章]

1　同書は一九七八年に、「本篇」と「附録」の配列を再編した新版が人文書院から二分冊で出されている。

2　ほかにこの方面のものとして、次の二つの論考がやはり終戦後の早い時期に書かれている。「ロシアの内面的生活――十九世紀文学の精神史的展望」（一九四八年）。「トルストイに於ける意識の矛盾性について」（一九五二年）。

3　若松英輔に依れば（『井筒俊彦――叡智の哲学』、慶應義塾大学出版会、二〇一一年、五〇頁）、『神秘哲学』は三巻完結の予定だった。第一巻が「ギリシアの部」、第二巻は「ヘブライの部」すなわち、ユダヤ教の世界、第三巻は、キリスト教神秘主義について書かれるはずだった」。これに従えば、「西洋中世の部」はほぼその第三巻に当たる。

4　これは後年（『意識と本質』、初出は一九八〇〜八二年）の表現だが、『嘔吐』の中の一文を井筒自身がこのように訳している。他に、同じマロニエの根を次のように訳している箇所もある。「〔…〕全く生《なま》のままのその黒々と節くれ立った、恐ろしい塊〔…〕」（若松英輔、前掲書、三六三頁より引用した）。

5　池内恵「井筒俊彦の主要著作に見る日本的イスラーム理解」（『日本研究』第36集、二〇〇七年九月、国際日本文化研究センター）。なお、引用は、『KAWADE道の手帖　生誕100年・井筒俊彦　言語の根源と哲学の発生』（河出書房新社、二〇一四年、以下『道の手帖・井筒俊彦』と略記）に再録された版に拠った（同書一七〇頁）。

6　実は、井筒の言う「東洋」哲学には、もう一つ或る決定的な特徴があるのだが、この点については本論中で触れる。ただ、その場合にも、その特徴が地域的限定に関わらない点は変わらない。この点について、若松英輔は次のように述べている。「彼〔井筒〕は時にそれ〔「東洋」〕を「ギリシア以東」だと言ったこともある。また、別のところではそれは地理的領域に限定されない、精神的境域であるとも発言している」（若松英輔、前掲書、一一三頁）。本文でも触れた丸山圭三郎は、その主著『生命と過剰』（河出書房新社、一九八七年、『丸山圭三郎著作集』第Ⅳ

巻、岩波書店、二〇一四年、六八頁より引用）で井筒に次のようなオマージュを捧げている。「オーソドックスな西欧知の二本の柱であるヘレニズムとヘブライズムは言うに及ばず、イスラーム神秘主義であるスーフィズム、ユダヤのカッバーラー、古代インドのヴェーダーンタ哲学、ナーガールジュナに始まる大乗仏教、唯識・華厳哲学、真言密教、中国の老荘思想、下ってはソシュール、フロイト、ユング、さらには現代思想の最先端をいくデリダ、ラカン、クリステヴァ、科学哲学のポパー、クーン、新科学のボームに至るまで、もれなく射程に収められているのにはただ感嘆これあるのみである」。

7　したがって、井筒の考える「東洋」哲学は、その中核に不可欠の契機として或る種の「神秘体験」を含んでいることになる。この点が孕む問題については、のちに本論で触れる。

8　井筒の英文著作には、次のような記述もある。「東洋の哲学的叡智の守護者たちが世界哲学の進展と発展に積極的に寄与するよう、意識的で体系的な努力を始めねばならない時が来たと私は固く確信する」（鎌田繁監訳・仁子寿晴訳『存在の概念と実在性』、慶應義塾大学出版会、二〇一七年〔原著出版は一九七一年〕、二四　頁）。この記述は、井筒が「十九世紀における東洋のスコラ学に属するこの学統〔中世後期のイスラーム教シーア派の哲学者モッラー・サドラー（一五七一—一六四〇）によって大成されたヒクマト哲学（「ヒクマト」は「叡智」を意味し、神秘体験とスコラ的思考の統合体とされる）〕の頂点に位置する」（同書、九九頁）と高く評価するサブザワーリー（一七九七／九八—一八七三〈異説あり〉）の『形而上学詩註』の英訳に解説として付された長文の論考「サブザワーリー形而上学の根本構造」（初出は一九六九年）に見られるものだが、彼は自らのこの論考を「現在期待されている東西の哲学的収斂へ向けてのささやかな貢献」（同書、二四一頁）としている。

　他に、次のようにも述べられている。「〔…〕今や、日本人の意識自体が西と東との生きた出会いの場になっている。／この意味で現代の日本人の意識構造は、他に類のない、実にユニークなものだ〔…〕」（別‐121〜122）。「このような特殊な状況において、今ここで地球化の過程の進行方向のいわば先端に立っているわれわれが、われわれ自身の意識のあり方、その内的構造を未来に向かって開けた視野において考え直さなければならない〔…〕。〔…〕われわれの意識をそのような東西の哲学的ディアローグの場にすることこそ、われわれの文化的急務ではないか

「〔…〕」(別-123)。

【第Ⅰ章】

1 意味的分節を言語的分節に先立つものと見ている例としては、次のようなものもある。「〔…〕生み出された意味単位を――言語化されたものも、**まだ言語化されていないもの**も含めて――〔…〕」。(Ⅸ-315)

2 詳しくは、斎藤慶典『生命と自由――現象学、生命科学、そして形而上学』(東京大学出版会、二〇一四年、以下『生命と自由』と略記)、『私は自由なのかもしれない』(慶應義塾大学出版会、近刊)を参照。

3 「事事無礙・理理無礙――存在解体のあと」(一九八五年)。全集Ⅸ巻『コスモスとアンチコスモス』所収。

4 尤もカッバーラーの場合、「この最も内密な、ひそやかな創造への意志が、**その場でたちまち**コトバになる」とされ、その第一の言葉(ヘブライ語の第一の子音「アーレフ」)は発声の直前の喉の緊張であって「まだまったく無分節である」(Cf. Ⅷ-415)という。だが、ここではこうした細部の異同には立ち入らない。

5 尤も、井筒も注意を促しているように、その「流出」の内実は、イスラームの存在一性論と古代ギリシアの新プラトン主義では必ずしも同じでない。前者においては、「流出」の各階層のどれをとっても、いずれもが無限定な一者の自己限定態であること(自己限定を通しての自己顕現)にその主眼がある。これに対して後者においては、各階層の上位のものが下位のものの原因として働き、斯くして上位のものが下位のものを産出することを以って「流出」とする(Cf. 別-11~12)。しかし、いずれの場合も、上位のものから下位のものへという階層性が認められている点は動かない。

6 丸山圭三郎、前掲書、第5章、参照。

7 この用語の経緯とその内実について、詳しくは斎藤慶典『生命と自由』、第1章、第5章を参照。

8 この課題、とりわけ非平衡系を取り扱う熱力学と複雑系の科学との対話については、斎藤慶典、前掲書、第5章を参照されたい。

9 一九五三年に刊行されたこの著作はその先駆形態として、慶應義塾大学通信教育部のための教材として執筆された

『露西亜文学』（一九五一年）をもっており、後者には前者に収録されなかった文章が多々含まれている。したがって、以下の本節では、この両著から引用する（慶應版全集では、いずれも第Ⅲ巻に収められている）。また、井筒が戦後真っ先に公けにした論考も、ロシア文学に関わるものだった。一九四八年三月に出た「ロシアの内面的生活――十九世紀文学の精神史的展望」である（こちらは、慶應版全集の第Ⅰ巻に収録されている）。

10 尤も井筒自身は或る座談会で、ロシアを東洋とは感じないと発言している。「僕の分類でいくと、ロシアは西洋に入るんです。〔…〕どことなくロシアは自分の考えている東洋とはぜんぜん異質なものだという感じがあるんですね」（別－139）。「ロシアは実にすばらしいんだけれども、〔東洋とは〕別の世界、いわばキリスト教的な世界であって、私の考えている精神的東洋ではない」（別－140）。
　とはいえ、ロシアのこうした捉え方を「主観的で、先入観もずいぶんあるんでしょうけれども」（ibid.）と断ってもいる。本書としては、井筒の「主観的」な思いはともかく、「共時的構造化」の操作を当の井筒自身のロシア文学観に適用すれば、以下本文で論ずるようにロシアは間違いなく「東洋」哲学の中に然るべき位置を占めると考える。

11 この課題の立ち入った論究については、斎藤慶典『私は自由なのかもしれない』を参照されたい。

【第Ⅱ章】

1 「真如」とは、字義どおりには、本然的にあるがままを意味する。〔…〕真にあるがまま〔…〕」（X－490、傍点強調井筒）。

2 引用文後半の「我れを待って」の箇所は、道元の「吾有時」に通ずる。これについては、第Ⅲ章b節で立ち入って論ずる。

3 同書は、井筒「東洋」哲学に関わる纏まった著作としては最後のもので、本書が次章で集中的に取り上げる『意識と本質』が井筒哲学の第一の主著であるとすれば、その第二の主著と言ってもよい。のちに本文でも触れるように、第一の主著で自ら提起した問題に、井筒はこの第二の主著で何らかの応答を試みていると見ることもできる。

4　この論考の初出は一九八九年であり、慶應版の全集では第X巻に収められている。

5　同論考は、慶應版の全集第Ⅰ巻に収められている。引用は同書から行なう。

6　これは、井筒個人が死を意識することが少なかったという意味ではない。初期の大作『神秘哲学』を彼は、「病床で血を吐きながら」（Ⅴ-169）書いたと述懐している。おのれの死に直面しながら同書は書かれたのであり、死への言及自体は同書中に散見される。しかし、その死が「存在」の直下に口を開けた「無」として、前者との鋭い緊張関係の中で主題化されることはなかった。

7　これらの点について、詳しくは斎藤慶典『私は自由なのかもしれない』を参照されたい。

8　日野啓三「言い難く豊かな砂漠の人」、『コーランを読む――井筒俊彦著作集』付録、中央公論新社、一九九一年一二月（『道の手帖・井筒俊彦』、六三頁）、参照。

［第Ⅲ章］

1　井筒「東洋」哲学が「神秘」体験の論理化という仕方でそれを前提にしていることが孕む問題については、のちにもあらためて触れる。本書も「神秘」と云うことを否定しないが、それがいわゆる神秘家にしか近付けない特殊な体験であるとは考えない。以下で展開するイブン・シーナ論は、それをあくまで哲学の議論の内に位置付ける試みと言ってもよい。

　これに対して、イスラーム神秘主義における典型的な「神秘」観は、例えば次のようなものだ。これは井筒が「「イブン・シーナ、イブン・アラビーらの」鍵概念群の全てを己れ自身の思想に一体化させて統合し、計り知れない規模の哲学的世界観を創出した尋常ならざる哲学者」（『存在の概念と実在性』、九八頁）と最高の評価を与えたモッラー・サドラーを解説しつつ述べた一文であり、ここで「照明的立ち現れ」とは、問題の「体験」に関わるサドラーの表現である。「「存在」の実在性に至る唯一の途たる「照明的立ち現れ」の経験は誰しもができることではない。それは、尋常ならざる経験、或る類の神秘的直観であり、意識を集中させる鍛錬を長く行った後に、ないし、生来の能力によって、何かの折に実現する尋常ならざる精神的緊張状態、そうした緊張状態にある瞬間にこころに閃くヴィジョンである。誰もがそうした経験をしうるわけでない」（同書、二一二頁）。
2 この点については、斎藤慶典「突破ということ――あるいは選択と亀裂、そして転倒」（『三田文学』、二〇一六年冬季号、所収）をも参照。
3 『道の手帖・井筒俊彦』、八頁、安藤礼二と若松英輔の対談「コトバの形而上学――井筒俊彦の生涯と思想」での若松の発言による。彼によれば、これは一九五〇年代後半の留学前に書かれたメモの中にある言葉だと云う。
4 分節(Ⅱ)を重視するこうした解釈は、禅にもともとあったものではないようである。唐代の禅は分節(Ⅰ)と「無(分節)」の間の鋭い緊張関係に考察を集中しており、分節(Ⅱ)に該当する議論は見られないという。宋代の公案禅になって初めてそうした動向が現われ始め、議論として明確な形で顕在化するのは井筒も好んで引用する道元辺りからのようである。この点については、末木文美士「禅から井筒哲学を考える」（『道の手帖・井筒俊彦』、一四九頁）参照。だが、この分節(Ⅱ)が井筒「東洋」哲学の不可欠の骨格を成している点に鑑みるとき、これに関わる説得的な論理展開は高く評価されてよいと本書は考える。しかし、そこにはなお追究すべき論点が残っていることも確かであり、本章はこの点について更に論ずることになる。
5 日野啓三、前掲論文〈『道の手帖・井筒俊彦』、六二頁〉
6 この晴朗さについては、斎藤慶典『死の話をしよう――とりわけ、ジュニアとシニアのための哲学入門』（ＰＨＰ研究所、二〇一五年）の最終部でも論じた。また、西脇のこの詩には、若松英輔も『井筒俊彦　叡智の哲学』（三九頁）で言及している。西脇と井筒の間の師弟の交わりについても、同書に詳しい。
7 頼住光子「井筒俊彦と道元」（『道の手帖・井筒俊彦』、一五六頁）
8 末木文美士、前掲論文、『道の手帖・井筒俊彦』、一五一頁
9 本書の見るところ、井筒が「存在（がある）」の問題に体系的かつ厳密に哲学的な仕方で最も肉薄したのは、"The Fundamental Structure of Sabzawari's Metaphysics"（初出は一九六九年。のちに以下の論集に収録された。*The Concept and Reality of Existence*, Studies in the Humanities and Social Relations, Vol.XIII, The Keio Institute of Cultural and Linguistic Studies, Keio University, Tokyo, 1971.）と題された英文による長大な注釈においてである

（その邦訳が出版されている。「サブザワーリー形而上学の根本構造」であり、本書がすでに何回か引用した『存在の概念と実在性』に収められている）。これは「イラン・カージャール朝期（一七九六―一九二五年）の神秘哲学者サブザワーリー（一八七八年没〈異説あり〉）が自らの哲学体系を詩のかたちで表現し、さらにそれに註解をくわえた『形而上学詩注』を、マギル大学の同僚でもあるモハッゲグとともに校訂・出版した本に、解説として附した長文の論考」（邦訳書の監訳者・鎌田繁による「解説」、二四五頁）である。だが、そこでも彼は、「「存在」と「何性〔本質〕」のどちらが「根柢的に実在的なもの」なのかという問題」（邦訳書、一六一頁）に対して、「「存在」の根柢性というテーゼ〔が〕イスラーム哲学史上初めてム〔モ〕ッラー・サドラー〔一五七一―一六四〇〕によって形而上学の最高原理として確立された」（同、一六七頁）ことを学説史的に確認するにとどまっており、このテーゼに対する自身の立場を明らかにしていない。また、このテーゼの内実をサドラーと、その系譜を継承するサブザワーリーに即して精密に描き出してはいるが、あくまで彼らの議論の論理構造を明らかにするというスタンスを崩していない。この長大な註釈がイスラーム哲学学説史の一環（にして頂点）として執筆された以上当然と言えば当然だが、後年に至っても井筒が先の「問題」（同、一六一頁）に表立って答えていない点はすでに見た通りである。

10 デカルトのこの議論に関して、詳しくは斎藤慶典『デカルト――「われ思う」のは誰か』（ＮＨＫ出版、二〇〇三年）を参照。

11 「創造不断――東洋的時間意識の元型」（一九八六年）、慶應版全集第Ⅸ巻、所収。

12 本書第Ⅱ章ｂ節、「バスターミーの「欺瞞」論」の項、一三四頁参照。

13 事態のこの次元では様相の区別が「潰れて」しまうこと（ないし「重なり合って」しまうこと）については、以下で詳しく論じた。斎藤慶典『私は自由なのかもしれない』、第2章、第5章。

14 本書第Ⅱ章ｂ節、「バスターミーの「欺瞞」論」の項、参照。

15 「庭前の柏樹子」に関わるこの話を、彼の言う「分節(Ⅱ)」の観点からこのように解釈することは、唐代のその原型からはできないとする研究がある（第Ⅲ章の註4をも参照）。末木文美士に依れば、それが可能となるのはこの話が宋代の公案禅に取り入れられて以降のことだと云う（末木文美士、前掲論文、『道の手帖・井筒俊彦』、一四五

〜一四六頁参照)。この論点は、本書もすでに論究した「双眼の士」の譬えと密接に関わっており、これが仏教哲学のみならずイスラームにも見られることを考え合わせると、井筒の「共時的構造化」の一つの成果としても興味深い。

16 末木文美士、前掲論文、一四九頁、参照。井筒「東洋」哲学に纏わり付くこの「達人」性格は、その哲学が「神秘」体験を必須の要件として前提していることと密接に関係している。この点は初期の『神秘哲学』において最も顕著で、次第に背景に退いていくが、この前提が廃棄されることは最後までなかった。実は、井筒にとって、これは「東洋」哲学の根本特性の一つなのだ。「神秘」体験なくして、「東洋」哲学は成り立たない。この意味で、これを「東洋」哲学の根本問題の一つと言ってもよい。

すでに触れたように、本書は「神秘」体験を——それがいわゆる神秘家にしか近付けない特殊な体験であるかぎりで——井筒と共有しない(第Ⅲ章a節、一六九頁以下、並びに第Ⅲ章の註1参照)。世界の実相がそうした体験なしには明らかにならない、とは考えないからだ。この意味では、本書はあくまで「哲学」であって、「東洋」哲学ではない。ここで「哲学」が括弧付きなのは、井筒「東洋」哲学との対比を強調するためであって、それ以上ではない。したがって、この対比を外せば、それは括弧なしの、ごくふつうの哲学である。すなわち、ひたすら思考に徹する営み以外ではない。この哲学が私たちの現実の実相を射当てているか否かは、本書が判定を下す事柄ではない。本書にできることは、読者であるあなたに「ぜひ**考えて**ほしい」と呼び掛けることのみである。

ただし、一つだけ言っておきたいことがある。そのような本書にも、井筒「東洋」哲学は十分に思考に値する事柄を贈ってくれたと云うことだ。本書にとって「東洋」があくまで括弧付きであり、思考の事柄の実質においては無きに等しいと述べた所以である。

17 末木文美士、前掲論文、『道の手帖・井筒俊彦』、同所。

18 斎藤慶典『私は自由なのかもしれない』。

19 ウラジーミル・ジャンケレヴィッチ『死』(仲澤紀雄訳、みすず書房、一九七八年)。斎藤慶典『私は自由なのかもしれない』、序章をも参照。

20　『道元禅師清規』、大久保道舟訳註、岩波文庫、一九九七年。

21　「突破」をめぐる以上の議論については、斎藤慶典「突破ということ」で詳論した。

22　この論点については、「独我論」「独今論」をめぐる永井均の一連の精力的な論考を参照されたい。また、斎藤慶典、前掲論文でも触れた。

23　Arendt, Hannah; "What is Freedom?", in *Between Past and Future*, 1968, p.146.

本書で引用・参照した『井筒俊彦全集』（慶應義塾大学出版会刊）一覧

・『第一巻　アラビア哲学　一九三五年―一九四八年』二〇一三年刊
・『第二巻　神秘哲学　一九四九年―一九五一年』二〇一三年刊
・『第三巻　ロシア的人間　一九五一年―一九五三年』二〇一四年刊
・『第四巻　イスラーム思想史　一九五四年―一九七五年』二〇一四年刊
・『第五巻　存在顕現の形而上学　一九七八年―一九八〇年』二〇一四年刊
・『第六巻　意識と本質　一九八〇年―一九八一年』二〇一四年刊
・『第七巻　イスラーム文化　一九八一年―一九八三年』二〇一四年刊
・『第八巻　意味の深みへ　一九八三年―一九八五年』二〇一四年刊
・『第九巻　コスモスとアンチコスモス　一九八五年―一九八九年』二〇一五年刊
・『第十巻　意識の形而上学　一九八七年―一九九三年』二〇一五年刊
・『第十一巻　意味の構造　一九九二年』二〇一五年刊
・『第十二巻　アラビア語入門』二〇一六年刊
・『別巻　補遺・著作目録・年譜・総索引』二〇一六年刊

あとがき

私の専門は現象学である。この哲学運動は、二十世紀初頭（正確には十九世紀最後の年である一九〇〇年）にまずは論理学者として哲学上のキャリアを開始したエトムント・フッサールに端を発し、『存在と時間』でその世紀に最も影響力のあった哲学者の一人と成ったマルティン・ハイデッガーを経由して、第二次大戦後は主としてフランスで更なる展開を遂げた。この現象学（派）を主たる専門とする私が、いかに括弧付きとはいえ「東洋」哲学について論ずることになるとは（なぜ括弧付きなのかについては序章で述べた）、本人ですら夢にも思わなかった。したがって、些か私事に亘るが、本書を書くに至った経緯を簡単に皆さんに報告しておきたい。

井筒俊彦は私自身が学んだ慶應義塾の大先輩だが、個人的な面識はない。ただし、記憶の糸を辿ると、学部学生時代に一度「見た」ことがある。あらためて調べてみると、それは一九七九年十二月に慶應で催された国際シンポジウム「地球社会への展望」に彼がスピーカーの一人として登壇したときのことだから、今からかれこれ四十年近くも前になる。この年の二月、井筒は、イラン革命勃発のため王立哲学アカデミーの教授職を捨てて日航の救出機でテヘランを後にし、アテネ経由で帰国している。五月に、六十五歳の誕生日を迎えた。「蒼惶として二十年、故国を遠く離れて東奔西走し、はてはイラン革命の大渦に危く捲きこまれそうにまでなってようやく帰って来た。〔…〕もうこの辺で国際的な学問の修業時代は一段落ということにして、今度こそ日本に腰を据え、自分自身の内面に東洋的実存の問題性の帰趨をゆっくり追求してみたいと思う」（別－112）と『中央公論』誌上に書いたのが、ちょうどこの十二月だ。

件《くだ》んの国際シンポジウムの方は、講演が英語で為されたこともあり、日本にも国際的な場で活躍できる何とも「偉そうな」学者がいたものだと、レヴェルの低い感想をもったことぐらいしか憶えていない。海外からのスピーカーだけでも、ハーヴァードのダニエル・ベル、オックスフォードのアマルティア・センなど、当時の私でも名前（だけ）は知っていた錚々たる顔ぶれだった。ここで「偉そうな」とは、当時井筒の書いたものは何一つ読んでいなかったし講演の内容もよく理解していない以上、単に外見から「きっと立派な学者なのだろうな」と判断するしかなかったというに過ぎない。あとは、当時すでに慶應の学生たちの間では伝説となっていた「三十数カ国語を自在に操る語学の天才」という話を仄聞《そくぶん》したことぐらいだろうか。そのまま、井筒のことはすっかり忘れていた。

次に彼との微かな接点ができたのは、私が大学院も博士課程に進んでからのことだったと思う。右に書いたように、私はその後大学院に進んで現象学を専門とする研究者たらんと志すに至ったのだが、当時慶應には斯学を専門とする先生がおられなかった。そこで私は、我が国における現象学研究の第一人者であると共に国際的にも知られていた東洋大学の新田義弘先生（現在、同大学名誉教授）の下で学ぶべく毎週のように先生の大学院での演習に出掛け、言ってみればそこで「稽古をつけて」いただいたのだ。幸いにも、その後長らく先生にはご指導いただくことに成ったのだが、そんな中であるとき先生から、当時『思想』誌の編集長だった合庭惇さん（その後研究職に転じ、静岡大学並びに国際日本文化研究センター教授を歴任され、現在、同センター名誉教授）の肝煎りで、これまた西田哲学の専門家として令名高い京都大学の上田閑照先生（現在、同大学名誉教授）と一緒に井筒を囲んで定期的に研究会が開かれるようになったという話を伺った。そしてときどき、この間の研究会ではこんな議論をしたと云ったような話を、雑談の合間に先生から聞かせていただくことがあった。

このときも私は、西田幾多郎については僅かばかり読み始めていたように思うが、専門とする現象学の勉強に多くの時間を要していたこともあって、いわゆる東洋哲学には殆んど関心が向かなかった。ましてや、当時日本で井筒はイスラーム哲学（という特殊な分野）の世界的権威という位置付けだったから（この点は、今もさほど変わっていないようだ）、アラビア語やペルシャ語など一文字も読めない私にとって彼は全く遠い存在でしかなかった。したがって、新田先生が時折して下さる同研究会の話も、「ふーん」と思いながら浅薄な相槌を打つくらいしか能がなかった。先生としても、さぞ話し甲斐がなかったに違いない。敢えて言えば、生意気盛りの大学院生だった当時の私にとって井筒は、やたら風呂敷の大きな話はするが議論の細部の詰めが今一つ甘い、大人《たいじん》風の哲学者と云った印象だった。これからの哲学はもっと精緻な議論を展開しなければ時代に取り残されると、信じ込んでいたのだ。

しかし同時に、その頃からちらほらと彼の書いたものの断片を目にする機会があり、自分自身の哲学的関心とどこかで呼応するものがあるのではないかという漠然とした予感のようなものを抱くようにもなった。〈世界が現象する〉――それを本書の文脈では〈存在者が存在する〉と言い換えることができる――というこの一事の内に全ての最終的基盤を見いだし、決してそれを手放そうとしない現象学の姿勢に相通ずるものを、井筒の中にも見いだしたような気がしたのかもしれない。つまり、この頃から彼は、いつかは正面から向かい合わなければならない「気になる」存在に成ったのだ。とはいえ、差し当たり取り組まなければならない問題は後から後から山積みとなり、それらへの応対に右往左往して時間ばかりが過ぎていった。もう井筒と向かい合うこともないかな、という気にもなっていったように思う。

そんなとき、私にとっては思いがけない仕方で、二人の人が私を井筒に結び付けてくれた。一人は、本書での井筒からの引用は原則として全てそれに拠った慶應義塾大学出版会の井筒全集の編集者として活躍中だった同出版会の片原良子さんである。あるとき彼女が、同全集の月報に一文を寄せるよう依頼してきたのだ。正直に言って、「なぜ私に」と思わざるをえなかった。今まで一度も井筒について書いたことのない一現象学徒の私に「どうして」、と思ったのだ。後で彼女に聞いてみると、井筒は現象学的に読みうると思ったからなのだそうだ。今回実際にそのようなスタンスで書いてみて、彼女の炯眼には畏れ入るほかない（尤も、そんなふうに吹き込まれて、私が勝手に踊っただけなのかもしれない）。その月報の依頼を、結局私は訝りながらも引き受けることにした。この機会を逃したら、もう井筒と向かい合うことはないと思ったからだ。

私を井筒に結び付けたもう一人は、池田晶子である。右の片原さんからの依頼より少し前だが、彼女が四十代半ばで早逝する僅か半年ほど前の夏に彼女と会食する機会があり（このときの彼女は、私には元気そのものにしか見えなかった）、どんな経緯だったか忘れたが井筒を読むならやっぱり『意識と本質』からでしょうと私に発破をかけて来たのだ。そのときは、これまた「ふーん」そんなものかと聞き流したのだが、片原さんからの依頼を受けて真っ先に思い出したのが池田のこの言葉だった（これも後から知ったのだが、池田は井筒の熱烈なファンで、彼についてすでに幾つも文章を書いていた）。僅か数枚の月報原稿と云っても、断片的にしか読んでいない状態で何かを書くわけにもいかない。また、先にも書いたように、この機会を逃したらもう後はないという思いもあった。池田の言葉に背を押されながら、『意識と本質』一冊だけなら隅から隅まで読んで何か書けるかもしれないと考えたのだ。

実際、そのようにした。与えられた時間は長くなかったから、短期間に集中してこの一冊だけを読み、原稿を書いた。先ほどの予感は当たっていた。実に面白かった。確かに話のスケールは大きかったが、単なる大風呂敷ではなかった。数千年に亘る私たち人類の思考の結晶を前にして格闘する井筒の姿が、そこにはあった。こうして、私が最近考えていることを井筒「東洋」哲学を叩き台にして――いや、「胸を借りて」と言った方が正確だが――展開してみるという、本書の元になる構想が私の内に芽生えた。（ここで念のため、申し上げておく。井筒と池田の敬称を省いたのは、この二人がすでに鬼籍に入っていることに加えて、両者が間違いなく我が国の哲学の歴史の上に欠くことのできない足跡を遺した人物だからである。彼らを道元や宣長や西田と同列に扱ったつもりであることをお断りして、彼らに関係する方々のご理解を乞う。）

この構想を実現する上で決定的だったことが、二つある。一つは、原稿を書くための纏まった時間だ。とりわけ今回のような書下ろしには、集中して思考する時間が必要だ。あれこれの雑事や授業の準備に時間を寸断される日常の中では、なかなかその時間が取れない。幸いにもこの時間を、私の勤務先の慶應義塾から一年間の研究休暇という形で与えられた。この貴重な纏まった時間を原稿執筆に最も効果的に生かすため私が選んだのは、日本の日常との関わりを可能なかぎり断つべく海外に仕事の場を移すことだった。この手はこれまでにも二回、長期の在外研究に出た際に試してそれなりの成果があったので、今回も実行に移したのである。

とはいえ一日中原稿と睨めっこでは、息が詰まる。頭も働かなくなる。気分転換も必要だ。そこで、原稿と格闘したらそのご褒美に何かいいことがある環境を用意することにした。馬の鼻先にニンジンをぶら下げる、あれだ。私は生来の音楽好きなので、世界で最もその方面の環境が充実している場所として、今回はウィーンを選んだ。実は前回、ベルリンでこれをやって上手くいったので、次にやるならウィーンしかないというわけだ。斯くして、昼間は原稿書き、夜はコンサートとオペラ通いと云う願ってもない毎日の中で、本書と更にもう一冊の本のための原稿を仕上げることができた（こちらのもう一冊は本書の註でたびたび参照をお願いした「自由」論で、内容上本書と深い繋がりがある。こちらは先の片原さんが編集を引き受けて下さった）。基本的に単身で出掛けたので、日常を維持するための炊事・洗濯に類することは当然自分でしたが、これもよい気分転換になった。日常の細部を揺るがせにしない禅の精神が、少し分かった気がした。こうした貴重な時間を与えてくれた職場と、その間の雑務を代わって引き受けてくれた同僚たち、そして私の我が儘を許してくれた家族に、心からの感謝を捧げる。

もう一つ決定的だったのは、本書の編集にあたっていただいた講談社学芸クリエイトの林辺光慶さんとの遣り取りだ。林辺さんにはこれまでに何冊もお世話になっているのだが、或るとき雑談の中でまだほんの構想段階だった本書のことをお話ししたら即座に反応されて、「それ、行きましょう！」と言って下さったのだ。その一言に勇気付けられて全く専門外の分野で書くことへの危惧の念は吹っ飛び、それなりに呻吟を重ねながらも驚くほど短期間の内に本書の原稿は出来上がってしまった。片原さんといい林辺さんといい、どうも編集者というのは人をおだててその気にさせるのが上手いらしい。林辺さんと構想を話したとき、窓外では晩秋の銀杏並木が早くも傾き始めた陽の光を浴びて黄金色に輝いていた。その光景にウィーンでの日々と、久しぶりに戻った書斎の窓から見える年の瀬の冬枯れが重なり、私たちの日常がこうした人と人との出会いの中で紡がれてゆくことに今更ながら思いを新たにしている。

最後になってしまったが、本書がそれなしには陽の目を見なかっただろうお二人の方のご助力にも御礼を申し上げる。先のウィーンは七月に入ると音楽シーズンの幕を閉じ、秋が始まるまで見事と言っていいほど音なしになる。日本のように蒸しはしないけれども、暑さも相当になる。鼻先のニンジンを失った私もウィーンを退散することにしたのだが、その夏の間、暑さに妨げられずに原稿執筆を続けることができたのは、標高千二百メートルの高地にあって下界の猛暑をよそに爽やかな風の吹き抜ける草津の別宅を提供して下さった小谷礼子さん・弥生さん母娘のおかげである。弥生さんが私のゼミナール出身であるご縁で夏の草津滞在が実現したのだが、これまた原稿書きには理想的な環境で(今度のニンジンは、名高い温泉である)、結局ウィーン滞在を挟んで二夏を過ごさせていただいた。一年でも一番いい季節を私のために空けて下さった小谷家の皆さんのご厚意には、感謝の言葉もない。また、原稿執筆にあたって先の片原さんには、井筒に関する詳細な書誌情報をお教えいただくなど大変お世話になったことも申し添える。おかげさまで、原稿執筆時点で日本語で読むことのできる井筒の文章には全て眼を通すことができた。

二〇一七年十二月　大晦《おおつごもり》の日に

斎藤慶典

斎藤慶典（さいとう・よしみち）

一九五七年生まれ。慶應義塾大学文学部卒業。同大学院文学研究科博士課程修了。哲学博士。現在、慶應義塾大学文学部哲学科教授。専攻は現象学、西洋近・現代哲学。

著書に『フッサール　起源への哲学』『レヴィナス　無起源からの思考』『知ること、黙すること、遣り過ごすこと』（以上講談社）、『デカルト――「われ思う」のは誰か』『デリダ――なぜ「脱‐構築」は正義なのか』（以上ＮＨＫ出版）、『生命と自由――現象学、生命科学、そして形而上学』（東京大学出版会）、『死の話をしよう――とりわけ、ジュニアとシニアのための哲学入門』（ＰＨＰ研究所）など多数。

「東《とう》洋《よう》」哲《てつ》学《がく》の根《こん》本《ぽん》問《もん》題《だい》
あるいは井《い》筒《づつ》俊《とし》彦《ひこ》

二〇一八年　二月　九日　第一刷発行
二〇二二年　八月三〇日　第二刷発行

著者　斎《さい》藤《とう》慶《よし》典《みち》

発行者　鈴木章一
発行所　株式会社 講談社
東京都文京区音羽二丁目一二―二一　〒一一二―八〇〇一
電話（編集）〇三―三九四五―四九六三
（販売）〇三―五三九五―四四一五
（業務）〇三―五三九五―三六一五

KODANSHA

装幀者　奥定泰之
本文データ制作　講談社デジタル製作
本文印刷　株式会社 新藤慶昌堂
カバー・表紙印刷　半七写真印刷工業 株式会社
製本所　大口製本印刷 株式会社

ISBN978-4-06-258671-9　Printed in Japan　N.D.C.110　280p　19cm

講談社選書メチエ　刊行の辞

書物からまったく離れて生きるのはむずかしいことです。百年ばかり昔、アンドレ・ジッドは自分にむかって「すべての書物を捨てるべし」と命じながら、パリからアフリカへ旅立ちました。旅の荷は軽くなかったようです。ひそかに書物をたずさえていたからでした。ジッドのように意地を張らず、書物とともに世界を旅して、いらなくなったら捨てていけばいいのではないでしょうか。

現代は、星の数ほどにも本の書き手が見あたります。読み手と書き手がこれほど近づきあっている時代はありません。きのうの読者が、一夜あければ著者となって、あらたな読者にめぐりあう。その読者のなかから、またあらたな著者が生まれるのです。この循環の過程で読書の質も変わっていきます。人は書き手になることで熟練の読み手になるものです。

選書メチエはこのような時代にふさわしい書物の刊行をめざしています。

フランス語でメチエは、経験によって身につく技術のことをいいます。道具を駆使しておこなう仕事のことでもあります。また、生活と直接に結びついた専門的な技能を指すこともあります。

いま地球の環境はますます複雑な変化を見せ、予測困難な状況が刻々あらわれています。

そのなかで、読者それぞれの「メチエ」を活かす一助として、本選書が役立つことを願っています。

一九九四年二月　　野間佐和子

講談社選書メチエ　宗教

MÉTIER

宗教からよむ「アメリカ」　森　孝一
知の教科書　キリスト教　竹下節子
ヒンドゥー教　山下博司
グノーシス　筒井賢治
ゾロアスター教　青木　健
『正法眼蔵』を読む　南　直哉
儒教・仏教・道教　菊地章太
知の教科書　カバラー　ピンカス・ギラー　中村圭志訳
フリーメイスン　竹下節子
聖書入門　フィリップ・セリエ　支倉崇晴・支倉寿子訳
禅　沖本克己